초등교과서 영단어 2400 초등 6학년

DAY 01 I study English.

I **study** English.
나는 영어를 공부해.

teacher
선생님

student
학생

0001 dictionary dictionary d
[díkʃənèri] 사전

0002 textbook textbook t
[tékstbùk] 교과서

☆초등필수☆
0003 teacher teacher t
[tíːtʃər] 선생님

☆초등필수☆
0004 student student s
[stjúːdnt] 학생

☆초등필수☆
0005 study study s
[stʌ́di] 공부하다

선생님은 영어로
"teacher" 또는
"instructor"야.

0006
backpack
backpack   b

[bǽkpæ̀k] 책가방

0007
grade
grade   g   g

[greid] 학년

☆초등필수☆
0008
write
write   w   w

[rait] 쓰다

☆초등필수☆
0009
homework
homework   h

[hóumwə̀:rk] 숙제

☆초등필수☆
0010
fail
fail   f   f

[feil] (시험에) 떨어지다

☆초등필수☆
0011
pass
pass   p   p

[pæs] 통과하다

☆초등필수☆

0012

exam

exam   e   e

[igzǽm] 시험

0013

discuss

discuss   d   d

[diskʌ́s] 논의하다

☆초등필수☆

0014

agree

agree   a   a

[əgríː] 동의하다

☆초등필수☆

0015

note

note   n   n

[nout] 메모

0016

take notes

[teik nouts] 필기하다

chalk
분필

graduation
졸업

0017

chalk

[tʃɔːk] 분필

0018

gym

[dʒim] 체육관

0019

vacation

[veikéiʃən] 방학

0020

graduation

[grædʒuéiʃən] 졸업

DAY 01 Activity

STEP 1
ACTIVITY로 암기한 단어를 연습하세요.

STEP 2
ACTIVITY에서 틀린 단어를 복습하세요.

STEP 3
TEST를 통해 오늘 암기한 단어를 확인하세요.

 다음 사진과 설명을 보고 연상되는 영어 단어나 우리말 뜻을 고르세요.

1.

ⓐ fail   ⓑ pass

2.

ⓐ 교사   ⓑ 학생

3.

ⓐ 학생   ⓑ 학년

4.

ⓐ dictionary   ⓑ note

5.

ⓐ 숙제   ⓑ 필기

6.

ⓐ study   ⓑ pass

B. 우리말에 맞도록 주어진 알파벳으로 시작하는 단어를 써 보세요.

7. 나는 영어를 **공부**해. I s_____ English.

8. 나는 (너의 의견에) **동의해**. I a_____ with you.

9. 나는 시험에 **통과**하기 위해 공부한다. I study to p_____ the exam.

10. 나는 필기를 **한다**. I t_____ notes.

11. **교과서**를 펼치세요. Open the t_____.

12. 제인은 6**학년**이다. Jane is in the sixth g_____.

13. 나는 빨리 여름**방학**이 왔으면 좋겠다. I can't wait for summer v_____.

C. 다음 우리말을 보고 알맞은 영어 단어의 철자를 써 보세요.

14. 사전

d			t				a		

15. 학년

	r		

16. 학생

s			d			

17. 분필

c			l	

18. 시험

	x		m	

19. 쓰다

	r		

20. 졸업

g	r				t			

> **STEP 1** 사진으로 단어/표현 학습하기 **STEP 2** 음원을 듣고 영단어 따라 읽기 **STEP 3** 손으로 줄에 맞춰 단어 쓰기

NAME :   DATE :   .   .   .   GOAL : 필수 7 / 추가 13

0021

Keep off the grass.

[ki:p ɔ:f ðə: græs] 잔디밭에 들어가지 마시오.

0022

keep off

[ki:p ɔ:f] ~에 가까이 오지 못하게 하다

☆초등필수☆

0023

sign

[sain] 표지판

☆초등필수☆

0024

park

[pa:rk] 주차하다

0025

no parking

[nou pá:rkiŋ] 주차 금지

We have nothing to **sell**.
우리는 팔 것이 없어요.

It means 'no pet'.
이것은 '애완동물 출입 금지'를 의미해.

no entry
출입 금지

0026
sold out

[sould aut] 매진된

0027
sell

[sel] 팔다

0028
no pet

[nou pet] 애완동물 출입 금지

0029
pet

[pet] 애완동물

0030
no entry

[nou éntri] 출입 금지

0031
entry

[éntri] 출입

0032

keep right

keep right   k

[ki:p rait] 우측통행

☆초등필수☆

0033

exit

exit   e   e

[égzit] 출구

0034

guideline

guideline   g   g

[gáidlàin] 지침

0035

no photo

no photo   n   n

[nou fóutou] 사진 촬영 금지

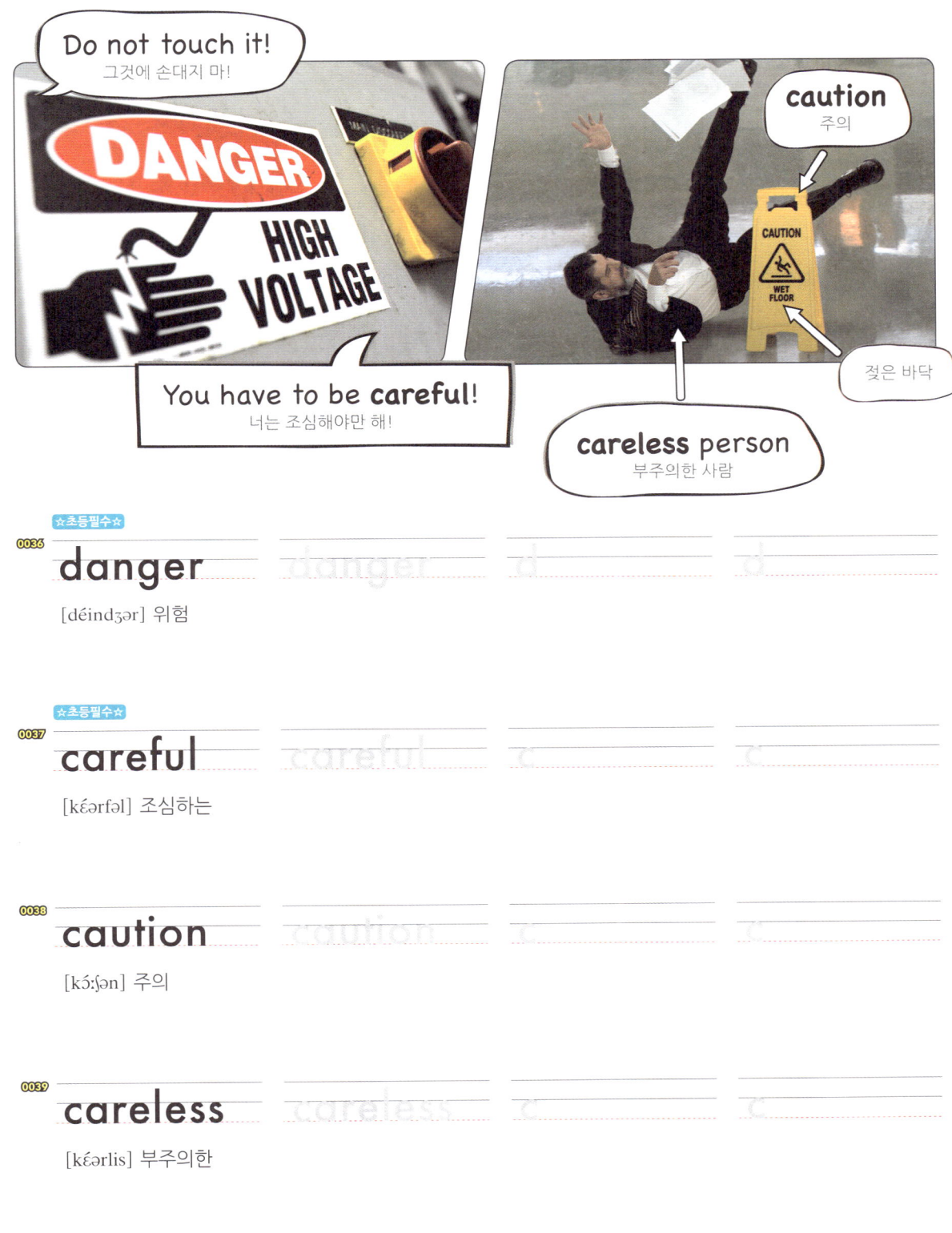

0036

danger

[déindʒər] 위험

0037

careful

[kέərfəl] 조심하는

0038

caution

[kɔ́:ʃən] 주의

0039

careless

[kέərlis] 부주의한

0040

wet floor

[wet flɔ:r] 젖은 바닥

DAY 02 Activity

STEP 1
ACTIVITY로 암기한 단어를 연습하세요.

STEP 2
ACTIVITY에서 틀린 단어를 복습하세요.

STEP 3
TEST를 통해 오늘 암기한 단어를 확인하세요.

 A. 다음 사진과 설명을 보고 연상되는 영어 단어나 우리말 뜻을 고르세요.

1.

ⓐ 사진 촬영 금지   ⓑ 잔디에 들어가지 마시오

2.

( ), please!
주차금지입니다!

ⓐ No parking   ⓑ No exit

3.

We have nothing to ( ).
우리는 팔 것이 없어요.

ⓐ sell   ⓑ park

4.

no entry

ⓐ 애완동물 금지   ⓑ 출입 금지

5.

We should remember this ( ).
우리는 이 지침을 기억해야 해.

ⓐ guideline   ⓑ caution

6.

You have to be ( )!
너는 조심해야만 해!

ⓐ careful   ⓑ careless

 우리말에 맞도록 주어진 알파벳으로 시작하는 단어를 써 보세요.

7. 잔디밭에 들어가지 마시오.   K＿＿＿＿ o＿＿＿＿＿＿ the grass.

8. 주차 금지   N＿＿＿＿ p＿＿＿＿＿＿

9. 애완동물 출입금지   N＿＿＿＿ p＿＿＿＿＿＿

10. 출입 금지   N＿＿＿＿ e＿＿＿＿＿＿

11. 출구 없음   N＿＿＿＿ e＿＿＿＿＿＿

12. 사진 촬영 금지   N＿＿＿＿ p＿＿＿＿＿＿

13. 우측통행   K＿＿＿＿ r＿＿＿＿＿＿

C. 다음 우리말을 보고 알맞은 영어 단어의 철자를 써 보세요.

14. ~에 가까이 오지 못하게 하다 | k | | | | | | f |

15. 매진된 | | o | | | | | t |

16. 표지판 | s | | |

17. 지침 | g | | | d | | l | | i | |

18. 위험 | d | | n | g | |

19. 조심하는 | c | | | e | f | |

20. 주의 | c | | | | o | n |

STEP 1 사진으로 단어/표현 학습하기 > **STEP 2** 음원을 듣고 영단어 따라 읽기 > **STEP 3** 손으로 줄에 맞춰 단어 쓰기

 NAME :   DATE : . . .   GOAL : 필수 6 / 추가 14

The **greenhouse effect** is a big problem.
온실효과는 큰 문제야.

The toxic **waste** from a **factory** makes many fish **die**.
공장에서 나온 유독성 폐기물은 많은 물고기를 죽게 만든다.

0041
greenhouse   greenhouse   g

[grí:nhàus] 온실

0042
effect   effect   e   e

[ifékt] 효과

☆초등필수☆
0043
factory   factory   f   f

[fǽktəri] 공장

☆초등필수☆
0044
waste   waste   w   w

[weist] 폐기물, 쓰레기

☆초등필수☆
0045
die   die   d   d

[dai] 죽다

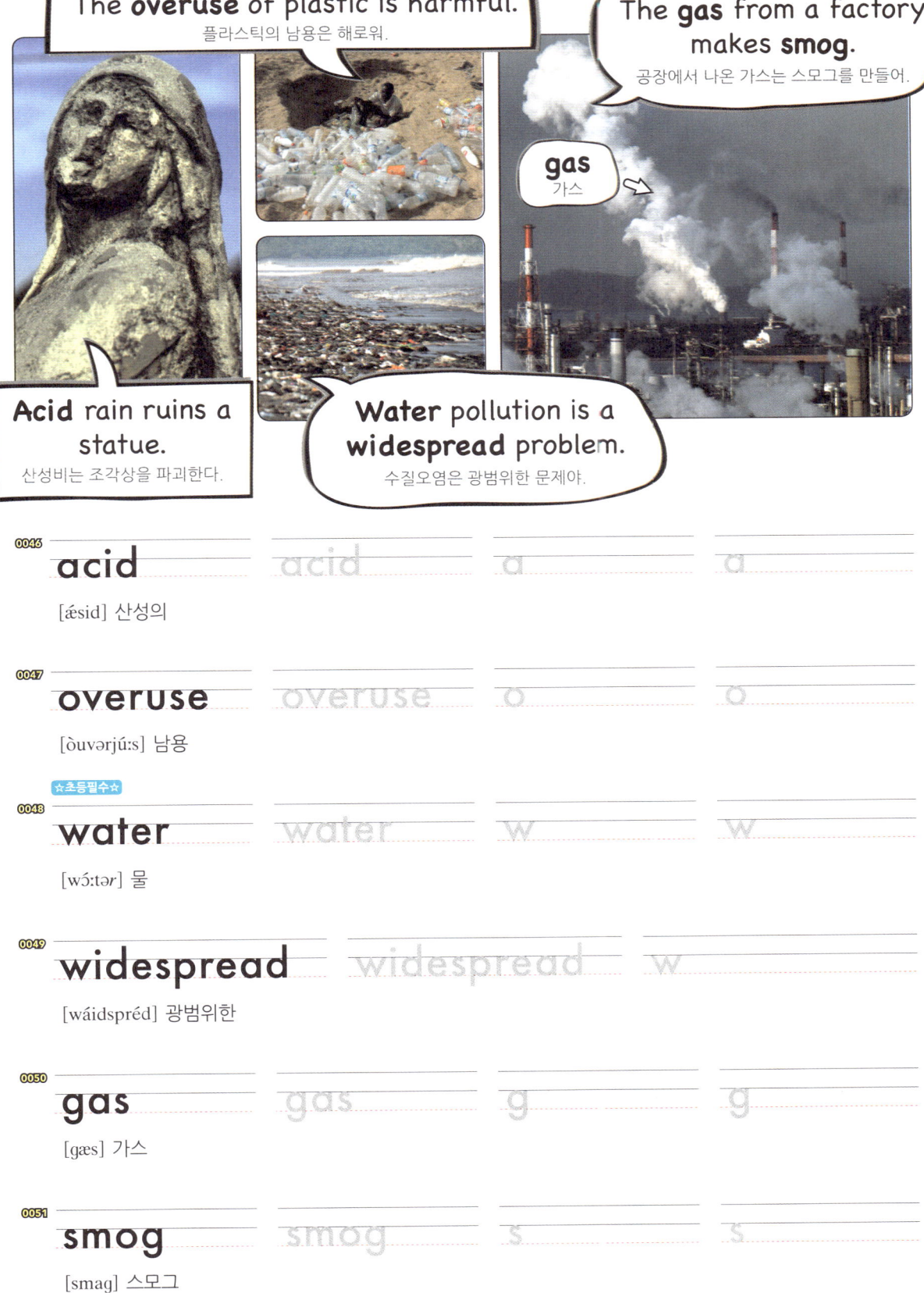

The **overuse** of plastic is harmful.
플라스틱의 남용은 해로워.

The **gas** from a factory makes **smog**.
공장에서 나온 가스는 스모그를 만들어.

gas
가스

Acid rain ruins a statue.
산성비는 조각상을 파괴한다.

Water pollution is a **widespread** problem.
수질오염은 광범위한 문제야.

0046
acid
acid   a   a

[ǽsid] 산성의

0047
overuse
overuse   o   o

[òuvərjúːs] 남용

☆초등필수☆

0048
water
water   w   w

[wɔ́ːtər] 물

0049
widespread
widespread   w

[wáidspréd] 광범위한

0050
gas
gas   g   g

[gæs] 가스

0051
smog
smog   s   s

[smag] 스모그

nuclear energy
원자력 에너지

fuel
연료

Wind and sunlight are the **natural resources** on Earth.
바람과 햇빛은 지구의 천연자원이야.

0052

nuclear

nuclear   n   n

[njú:kliər] 원자력의

0053

fuel

fuel   f   f

[fjú:əl] 연료

0054

resource

resource   r   r

[rí:sɔ:rs] 자원

0055

natural

natural   n   n

[nǽtʃərəl] 천연의

We **lack** water.
우리는 물이 부족해.

This is **pure** water.
이것은 순수한 물이야.

We need to **purify** this water.
우리는 이 물을 정화할 필요가 있어.

0056
lack
[læk] 부족하다

0057
purify
[pjúərəfài] 정화하다

0058
pure
[pjuər] 순수한

Protect the **environment.**
환경을 보호하자.

Turn off the light to **save** energy!
에너지를 절약하기 위해 불을 꺼!

0059
environment
[inváiərənmənt] 환경

0060
save
[seiv] 절약하다

DAY 03 Activity

STEP 1
ACTIVITY로 암기한 단어를 연습하세요.

STEP 2
ACTIVITY에서 틀린 단어를 복습하세요.

STEP 3
TEST를 통해 오늘 암기한 단어를 확인하세요.

 다음 사진과 설명을 보고 연상되는 영어 단어나 우리말 뜻을 고르세요.

1.

The greenhouse effect is a big problem.
(   )는 큰 문제야.

ⓐ 온실효과　　ⓑ 쓰레기

2.

The toxic waste from a (   ) makes many fish die.
공장에서 나온 유독성 폐기물은 많은 물고기를 죽게 만든다.

ⓐ gas　　ⓑ factory

3.

The (   ) of plastic is harmful.
플라스틱의 남용은 해로워.

ⓐ overuse　　ⓑ effect

4.

The gas from a factory makes smog.
(   )에서 나온 가스는 스모그를 만들어.

ⓐ 온실　　ⓑ 공장

5.

Wind and sunlight are the (   ) resources on Earth.
바람과 햇빛은 지구의 천연자원이야.

ⓐ nuclear　　ⓑ natural

6.

Protect the (   ).
환경을 보호하자.

ⓐ environment　　ⓑ resource

B. 우리말에 맞도록 주어진 알파벳으로 시작하는 단어를 써 보세요.

7. 유독성 **폐기물**   toxic w_____

8. 많은 동물들이 **죽었다.**   A lot of animals d_____d.

9. 에너지를 **절약**하기 위해 불을 **꺼**!   Turn o_____ the light to s_____ energy!

10. **산성**비는 조각상을 파괴한다.   A_____ rain ruins a statue.

11. 수질오염은 **광범위한** 문제다.   Water pollution is a w_____ problem.

12. 우리는 물이 **부족하다.**   We l_____ water.

13. 우리는 **환경**을 보호해야 한다.   We should protect the e_____.

C. 다음 우리말을 보고 알맞은 영어 단어의 철자를 써 보세요.

14. 효과 | e | | | | t |

15. 공장 | | a | | t | | y |

16. 물 | w | | | |

17. 자원 | r | e | | o | | | |

18. 천연의 | | a | t | | r | |

19. 순수한 | | u | |

20. 절약하다 | s | | |

dandelion
민들레

walnut
호두

I have many **walnuts**.
나는 호두를 많이 가졌어.

My favorite flower is an **iris**!
나의 가장 좋아하는 꽃은 붓꽃이야!

I like **dandelion**!
나는 민들레가 좋아!

☆초등필수☆
0061
my
[mai] 나의

☆초등필수☆
0062
flower
[fláuər] 꽃

0063
walnut
[wɔ́:lnʌt] 호두

0064
iris
[áiəris] 붓꽃

0065
dandelion
[dǽndəlàiən] 민들레

Morning glory is a creeper.
나팔꽃은 덩굴식물이다.

Here is a dense **forest**.
울창한 숲이 있어.

leaf 나뭇잎

leaves 나뭇잎들

0066
plant
[plænt] 식물

0067
grass
[græs] 풀

0068
morning glory
[mɔ́:rniŋ ɡlɔ́:ri] 나팔꽃

0069
tree
[tri:] 나무

0070
forest
[fɔ́(:)rist] 숲

0071
leaf
[li:f] 나뭇잎

0072
chestnut
chestnut   c   c

[tʃésnʌt] 밤

0073
bean
bean   b   b

[bi:n] 콩

0074
cactus
cactus   c   c

[kǽktəs] 선인장

0075
place
place   p   p

[pleis] 장소

0076

cherry blossom

cherry blossom

[tʃéri blásəm] 벚꽃

0077

park

park   p   p

[pɑ:rk] 공원

bark
나무껍질

log
통나무

orchid
난초

0078

bark

bark   b   b

[bɑ:rk] 나무껍질

0079

log

log   l   l

[lɔ(:)g] 통나무

0080

orchid

orchid   o   o

[ɔ́:rkid] 난초

DAY 04 Activity

STEP 1
ACTIVITY로 암기한 단어를 연습하세요.

STEP 2
ACTIVITY에서 틀린 단어를 복습하세요.

STEP 3
TEST를 통해 오늘 암기한 단어를 확인하세요.

 A. 다음 사진과 설명을 보고 연상되는 영어 단어나 우리말 뜻을 고르세요.

1.

My favorite flower is an (　　)!
나의 가장 좋아하는 꽃은 붓꽃이야!

ⓐ iris　　　　ⓑ orchid

2.

I like dandelion!
나는 (　　)가 좋아!

ⓐ 난초　　　　ⓑ 민들레

3.

Morning glory is a creeper.
(　　)은 덩굴식물이다.

ⓐ 벚꽃　　　　ⓑ 나팔꽃

4.

(　　)
나뭇잎

ⓐ leaf　　　　ⓑ tree

5.

선인장

ⓐ place　　　　ⓑ cactus

6.

통나무

ⓐ log　　　　ⓑ bark

B. 우리말에 맞도록 주어진 알파벳으로 시작하는 단어를 써 보세요.

7. 난 **호두**를 많이 먹었어.　　　I ate many w_____s.

8. 나는 **콩**을 싫어해.　　　I don't like b_____s.

9. 그는 **식물**에 물을 주고 있어.　　　He is watering the p_____.

10. **나의** 가장 좋아하는 **꽃**은 장미야.　　　M___ favorite f_____ is a rose.

11. 나는 행운의 네 **잎** 클로버를 가지고 있다.　　　I have a lucky four-l_____ clover.

12. 울창한 **숲**이 있어.　　　Here is a dense f_____.

13. 그들은 메마른 **곳**에서 산다.　　　They live in a barren p_____.

C. 다음 우리말을 보고 알맞은 영어 단어의 철자를 써 보세요.

14. 풀

g				s

15. 붓꽃

i			

16. 꽃

	l		w	

17. 밤

c	h		t		t

18. 통나무

	o	

19. 나무

	r	

20. 난초

	r			d

DAY 05 What do giraffes eat?

초2400_6_w5

STEP 1 사진으로 단어/표현 학습하기 STEP 2 음원을 듣고 영단어 따라 읽기 STEP 3 손으로 줄에 맞춰 단어 쓰기

NAME :

DATE : . . .

GOAL : 필수 11 / 추가 9

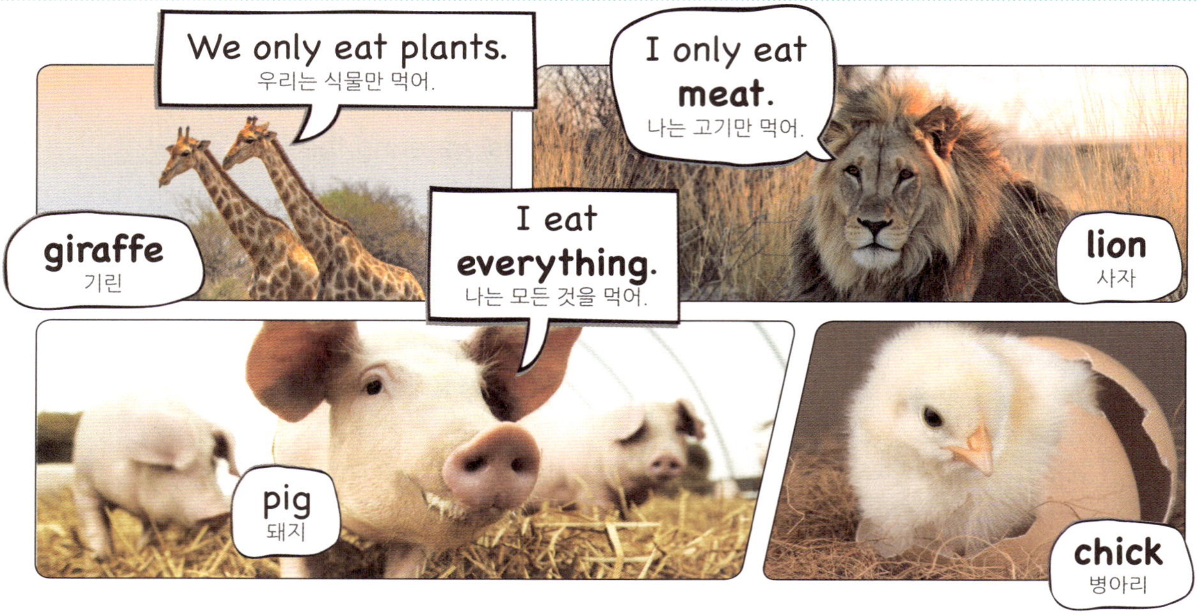
We only eat plants.
우리는 식물만 먹어.
I only eat meat.
나는 고기만 먹어.
giraffe
기린
I eat everything.
나는 모든 것을 먹어.
lion
사자
pig
돼지
chick
병아리

☆초등필수☆

0081 **giraffe** giraffe g g

[dʒəræ´f] 기린

☆초등필수☆

0082 **lion** lion l l

[láiən] 사자

☆초등필수☆

0083 **meat** meat m m

[mi:t] 고기

0084 **everything** everything e

[évriθìŋ] 모든 것

0085 **chick** chick c c

[tʃik] 병아리

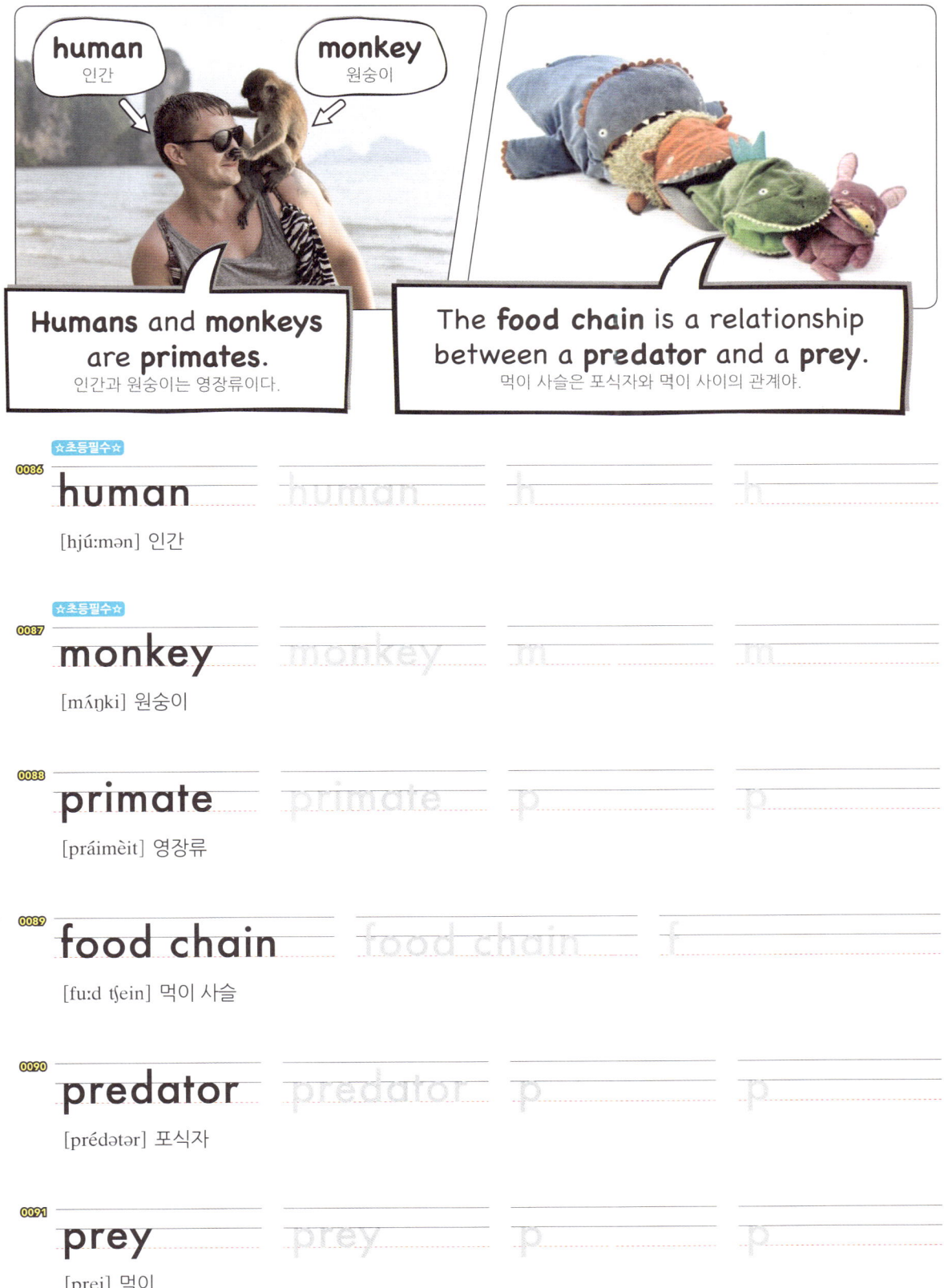

human
인간

monkey
원숭이

Humans and **monkeys**
are **primates**.
인간과 원숭이는 영장류이다.

The **food chain** is a relationship
between a **predator** and a **prey**.
먹이 사슬은 포식자와 먹이 사이의 관계야.

0086
human
[hjú:mən] 인간

0087
monkey
[mʌ́ŋki] 원숭이

0088
primate
[práimèit] 영장류

0089
food chain
[fuːd tʃein] 먹이 사슬

0090
predator
[prédətər] 포식자

0091
prey
[prei] 먹이

I can **swim.**
난 수영할 수 있어.

frog
개구리

I eat **acorns.**
나는 도토리를 먹어.

squirrel
다람쥐

0092
frog
[frɔːg] 개구리

0093
swim
[swim] 수영하다

0094
squirrel
[skwə́ːrəl] 다람쥐

0095
acorn
[éikɔːrn] 도토리

I like cheese.
나는 치즈를 좋아해.

cage
우리

trap
덫

I live in a **cage.**
나는 우리 안에 살아.

☆초등필수☆
0096
mouse
mouse   m   m

[maus] 쥐

☆초등필수☆
0097
trap
trap   t   t

[træp] 덫

panda
판다곰

I like to eat bamboo!
난 대나무 먹는 것을 좋아해!

horse
말

I like apples and carrots.
나는 사과와 당근을 좋아해.

☆초등필수☆
0098
cage
cage   c   c

[keidʒ] 우리

0099
panda
panda   p   p

[pǽndə] 판다곰

☆초등필수☆
0100
horse
horse   h   h

[hɔ:rs] 말

DAY 05 Activity

STEP 1
ACTIVITY로 암기한 단어를 연습하세요.

STEP 2
ACTIVITY에서 틀린 단어를 복습하세요.

STEP 3
TEST를 통해 오늘 암기한 단어를 확인하세요.

 다음 사진과 설명을 보고 연상되는 영어 단어나 우리말 뜻을 고르세요.

1.

giraffe
(   )

ⓐ 말   ⓑ 기린

2.

I only eat
(   ).
난 고기만 먹어.

ⓐ meat   ⓑ prey

3.

Humans and monkeys
are (   )s.
인간과 원숭이는 영장류이다.

ⓐ primate   ⓑ friend

4.

I can swim.
난 (   )할 수 있어.

ⓐ 점프   ⓑ 수영

5.

(   )
쥐

ⓐ cheese   ⓑ mouse

6.

I eat (   )s.
나는 도토리를 먹어.

ⓐ carrot   ⓑ acorn

B. 우리말에 맞도록 주어진 알파벳으로 시작하는 단어를 써 보세요.

7. 나는 **고기**만 먹어.   I only eat m_____.

8. 나는 **모든 것**을 먹어.   I eat e_____.

9. 나는 **수영할** 수 있다.   I can s_____.

10. 우리는 **인간**이다.   We are h_____s.

11. **원숭이**가 한 마리 있다.   There is a m_____.

12. 나는 **우리** 안에서 살아.   I live in a c_____.

13. **다람쥐**는 견과류와 과일을 좋아한다.   S_____s like nuts and fruits.

C. 다음 우리말을 보고 알맞은 영어 단어의 철자를 써 보세요.

14. 기린 | | i | | | f | e |

15. 병아리 | c | h | | |

16. 개구리 | | r | |

17. 다람쥐 | s | | | i | r | | |

18. 우리 | | a | |

19. 수영하다 | | | | m |

20. 판다곰 | p | | | | |

A. 다음 우리말 뜻에 맞는 단어를 괄호 안에서 고르세요.

1. 나는 6학년이야. I'm in the sixth (grade / student).

2. 주차 금지 No (parking / pet)

3. 출입 금지 No (exit / entry)

4. 우리는 물이 부족해. We (lack / purify) water.

5. 이건 순수한 물이야. This is (fuel / pure) water.

6. 나는 호두를 많이 가지고 있어. I have many (walnuts / chestnuts).

7. 잔디밭에 들어가지 마시오. (Take / Keep) off the grass.

8. 나는 우리 안에 살아. I live in a (trap / cage).

9. 나는 모든 것을 먹어. I eat (everything / predator).

B. 아래 영어 단어의 우리말 뜻을 쓰세요.

10. pass _____

11. take notes _____

12. greenhouse _____

13. iris _____

14. flower _____

15. panda _____

16. dictionary _____

17. caution _____

18. die _____

19. cactus _____

20. predator _____

21. horse _____

총 40문제입니다.
(각 2.5점씩)

SCORE

GRADE

A	B	C
100~80	80~50	50~

C. 빈칸에 알맞은 단어를 찾아 줄로 연결하세요.

22. I do my _____.
나는 숙제를 해.
• • guideline

23. We should remember this _____.
우리는 이 지침을 기억해야 해.
• • homework

24. He is a _____ person.
그는 부주의한 사람이야.
• • careless

25. We have nothing to _____.
우리는 팔 것이 없어요.
• • overuse

26. The _____ of plastic is harmful.
플라스틱의 남용은 해로워.
• • bean

27. I don't like _____s.
난 콩이 싫어.
• • sell

28. Humans are _____s.
인간은 영장류이다.
• • primate

D. 다음 우리말을 보고 알맞은 영어 단어를 써 보세요.

29. 교과서   t _____

30. 위험   d _____

31. 천연의   n _____

32. 효과   e _____

33. 숲   f _____

34. 기린   g _____

35. (시험에) 떨어지다   f _____

36. 조심스러운   c _____

37. 졸약하다-   s _____

38. 통나무   l _____

39. 장소   p _____

40. 수영하다   s _____

초2400_6_w6

STEP 1 사진으로 단어/표현 학습하기 **STEP 2** 음원을 듣고 영단어 따라 읽기 **STEP 3** 손으로 줄에 맞춰 단어 쓰기

NAME : DATE : . . . GOAL : 필수 7 / 추가 13

I **walk** to school.
나는 걸어서 학교에 가.

pedestrian
보행자

pavement
인도

At **rush hour**, there are many **vehicles**.
혼잡한 시간대에는 차량이 많아.

☆초등필수☆

0101

walk

walk   w   w

[wɔːk] 걷다

0102

pedestrian

pedestrian   p

[pədéstriən] 보행자

0103

pavement

pavement   p

[péivmənt] 인도

0104

rush hour

rush hour   r

[rʌʃ auər] 혼잡한 시간대

0105

vehicle

vehicle   v   v

[víːikl] 차량

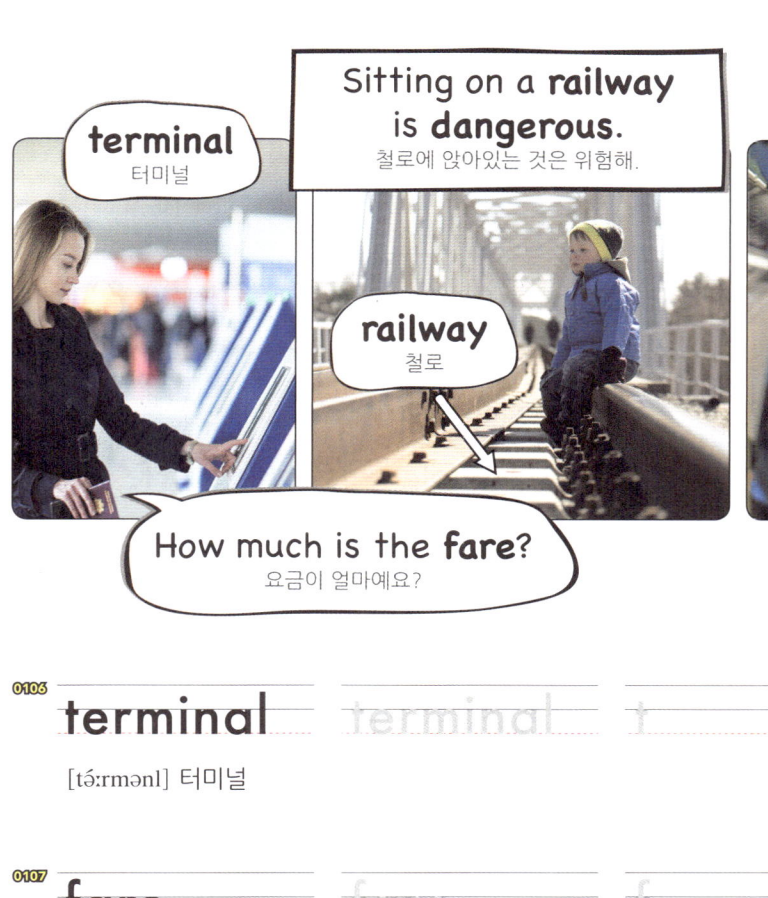

terminal
터미널

Sitting on a **railway** is **dangerous**.
철로에 앉아있는 것은 위험해.

railway
철로

How much is the **fare**?
요금이 얼마예요?

The **subway** is a good **public transport**.
지하철은 좋은 대중교통이야.

0106
terminal
[tə́:rmənl] 터미널

0107
fare
[fɛər] 요금

0108
railway
[réilwèi] 철로

☆초등필수☆
0109
dangerous
[déindʒərəs] 위험한

☆초등필수☆
0110
subway
[sʌ́bwèi] 지하철

0111
public transport
[pʌ́blik trænspɔ́:rt] 대중교통

arrival
도착

departure
출발

The plane is **taking off.**
비행기가 이륙하고 있어.

0112
arrival

[əráivəl] 도착

0113
departure

[dipá:rtʃər] 출발

☆초등필수☆

0114
take off

[teik ɔ:f] 이륙하다

I step on the **brake.**
나는 브레이크를 밟는다.

one-way
일방통행의

☆초등필수☆

0115
brake

[breik] 브레이크

one-way

[wʌn-wei] 일방통행의

seat belt
안전벨트

Are you **alright**?
너 괜찮니?

motorcycle
오토바이

The **seat belt** can save a life from **accidents**.
안전벨트는 사고로부터 생명을 구해.

seat belt

[si:t belt] 안전벨트

☆초등필수☆

accident

[ǽksədənt] 사고

☆초등필수☆

alright

[ɔ:lráit] 괜찮은

motorcycle

[móutərsáikl] 오토바이

DAY 06 Activity

STEP 1
ACTIVITY로 암기한 단어를 연습하세요.

STEP 2
ACTIVITY에서 틀린 단어를 복습하세요.

STEP 3
TEST를 통해 오늘 암기한 단어를 확인하세요.

 다음 사진과 설명을 보고 연상되는 영어 단어나 우리말 뜻을 고르세요.

1.

pedestrian

ⓐ 보행자　　ⓑ 철로

2.

At rush hour, there are many (　　)s.
혼잡한 시간대에는 차량이 많아.

ⓐ pavement　ⓑ vehicle

3.

Sitting on a railway is (　　).
철로에 앉아있는 것은 위험해.

ⓐ one-way　　ⓑ dangerous

4.

The subway is a good public transport.
지하철은 좋은 (　　)이야.

ⓐ 차량　　　ⓑ 대중교통

5.

일방통행의

ⓐ one-way　　ⓑ accident

6.

(　　)
오토바이

ⓐ subway　　ⓑ motorcycle

B. 우리말에 맞도록 주어진 알파벳으로 시작하는 단어를 써 보세요.

7. 난 **걸어서** 학교에 **가**.　　　 I w＿＿＿＿＿ to school.

8. **차량**이 많이 있다.　　　　　 There are many v＿＿＿＿s.

9. **요금**이 얼마입니까?　　　　　 How much is the f＿＿＿＿?

10. 나는 **지하철**을 타고 학교에 가.　 I go to school by s＿＿＿＿＿.

11. 나는 **대중교통**을 타고 여행을 해.　 I travel by p＿＿＿＿ t＿＿＿＿＿.

12. **안전띠**를 착용하세요.　　　　 Fasten your s＿＿＿＿ b＿＿＿＿s.

13. 나는 **오토바이**를 가지고 있다.　 I have a m＿＿＿＿＿.

C. 다음 우리말을 보고 알맞은 영어 단어의 철자를 써 보세요.

14. 인도

| p | | | m | e | |

15. 철로

| | a | | w | |

16. 위험한

| d | | g | e | | o | |

17. 도착

| | r | | | a | |

18. 출발

| d | | p | a | | | r | |

19. 사고

| a | | | | d | n | |

20. 이륙하다

| t | | | | | f | |

초2400_6_w7

STEP 1 사진으로 단어/표현 학습하기	STEP 2 음원을 듣고 영단어 따라 읽기	STEP 3 손으로 줄에 맞춰 단어 쓰기

👤 NAME :   📅 DATE :   .   .   .   🎯 GOAL : 필수 10 / 추가 10

A **planet** collides with the **Earth**.
행성이 지구에 충돌한다.

The **Solar System** is made up of the **Sun** and all of the small objects that move around it.
태양계는 태양과 그것 주위를 움직이는 모든 작은 물체들로 이루어져 있어요.

☆초등필수☆
0121
space
space   s   s
[speis] 우주

0122
Solar System
Solar System   S
[sóulər sístəm] 태양계

0123
planet
planet   p   p
[plǽnit] 행성

☆초등필수☆
0124
Sun
Sun   S   S
[sʌn] 태양

☆초등필수☆
0125
Earth
Earth   E   E
[ə:rθ] 지구

You can't feel any **weight** in zero **gravity**.
너는 무중력에서는 아무 무게도 느낄 수 없어.

A new crater was **discovered** on **Mars**.
화성에서 새로운 분화구가 발견되었어.

I'm an **astronaut**.
나는 우주비행사야.

☆초등필수☆
0126
weight
[weit] 무게

0127
gravity
[grǽvəti] 중력

☆초등필수☆
0128
star
[stɑːr] 별

0129
discover
[diskʌ́vər] 발견하다

0130
Mars
[maːrz] 화성

☆초등필수☆
0131
astronaut
[ǽstrənɔ̀ːt] 우주비행사

Milky Way

It looks like a river.
강처럼 보이는군.

The Earth goes **around** the Sun.
지구는 태양 주위를 돌아.

0132
spacecraft
spacecraft   s

[spéiskræft] 우주선

☆초등필수☆
0133
around
around   a   a

[əráund] ~주위에, 둘레에

0134
Milky Way
Milky Way   M

[mílki wei] 은하수

☆초등필수☆
0135
sky
sky   s   s

[skai] 하늘

full **moon**
보름달

There is no **end** to the universe.
우주에는 끝이 없다.

☆초등필수☆

0136 **moon**

[mu:n] 달

☆초등필수☆

0137 **end**

[end] 끝

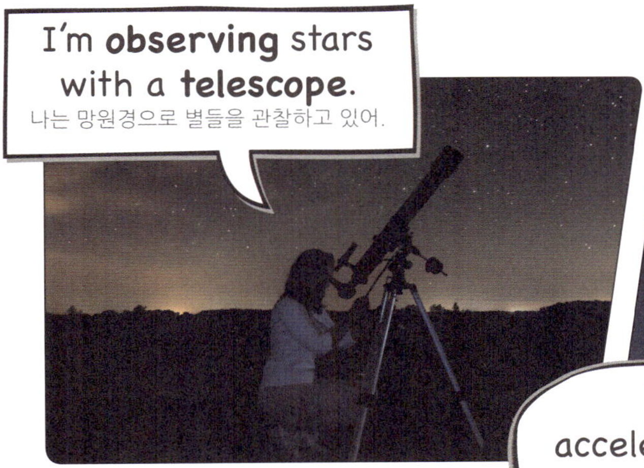
I'm **observing** stars with a **telescope**.
나는 망원경으로 별들을 관찰하고 있어.

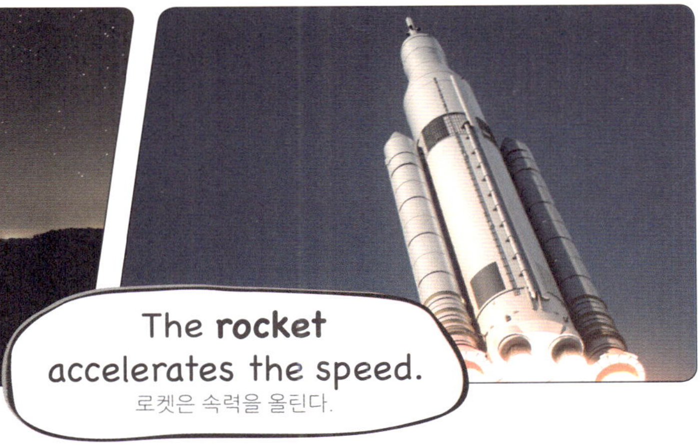
The **rocket** accelerates the speed.
로켓은 속력을 올린다.

0138 **observe**

[əbzə́:rv] 관찰하다

0139 **telescope**

[téləskòup] 망원경

0140 **rocket**

[rákit] 로켓

DAY 07 Activity

STEP 1
ACTIVITY로 암기한 단어를 연습하세요.

STEP 2
ACTIVITY에서 틀린 단어를 복습하세요.

STEP 3
TEST를 통해 오늘 암기한 단어를 확인하세요.

 다음 사진과 설명을 보고 연상되는 영어 단어나 우리말 뜻을 고르세요.

1.

A (　　) collides with the Earth.
행성이 지구에 충돌한다.

ⓐ Mars　　ⓑ planet

2.

rocket

ⓐ 로켓　　ⓑ 화성

3.

You can't feel any (　　) in zero gravity.
너는 무중력에서는 아무 무게도 느낄 수 없어.

ⓐ weight　　ⓑ astronaut

4.

The Earth goes (　　) the Sun.
지구는 태양 주위를 돌아.

ⓐ to　　ⓑ around

5.

There is no (　　) to the universe.
우주에는 끝이 없다.

ⓐ end　　ⓑ sun

6.

I'm observing stars with a (　　).
나는 망원경으로 별들을 관찰하고 있어.

ⓐ sky　　ⓑ telescope

B. 우리말에 맞도록 주어진 알파벳으로 시작하는 단어를 써 보세요.

7. 행성이 **지구**에 충돌한다.   A planet collides with the E_____.

8. 나는 **우주비행사**가 되고 싶다.   I want to be an a_____.

9. 나는 무**중력** 상태에 있다.   I'm in zero g_____.

10. 나는 아무 **무게**도 느낄 수 없다.   I can't feel any w_____.

11. 그들은 새로운 행성을 **발견했다**.   They d_____ed a new planet.

12. 지구는 **태양** 주위를 돌아.   The Earth goes around the S_____.

13. **은하수**를 볼 수 있는 최고의 장소는 어디입니까?   Where is the best place to see the M_____ Way?

C. 다음 우리말을 보고 알맞은 영어 단어의 철자를 써 보세요.

14. 우주   s____

15. 발견하다   d_____

16. 하늘   s__

17. 달   ___n

18. 화성   M___

19. 망원경   _e l_s__e

20. 태양계   _o___ S_____

STEP 1 사진으로 단어/표현 학습하기 〉 STEP 2 음원을 듣고 영단어 따라 읽기 〉 STEP 3 손으로 줄에 맞춰 단어 쓰기

NAME :   DATE :   .   .   .   GOAL : 필수 4 / 추가 16

I have to **bring** posts to my mom.
나는 엄마에게 우편물들을 가져가야만 해.

clipboard
클립보드

ballpoint pen
볼펜

envelope
봉투

The **clipboard** has a clip.
클립보드는 클립이 달려 있어.

calendar
달력

☆초등필수☆
0141
bring

bring   b   b

[briŋ] 가져다 주다

0142
envelope

envelope   e   e

[énvəlòup] 봉투

0143
clipboard

clipboard   c

[klípbɔ̀:rd] 클립보드

0144
ballpoint pen

ballpoint pen   b

[bɔ́:lpɔ̀int pen] 볼펜

☆초등필수☆
0145
calendar

calendar   c

[kǽləndər] 달력

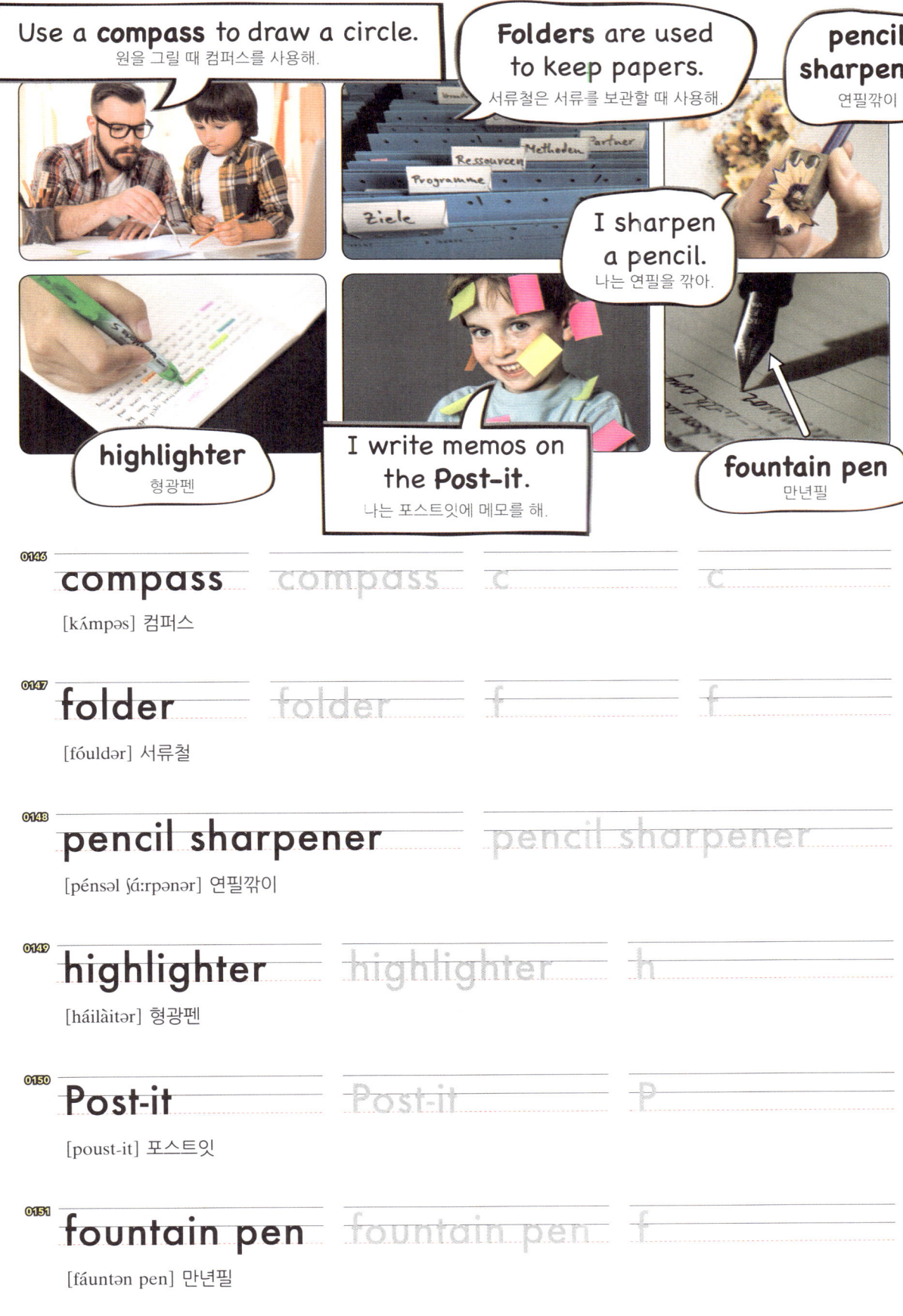

Use a **compass** to draw a circle.
원을 그릴 때 컴퍼스를 사용해.

Folders are used to keep papers.
서류철은 서류를 보관할 때 사용해.

pencil sharpener
연필깎이

I sharpen a pencil.
나는 연필을 깎아.

highlighter
형광펜

I write memos on the **Post-it**.
나는 포스트잇에 메모를 해.

fountain pen
만년필

0146

compass

[kʌ́mpəs] 컴퍼스

0147

folder

[fóuldər] 서류철

0148

pencil sharpener

[pénsəl ʃá:rpənər] 연필깎이

0149

highlighter

[háilàitər] 형광펜

0150

Post-it

[poust-it] 포스트잇

0151

fountain pen

[fáuntən pen] 만년필

All kinds of **stationery** are here.
모든 종류의 문구가 여기 있어.

school supplies
학용품들

0152

stationery

[stéiʃənèri] 문구

0153

school supply

[skuːl səplái] 학용품

0154

supply

[səplái] 물품

I can **lend** you a pen.
나는 너에게 펜 하나를 빌려줄 수 있어.

Can I **borrow** your pencil?
네 연필 빌려줄 수 있니?

binder
바인더

☆초등필수☆

0155

lend

[lend] 빌려주다

0156
borrow
borrow   b   b

[bárou] 빌리다

0157
binder
binder   b   b

[báindər] (종이 등과 함께 묶는) 바인더

0158
bind
bind   b   b

[baind] 묶다

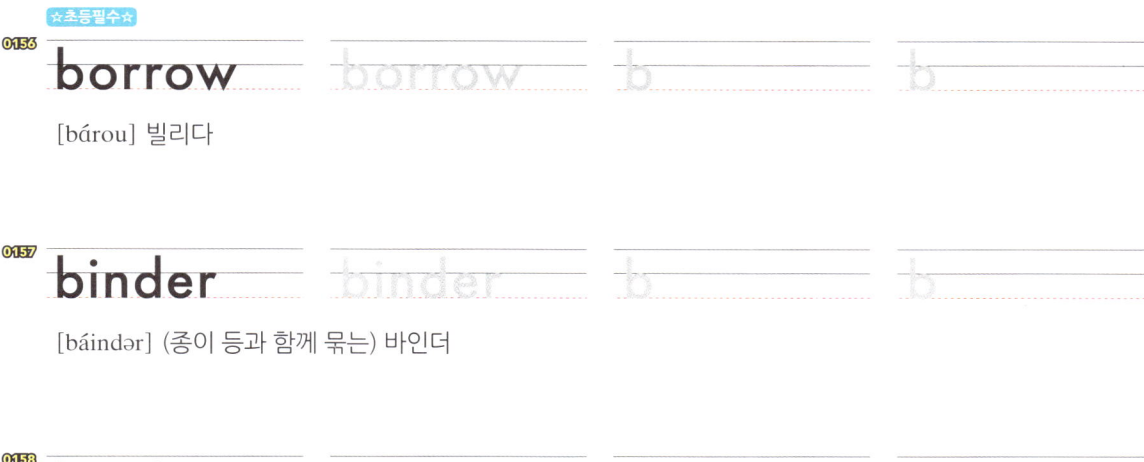

stapler
스테이플러

notepad
메모장

Use a **stapler** to put together all the papers.
종이들을 합칠 때 스테이플러를 사용해.

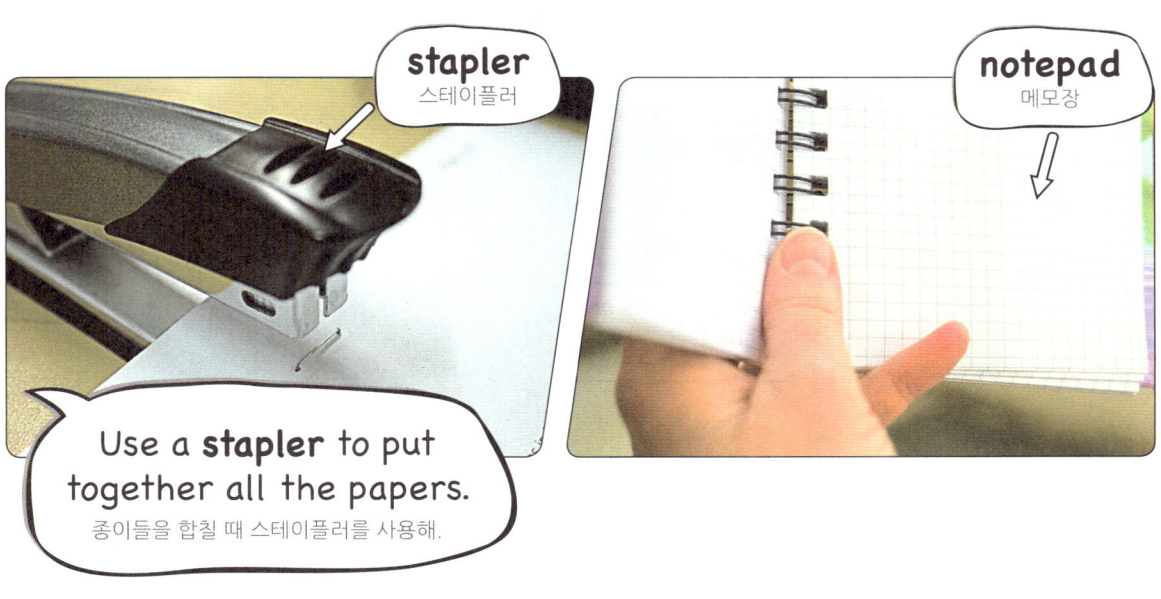

0159
stapler
stapler   s   s

[stéiplər] 스테이플러

0160
notepad
notepad   n   n

[nóutpæd] 메모장

DAY 08 Activity

STEP 1
ACTIVITY로 암기한 단어를 연습하세요.

STEP 2
ACTIVITY에서 틀린 단어를 복습하세요.

STEP 3
TEST를 통해 오늘 암기한 단어를 확인하세요.

 다음 사진과 설명을 보고 연상되는 영어 단어나 우리말 뜻을 고르세요.

1.

I have to (　　　) posts to my mom.
나는 엄마에게 우편물들을 가져가야만 해.

ⓐ bring　　　ⓑ lend

2.

clipboard

ⓐ 봉투　　　ⓑ 클립보드

3.

I write memos on the (　　　).
나는 포스트잇에 메모를 해.

ⓐ Post-it　　　ⓑ folder

4.

pencil sharpener

ⓐ 컴퍼스　　　ⓑ 연필깎이

5.

All kinds of (　　　) are here.
모든 종류의 문구가 여기 있어.

ⓐ notepads　　　ⓑ stationery

6.

Use a (　　　) to put together all the papers.
종이들을 합칠 때 스테이플러를 사용해.

ⓐ stapler　　　ⓑ binder

B. 우리말에 맞도록 주어진 알파벳으로 시작하는 단어를 써 보세요.

7. 나는 **봉투**가 필요해.   I need an e_____.

8. 나는 **컴퍼스**가 필요해.   I need a c_____.

9. 나는 **볼펜**이 필요해.   I need a b_____ p_____.

10. 나는 **형광펜**이 필요해.   I need a h_____.

11. 나는 **만년필**이 필요해.   I need a f_____ p_____.

12. 나는 **스테이플러**가 필요해.   I need a s_____.

13. 나는 **메모장**이 필요해.   I need an n_____.

C. 다음 우리말을 보고 알맞은 영어 단어의 철자를 써 보세요.

14. 가져다 주다

	r		g	

15. 서류철

	o	d	e	

16. 문구

s	t	t		n	r	

17. 물품

s		l	

18. 빌려주다

	n	

19. 빌리다

b		o	

20. 달력

c			d	

Our **hometown** is in the **country**.
우리의 고향은 시골이야.

Central Park
센트럴 파크

Central Park is a **public park**.
센트럴 파크는 공원이다.

0161
hometown
hometown h
[hóumtáun] 고향

☆초등필수☆
0162
country
country c c
[kʌ́ntri] 시골

0163
central
central c c
[séntrəl] 중앙의

☆초등필수☆
0164
city
city c c
[síti] 도시

0165
public park
public park p
[pʌ́blik paːrk] 공원

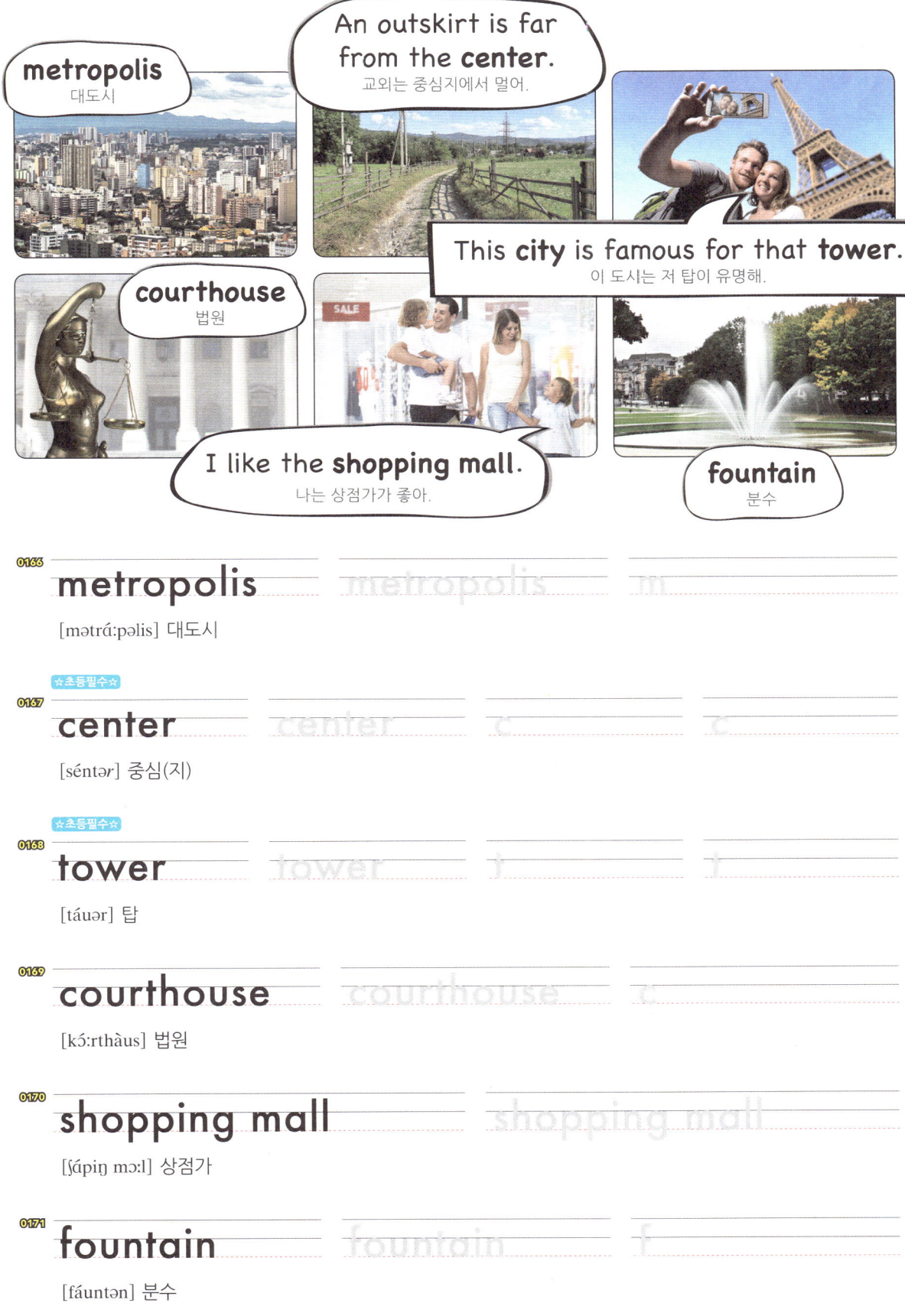

metropolis
대도시

An outskirt is far from the **center**.
교외는 중심지에서 멀어.

This **city** is famous for that **tower**.
이 도시는 저 탑이 유명해.

courthouse
법원

I like the **shopping mall**.
나는 상점가가 좋아.

fountain
분수

0166
metropolis
[mətrá:pəlis] 대도시

☆초등필수☆
0167
center
[séntər] 중심(지)

☆초등필수☆
0168
tower
[táuər] 탑

0169
courthouse
[kɔ́:rthàus] 법원

0170
shopping mall
[ʃápiŋ mɔːl] 상점가

0171
fountain
[fáuntən] 분수

Here we are.
This is the **village**.
다 왔어. 이곳이 마을이야.

Here is the **office**
of the **company**.
여기가 그 회사의 사무실이야.

0172 **village** village v v

[vílidʒ] 마을

☆초등필수☆

0173 **office** office o o

[ɔ́:fis] 사무실

☆초등필수☆

0174 **company** company c c

[kʌ́mpəni] 회사

☆초등필수☆

0175 **business** business b b

[bíznis] 사업

We visited the
construction site.
우리는 공사장을 방문했어.

cemetery
묘지

0176

construction

construction c

[kənstrʌ́kʃən] 공사

0177

cemetery

cemetery c c

[sémətèri] 묘지

hospital
(종합) 병원

I go to the **post office**.
나는 우체국에 가.

0178

hospital

hospital h h

[háspitl] (종합) 병원

0179

bank

bank b b

[bæŋk] 은행

0180

post office

post office p

[póust ɔ́(:)fis] 우체국

DAY 09 Activity

STEP 1
ACTIVITY로 암기한 단어를 연습하세요.

STEP 2
ACTIVITY에서 틀린 단어를 복습하세요.

STEP 3
TEST를 통해 오늘 암기한 단어를 확인하세요.

 다음 사진과 설명을 보고 연상되는 영어 단어나 우리말 뜻을 고르세요.

1.

Our hometown is in the country.
우리의 고향은 (   )(이)야.

ⓐ 시골   ⓑ 도시

2.

Central Park is a (   ).
센트럴 파크는 공원이다.

ⓐ public park ⓑ fountain

3.

courthouse

ⓐ 탑   ⓑ 법원

4.

fountain

ⓐ 공원   ⓑ 분수

5.

Here we are. This is the (   ).
다 왔어. 이곳이 마을이야.

ⓐ tower   ⓑ village

6.

Here is the (   ) of the company.
여기가 그 회사의 사무실이야.

ⓐ bank   ⓑ office

B. 우리말에 맞도록 주어진 알파벳으로 시작하는 단어를 써 보세요.

7. **고향**이 어디세요?　　　Where is your h_____?

8. 집 뒤에 **공원**이 있다.　　There is a p_____ p_____ behind the house.

9. 그 **탑**은 매우 거대하다.　The t_____ is very huge.

10. 나는 **은행**에 가고 있다.　I'm going to the b_____.

11. 건물 앞에 **분수**가 있다.　There is a f_____ in front of the building.

12. 우리 아빠는 지금 **병원**에
계신다.　　　　　　　My father is in the h_____ now.

13. 그는 **우체국**에서 일한다.　He works in the p_____ o_____.

C. 다음 우리말을 보고 알맞은 영어 단어의 철자를 써 보세요.

14. 시골

c				t	

15. 도시

	i		

16. 중앙의

	e		t		

17. 마을

v			l	a	

18. 회사

c			p		

19. 공사

	o		s	t				t	i	

20. 묘지

	e	m		t		

STEP 1 사진으로 단어/표현 학습하기 〉 STEP 2 음원을 듣고 영단어 따라 읽기 〉 STEP 3 손으로 줄에 맞춰 단어 쓰기

NAME : DATE : . . . GOAL : 필수 11 / 추가 9

I like **poop**.
I'm a **fly**.
난 똥을 좋아해. 난 파리니까.

I'm a **grasshopper**.
나는 메뚜기야.

The **ladybug** can **fly**.
무당벌레는 날 수 있어.

0181
poop

poop   p   p

[puːp] 똥

☆초등필수☆
0182
bug

bug   b   b

[bʌg] 벌레

☆초등필수☆
0183
ladybug

ladybug   l   l

[léidibʌg] 무당벌레

☆초등필수☆
0184
fly

fly   f   f

[flai] 파리/ 날다

0185
grasshopper

grasshopper   g

[grǽshɑ̀pər] 메뚜기

water strider
소금쟁이

I can **stride** on the water.
나는 물 위를 성큼성큼 걸을 수 있어.

Some **scorpions** are **poisonous**.
전갈 중 몇몇은 독이 있어.

I'm a **lizard**.
난 도마뱀이야.

0186
water strider
[wɔ́:tər stráidər] 소금쟁이

0187
stride
[straid] 성큼성큼 걷다

0188
lizard
[lízərd] 도마뱀

0189
scorpion
[skɔ́:rpiən] 전갈

0190
poison
[pɔ́izn] 독

Some spiders are **poisonous** too.
거미 중 몇몇 또한 독이 있어.

0191
poisonous
[pɔ́izənəs] 독이 있는

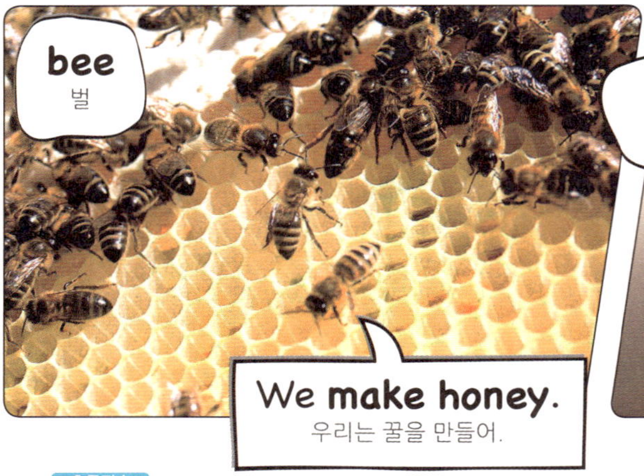
bee
벌
We make honey.
우리는 꿀을 만들어.

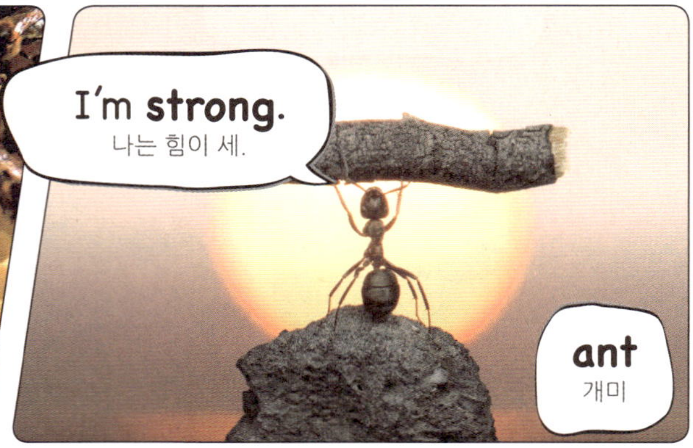
I'm strong.
나는 힘이 세.
ant
개미

☆초등필수☆

0192 **bee** bee b b

[biː] 벌

☆초등필수☆

0193 **make** make m m

[meik] 만들다

☆초등필수☆

0194 **ant** ant a a

[ænt] 개미

☆초등필수☆

0195 **strong** strong s s

[strɔ(ː)ŋ] 힘이 센

I make a spider web.
난 거미줄을 만들지.

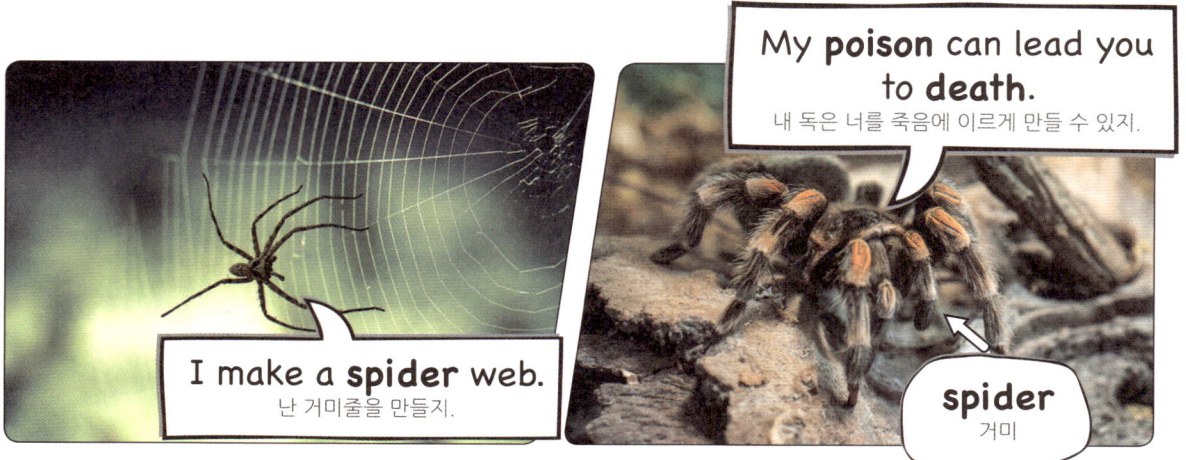

My poison can lead you to death.
내 독은 너를 죽음에 이르게 만들 수 있지.
spider
거미

0196
spider

spider   s   s

[spáidər] 거미

0197
honey

honey   h   h

[hʌ́ni] 꿀

0198
death

death   d   d

[deθ] 죽음

This caterpillar will be a butterfly.
이 애벌레는 나비가 될 거야.

butterfly

0199
caterpillar

caterpillar   c

[kǽtərpìlər] 애벌레

0200
butterfly

butterfly   b

[bʌ́tərflài] 나비

STEP 1
ACTIVITY로 암기한 단어를 연습하세요.

STEP 2
ACTIVITY에서 틀린 단어를 복습하세요.

STEP 3
TEST를 통해 오늘 암기한 단어를 확인하세요.

 다음 사진과 설명을 보고 연상되는 영어 단어나 우리말 뜻을 고르세요.

1.

This caterpillar will be a butterfly.
이 (   )는 나비가 될 거야.

ⓐ 애벌레   ⓑ 무당벌레

2.

(   )
메뚜기

ⓐ grasshopper ⓑ ant

3.

I'm (   ).
나는 힘이 세.

ⓐ poisonous   ⓑ strong

4.

I'm a lizard.
난 (   )이야.

ⓐ 전갈   ⓑ 도마뱀

5.

I can (   ) on the water.
나는 물 위를 성큼성큼 걸을 수 있어.

ⓐ stride   ⓑ swim

6.

We (   ) honey.
우리는 꿀을 만들어.

ⓐ eat   ⓑ make

 B. 우리말에 맞도록 주어진 알파벳으로 시작하는 단어를 써 보세요.

7. **무당벌레**는 날 수 있어. The l＿＿＿＿＿＿ can fly.

8. 그건 **메뚜기**야. It is a g＿＿＿＿＿＿＿.

9. 벽에 **도마뱀**이 있어. There is a l＿＿＿＿ on the wall.

10. 몇몇 **전갈**은 독이 있어. Some s＿＿＿＿＿s are poisonous.

11. 나는 **똥**을 좋아해. I like p＿＿＿＿.

12. **개미**들은 부지런해. A＿＿＿＿s are diligent.

13. 이 **애벌레**는 나비가 될 거야. This c＿＿＿＿＿ will be a butterfly.

C. 다음 우리말을 보고 알맞은 영어 단어의 철자를 써 보세요.

14. 파리/ 날다 | f | | |

15. 도마뱀 | | | a | r | |

16. 전갈 | s | | o | r | | o | |

17. 벌레 | | g | |

18. 거미 | | p | i | | | |

19. 죽음 | d | | t | |

20. 힘이 센 | s | t | | | | |

A. 다음 우리말 뜻에 맞는 단어를 괄호 안에서 고르세요.

1. 차량이 많이 있다. There are many (public transports / vehicles).

2. 나는 브레이크를 밟았다. I stepped on the (brake / seat belt).

3. 나는 중력이 없는 상태에 있다. I'm in zero (gravity / weight).

4. 나는 별들을 관찰한다. I (discover / observe) the stars.

5. 네게 펜을 빌려줄게. I'll (borrow / lend) you a pen.

6. 내게 신문을 가져다줄래? Could you (bring / borrow) me the newspaper?

7. 고향이 어디세요? Where is your (courthouse / hometown)?

8. 우리는 묘지를 방문했다. We visited the (company / cemetery).

9. 우체국이 어디 있나요? Where is the (post office / bank)?

B. 아래 영어 단어의 우리말 뜻을 쓰세요.

10. accident _____   16. arrival _____

11. city _____   17. astronaut _____

12. moon _____   18. envelope _____

13. borrow _____   19. hospital _____

14. bank _____   20. office _____

15. ladybug _____   21. make _____

총 40문제입니다.
(각 2.5점씩)

SCORE

GRADE

A	B	C
100~80	80~50	50~

C. 빈칸에 알맞은 단어를 찾아 줄로 연결하세요.

22. How much is the _____?
    요금이 얼마입니까?   • Earth

23. A planet collides with the _____.   • fare
    행성이 지구에 충돌한다.

24. I borrowed a _____.   • telescope
    나는 망원경을 빌렸어.

25. I need a _____.   • calendar
    나는 달력이 필요해.

26. There is a _____.   • spider
    분수가 있다.

27. I don't like _____s.   • lizard
    나는 거미를 좋아하지 않아.

28. It's a _____.   • fountain
    그것은 도마뱀이야.

D. 다음 우리말을 보고 알맞은 영어 단어를 써 보세요.

29. 위험한   d_____   35. 이륙하다   t_____

30. ~ 주위에   a_____   36. 발견하다   d_____

31. 끝   e_____   37. 묶다   b_____

32. 문구   s_____   38. 시골   c_____

33. 우주   s_____   39. 마을   v_____

34. 힘이 센   s_____   40. 파리, 날다 f_____

STEP 1 사진으로 단어/표현 학습하기	STEP 2 음원을 듣고 영단어 따라 읽기	STEP 3 손으로 줄에 맞춰 단어 쓰기

 NAME :   DATE :   .   .   .   GOAL : 필수 6 / 추가 14

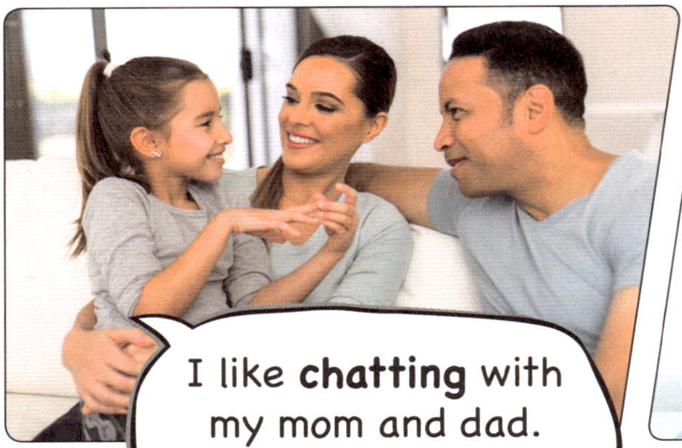

I like chatting with my mom and dad.
난 엄마, 아빠와 이야기하는 것이 좋아.

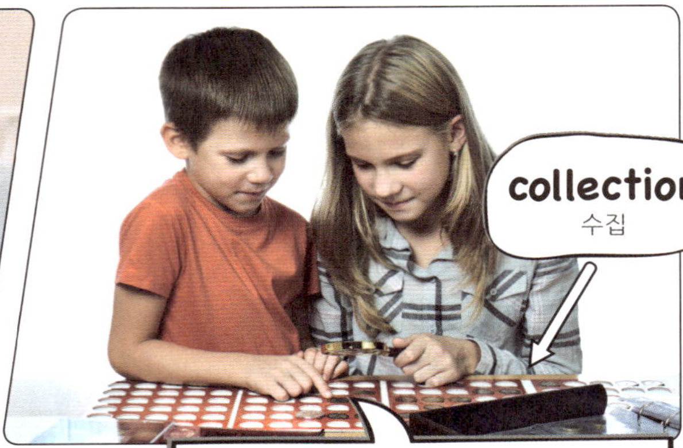

collection
수집

I like collecting coins.
난 동전을 모으는 것이 좋아.

0201
chat
chat
[tʃæt] 이야기하다

0202
chatting
chatting
[tʃǽtiŋ] 수다

☆초등필수☆
0203
collect
collect
[kálekt] 모으다

0204
collection
collection
[kəlékʃən] 수집

☆초등필수☆
0205
coin
coin
[kɔin] 동전

figure
피규어

These are **miniature** dinosaurs.
이것들은 축소모형 공룡들이야.

This is a **vase**.
이건 꽃병이야.

bottle
병

We **sew** this pair of pants.
우리는 이 바지를 꿰매.

0206
miniature
miniature   m

[míniətʃər] 축소된/ 축소모형

0207
figure
figure   f   f

[fígjər] 피규어

☆초등필수☆
0208
vase
vase   v   v

[veis] 꽃병

☆초등필수☆
0209
bottle
bottle   b   b

[bátl] 병

0210
sew
sew   s   s

[sou] 꿰매다

0211
sewing
sewing   s   s

[sóuiŋ] 재봉

I like **hiking**.
나는 도보여행이 좋아.

drone
드론

My hobby is to operate a **drone**.
내 취미는 드론을 조종하는 거야.

0212
hiking
[háikiŋ] 도보여행

0213
drone
[droun] 드론(무인비행기)

I like **assembling** a **plastic model** with my dad.
나는 아빠와 프라모델을 조립하는 것을 좋아해.

My hobby is collecting **stamps**.
내 취미는 우표를 모으는 거야.

plastic model
프라모델

0214
stamp
[stæmp] 우표

0215
plastic model
[plǽstik mɑːdl] 프라모델

0216

assemble

[əsémbl] 조립하다

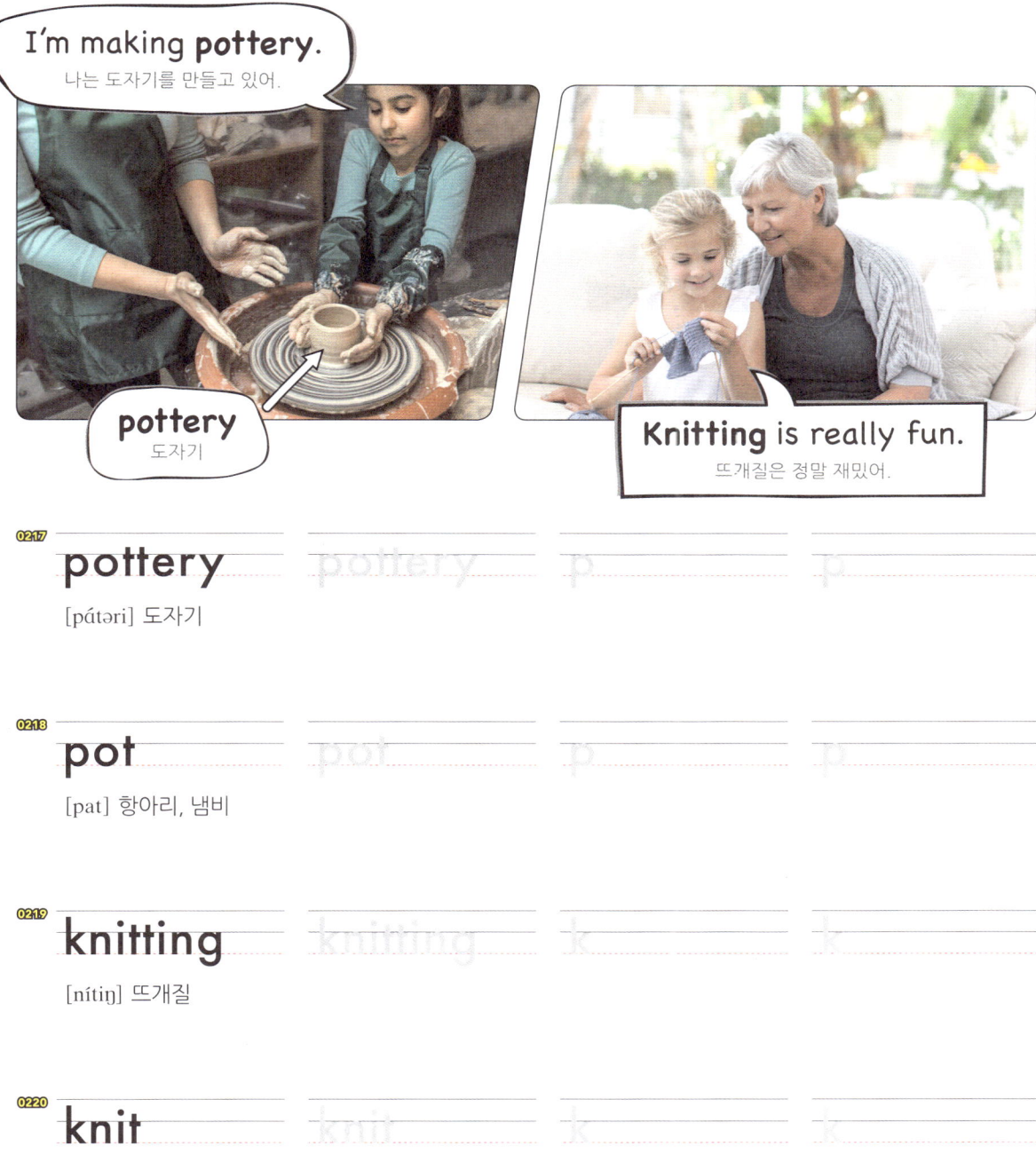

I'm making **pottery**.
나는 도자기를 만들고 있어.

pottery
도자기

Knitting is really fun.
뜨개질은 정말 재밌어.

0217

pottery

[pátəri] 도자기

0218

pot

[pat] 항아리, 냄비

0219

knitting

[nítiŋ] 뜨개질

0220

knit

[nit] 뜨개질하다

DAY 11 Activity

STEP 1
ACTIVITY로 암기한 단어를 연습하세요.

STEP 2
ACTIVITY에서 틀린 단어를 복습하세요.

STEP 3
TEST를 통해 오늘 암기한 단어를 확인하세요.

 다음 사진과 설명을 보고 연상되는 영어 단어나 우리말 뜻을 고르세요.

1.

ⓐ chat   ⓑ collect

2.

ⓐ miniature   ⓑ drone

3.

ⓐ sew   ⓑ collect

4.

ⓐ 도보여행   ⓑ 재봉

5.

ⓐ 피규어   ⓑ 우표

6.

ⓐ Sewing   ⓑ Knitting

B. 우리말에 맞도록 주어진 알파벳으로 시작하는 단어를 써 보세요.

7. 나는 친구와 **이야기**하는 게 좋아.　　I like c_____ with my friends.

8. 나는 동전을 **모아**.　　I c_____ coins.

9. 나는 **피규어**를 많이 가지고 있어.　　I have many f_____s.

10. 나는 이 티셔츠를 **꿰매**.　　I s_____ this T-shirt.

11. 나는 **도보여행**이 좋아.　　I like h_____.

12. 나는 **뜨개질**이 좋아.　　I like k_____.

13. 나는 **도자기**를 만들어.　　I make p_____.

C. 다음 우리말을 보고 알맞은 영어 단어의 철자를 써 보세요.

14. 동전　　| | o | | |

15. 꽃병　　| | a | |

16. 재봉　　| s | | | n | g |

17. 우표　　| | | a | m | |

18. 조립하다　　| a | | e | | l | |

19. 항아리, 냄비　　| p | | |

20. 뜨개질하다　　| | | i | |

STEP 1 사진으로 단어/표현 학습하기 　STEP 2 음원을 듣고 영단어 따라 읽기 　STEP 3 손으로 줄에 맞춰 단어 쓰기

ℹ NAME : 　　　　　　　📅 DATE : 　.　　.　　.　　　　🔒 GOAL : 필수 9 / 추가 11

What do you do?
직업이 무엇입니까?

I'm a **soldier**.
나는 군인이야.

I'm an animal **doctor**.
나는 수의사야.

I'm a **helicopter pilot**.
난 헬리콥터 조종사예요.

lawyer
변호사

☆초등필수☆
0221
helicopter
helicopter　h　　　h

[hélikàptər] 헬리콥터

☆초등필수☆
0222
pilot
pilot　p　　　p

[páilət] 조종사

0223
soldier
soldier　s　　　s

[sóuldʒər] 군인

☆초등필수☆
0224
doctor
doctor　d　　　d

[dáktər] 의사

0225
lawyer
lawyer　t　　　t

[lɔ́:jər] 변호사

pianist
피아니스트

violinist
바이올리니스트

We are **musicians**.
우리는 음악가야.

I'm a **movie director**.
난 영화 감독이야.

engineer
기술자

I want to be a
flight attendant!
나는 비행기 승무원이 되고 싶어!

0226
pianist
[piǽnist] 피아니스트

0227
violinist
[vàiəlínist] 바이올리니스트

☆초등필수☆
0228
musician
[mju:zíʃən] 음악가

0229
movie director
[múːvi diréktər] 영화 감독

☆초등필수☆
0230
engineer
[èndʒiníər] 기술자

0231
flight attendant
[flait əténdənt] 비행기 승무원

0232
mechanic
[məkǽnik] 정비사

0233
designer
[dizáinər] 디자이너

0234
dentist
[déntist] 치과의사

0235
firefighter
[fáiərfàitər] 소방관

entertainer
연예인

bodyguard
경호원

secretary
비서

My **dream** is to be the **boss** of a company.
내 꿈은 회사의 사장이 되는 거야.

My job is to protect her from mad fans.
내 일은 그녀를 열광한 팬들로부터 보호하는 것입니다.

This is the **secretary** speaking.
비서가 전화 받습니다.

☆초등필수☆

0236
dream

[dri:m] 꿈

☆초등필수☆

0237
boss

[bɔːs] 사장

0238
bodyguard

[bάdigà:rd] 경호원

0239
entertainer

[èntərtéinər] 연예인

0240
secretary

[sékrətèri] 비서

DAY 12 Activity

A. 다음 사진과 설명을 보고 연상되는 영어 단어나 우리말 뜻을 고르세요.

1.

I'm a helicopter pilot.
나는 헬리콥터 (   )예요.

ⓐ 조종사   ⓑ 기술자

2.

I'm an animal ( ).
나는 수의사야.

ⓐ doctor   ⓑ dentist

3.

engineer

ⓐ 정비사   ⓑ 기술자

4.

I want to be a (   )!
나는 비행기 승무원이 되고 싶어!

ⓐ flight attendant   ⓑ secretary

5.

I'm going to be a (   ).
난 소방관이 될 거야.

ⓐ firefighter   ⓑ bodyguard

6.

My dream is to be the (   ) of a company.
내 꿈은 회사의 사장이 되는 거야.

ⓐ boss   ⓑ musician

 B. 우리말에 맞도록 주어진 알파벳으로 시작하는 단어를 써 보세요.

7.   나는 **군인**이야.   I'm a s_____.

8.   나는 **소방관**이야.   I'm a f_____.

9.   나는 **바이올리니스트**야.   I'm a v_____.

10. 나는 **기술자**야.   I'm an e_____.

11. 나는 **정비사**야.   I'm a m_____.

12. 나는 **디자이너**야.   I'm a d_____.

13. 나는 **비서**야.   I'm a s_____.

C. 다음 우리말을 보고 알맞은 영어 단어의 철자를 써 보세요.

14. 의사

		t	

15. 연예인

e			r	t		n		r

16. 변호사

		w		e	r

17. 피아니스트

p		a	n		

18. 음악가

	u	s				n

19. 치과 의사

		n	t		

20. 꿈

	r	e		

STEP 1 사진으로 단어/표현 학습하기 ⟩ **STEP 2** 음원을 듣고 영단어 따라 읽기 ⟩ **STEP 3** 손으로 줄에 맞춰 단어 쓰기

 NAME :　　　　　　　　📅 DATE :　　.　　.　　.　　　　🛍 GOAL : 필수 8 / 추가 12

A **cashier** uses the **cash register**.
계산원은 금전 등록기를 사용해.

barcode
바코드

cash register
금전 등록기

I'll pay by check.
나는 수표로 지불할게요.

price tag
가격표

0241
cashier
cashier　　c　　　　c

[kǽʃiər] 계산원

0242
cash register
cash register　　c

[kæʃ rédʒistər] 금전 등록기

0243
barcode
barcode　　b　　　　b

[bá:rkòud] 바코드

☆초등필수☆
0244
check
check　　c　　　　c

[tʃek] 수표

0245
price tag
price tag　　p　　　　p

[prais tæg] 가격표

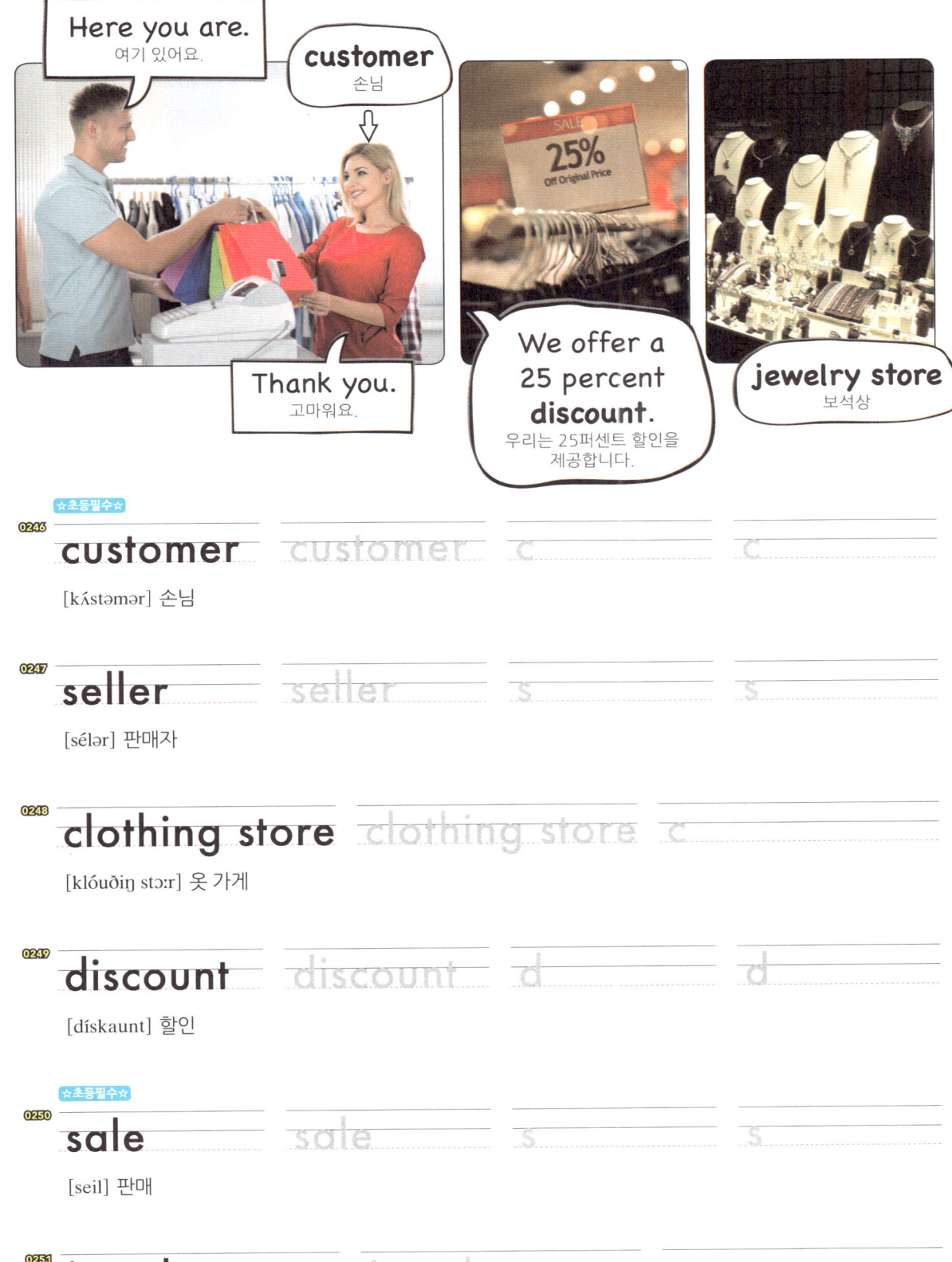

Here you are.
여기 있어요.

customer
손님

Thank you.
고마워요.

We offer a
25 percent
discount.
우리는 25퍼센트 할인을
제공합니다.

jewelry store
보석상

☆초등필수☆

0246 **customer**

[kʌ́stəmər] 손님

0247 **seller**

[sélər] 판매자

0248 **clothing store**

[klóuðiŋ stɔːr] 옷 가게

0249 **discount**

[dískaunt] 할인

☆초등필수☆

0250 **sale**

[seil] 판매

0251 **jewelry store**

[dʒú:əlri stɔːr] 보석상

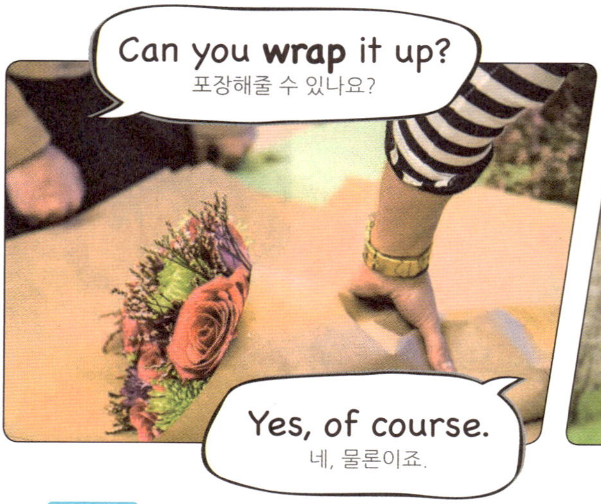
Can you **wrap** it up?
포장해줄 수 있나요?
Yes, of course.
네, 물론이죠.

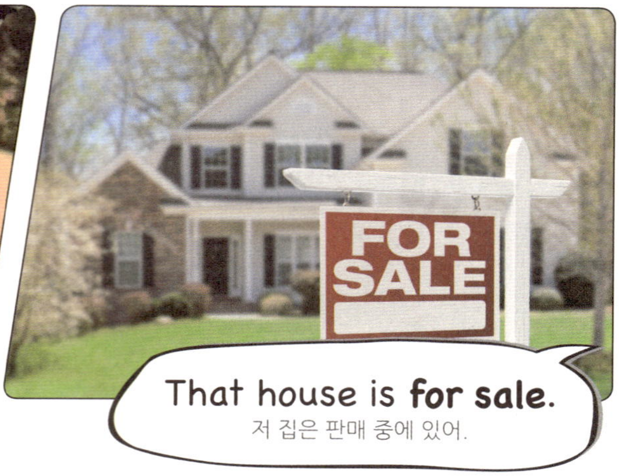
FOR SALE
That house is **for sale.**
저 집은 판매 중에 있어.

☆초등필수☆

0252 **wrap** wrap w w

[ræp] 포장하다

0253 **for sale** for sale f f

[fɔr seil] 판매 중인

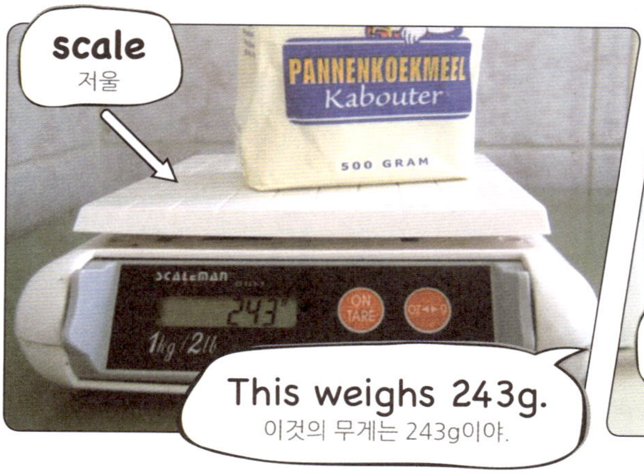
scale
저울
PANNENKOEKMEEL
Kabouter
500 GRAM
This weighs 243g.
이것의 무게는 243g이야.

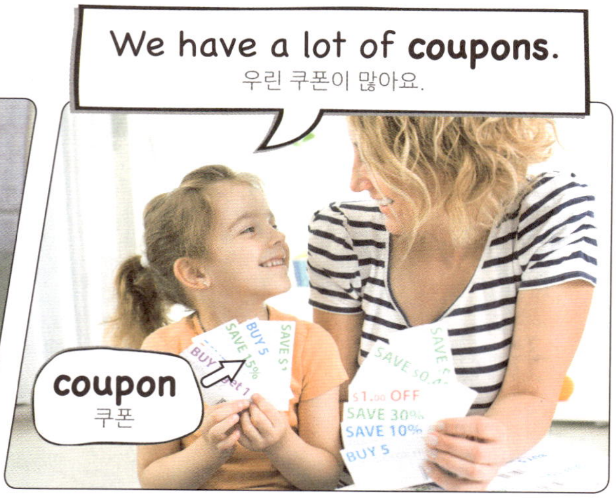
We have a lot of **coupons.**
우린 쿠폰이 많아요.
coupon
쿠폰

0254 **scale** scale s s

[skeil] 저울

0255 **coupon** coupon c c

[kú:pan] 쿠폰

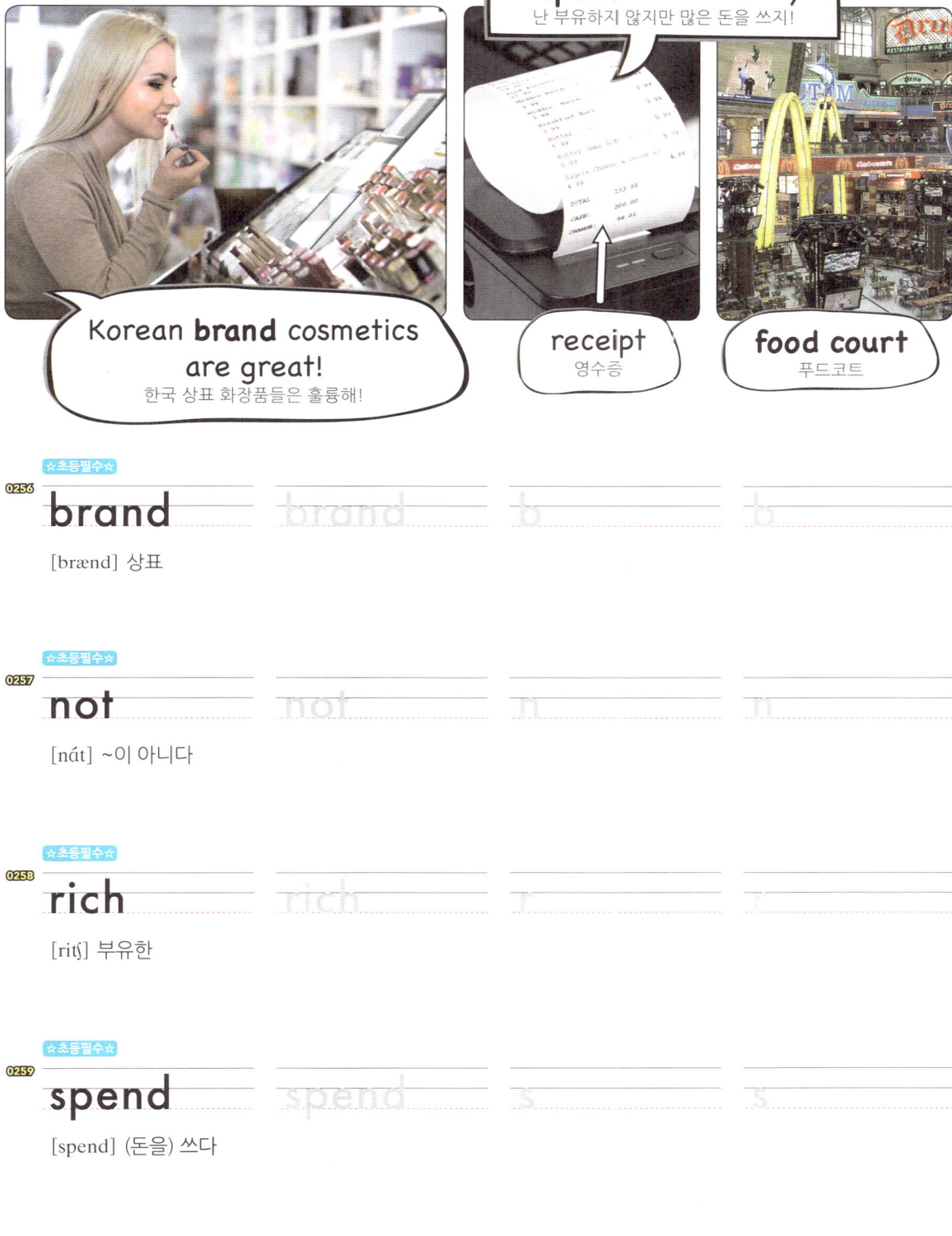

I'm **not rich**, but I **spend** much money!
난 부유하지 않지만 많은 돈을 쓰지!

Korean **brand** cosmetics are great!
한국 상표 화장품들은 훌륭해!

receipt
영수증

food court
푸드코트

☆초등필수☆

0256
brand
[brænd] 상표

☆초등필수☆

0257
not
[nát] ~이 아니다

☆초등필수☆

0258
rich
[ritʃ] 부유한

☆초등필수☆

0259
spend
[spend] (돈을) 쓰다

0260
food court
[fuːd kɔːrt] 푸드코트

DAY 13 Activity

STEP 1
ACTIVITY로 암기한 단어를 연습하세요.

STEP 2
ACTIVITY에서 틀린 단어를 복습하세요.

STEP 3
TEST를 통해 오늘 암기한 단어를 확인하세요.

 다음 사진과 설명을 보고 연상되는 영어 단어나 우리말 뜻을 고르세요.

1.
A (   ) uses the cash register.
계산원은 금전 등록기를 사용해.

ⓐ cashier   ⓑ seller

2.

I'll pay by check.
나는 (   )로 지불할게요.

ⓐ 신용카드   ⓑ 수표

3.

손님

ⓐ customer   ⓑ seller

4.

25%
Off Original Price
We offer a 25 percent (   ).
우리는 25퍼센트 할인을 제공합니다.

ⓐ discount   ⓑ on sale

5.

coupon

ⓐ 쿠폰   ⓑ 상표

6.

Korean (   ) cosmetics are great!
한국 상표 화장품들은 훌륭해!

ⓐ brand   ⓑ price tag

B. 우리말에 맞도록 주어진 알파벳으로 시작하는 단어를 써 보세요.

7. 그는 **계산원**으로 일한다.　　　He works as a c_____.

8. **수표**로 지불할게요.　　　I'll pay by c_____.

9. **손님**이 아주 많다.　　　There are many c_____s.

10. 그녀는 **부유해**.　　　She is r_____.

11. 이 상품들은 **판매 중**입니다.　　　These goods are f_____ s_____.

12. **포장**해 줄 수 있나요?　　　Can you w_____ it up?

13. 너는 돈을 너무 많이 **쓴다**.　　　You s_____ too much money.

C. 다음 우리말을 보고 알맞은 영어 단어의 철자를 써 보세요.

14. 바코드

b			c	o		

15. 할인

		s	c		n	

16. 저울

s			e	

17. 쿠폰

c		p	o	

18. 부유한

	i		

19. 상표

	r	a		

20. ~이 아니다

	o	

STEP 1 사진으로 단어/표현 학습하기 〉 STEP 2 음원을 듣고 영단어 따라 읽기 〉 STEP 3 손으로 줄에 맞춰 단어 쓰기

👤 NAME :　　　　　　　　📅 DATE :　　　.　　.　　.　　　　🔲 GOAL : 필수 9 / 추가 11

A **suburb** is a **small area near** an **urban area**.
교외는 도심 지역 근처의 작은 지역이야.

We **live in** a **suburb**.
우리는 교외에서 살아.

urban
도시의

I **live in** a **rural area**.
나는 시골 지역에서 살아.

0261
suburb
suburb　s　s

[sʌ́bəːrb] 교외

☆초등필수☆
0262
small
small　s　s

[smɔːl] 작은

☆초등필수☆
0263
area
area　a　a

[ɛ́əriə] 지역

☆초등필수☆
0264
near
near　n　n

[niər] ~ 근처의

☆초등필수☆
0265
live in
live in　l　l

[liv in] ~에 살다

0266

urban

[ə́ːrbən] 도시의

0267

suburban

[səbə́ːrbən] 교외의

0268

rural

[rúərəl] 시골의

skyscraper
고층빌딩

city hall
시청

square
광장

0269

skyscraper

[skáiskrèipər] 고층빌딩

☆초등필수☆

0270

city hall

[síti hɔːl] 시청

☆초등필수☆

0271

square

[skwɛər] 광장

shopping arcade
종합쇼핑몰

stadium
경기장

bridge
다리

cross
건너다

0272
shopping arcade

shopping arcade

[ʃápiŋ aːrkéid] 종합쇼핑몰

☆초등필수☆
0273
stadium

stadium   s   s

[stéidiəm] 경기장

☆초등필수☆
0274
bridge

bridge   b   b

[bridʒ] 다리

☆초등필수☆
0275
cross

cross   c   c

[krɔːs] 건너다

residential complex
주거 단지

industrial complex
공업 단지

0276

residential

[rèzədénʃəl] 주택지의

0277

industrial

[indʌ́striəl] 공업의

0278

complex

[kámpleks] 복합단지

path
길

A **trail** is a rough **path** through a mountain.
오솔길은 산을 통과하는 거친 길이야.

0279

path

[pæθ] 길

0280

trail

[treil] 오솔길

STEP 1
ACTIVITY로 암기한 단어를 연습하세요.

STEP 2
ACTIVITY에서 틀린 단어를 복습하세요.

STEP 3
TEST를 통해 오늘 암기한 단어를 확인하세요.

 다음 사진과 설명을 보고 연상되는 영어 단어나 우리말 뜻을 고르세요.

1.

A suburb is a small area near an urban area.
(　　　)는 도심 지역 근처의 작은 지역이야.

ⓐ 교외　　　ⓑ 공업 단지

2.

square

ⓐ 시청　　　ⓑ 광장

3.

다리

ⓐ bridge　　　ⓑ path

4.

urban

ⓐ 교외의　　　ⓑ 도시의

5.

I (　　　) a rural area.
나는 시골 지역에서 살아.

ⓐ live in　　　ⓑ near

6.

A (　　　) is a rough path through a mountain.
오솔길은 산을 통과하는 거친 길이야.

ⓐ cross　　　ⓑ trail

우리말에 맞도록 주어진 알파벳으로 시작하는 단어를 써 보세요.

7. 나는 **교외**에 살아.　　　I live in a s_____.

8. 나는 **시골**에 살아.　　　I live in a r_____ area.

9. **시청**까지 어떻게 가나요?　　　How can I get to the c_____ h_____?

10. **광장**까지 어떻게 가나요?　　　How can I get to the s_____?

11. **종합쇼핑몰**은 어디 있나요?　　　Where is the s_____ a_____?

12. 길을 **건너세요.**　　　C_____ the street.

13. 이 **길**을 따라 쭉 가세요.　　　Go straight along this p_____.

다음 우리말을 보고 알맞은 영어 단어의 철자를 써 보세요.

14. ~ 근처의

n		

15. 도시의

	b	a	

16. 고층빌딩

	k	s		a	p		

17. 작은

s		l

18. 다리

	i		e

19. 지역

	r	

20. 공업의

i	n			t		a	

Trick or treat?
장난칠까요 아니면 맛있는 것 줄래요?

Tomorrow is the **Halloween festival**.
I **decorate** with lights.
내일은 할로윈 축제야. 나는 조명으로 장식해.

☆초등필수☆

0281
Halloween
[hǽlouíːn] 할로윈

☆초등필수☆

0282
festival
[féstəvəl] 축제

0283
decorate
[dékərèit] 장식하다

0284
trick
[trik] 속이다

0285
treat
[triːt] 대접하다

We wore Halloween **costumes**!
우리는 할로윈 의상을 입었어!

I'm **holding** a pumpkin **lantern**.
나는 호박등을 들고 있어.

skeleton
해골

witch
마녀

lantern
등

0286
costume
[kástju:m] (무대나 파티에서 입는) 의상

0287
witch
[witʃ] 마녀

0288
skeleton
[skélətn] 해골

☆초등필수☆
0289
hold
[hould] ~을 들다

0290
lantern
[læntərn] 등

0291 frighten   frighten   f   f

[fráitn] ~을 겁먹게 하다

☆초등필수☆

0292 hate   hate   h   h

[heit] 싫어하다

☆초등필수☆

0293 ghost   ghost   g   g

[goust] 유령

0294 make-up   make-up   m   m

[meik ʌp] 분장

0295 parade   parade   p   p

[pəréid] 퍼레이드

Today is the wedding reception.
오늘은 결혼식 피로연이야.

groom 신랑

bride 신부

We leave for our honeymoon!
우리는 신혼여행을 떠나!

0296
wedding
wedding w w

[wédiŋ] 결혼

0297
reception
reception r r

[risépʃən] 피로연

0298
honeymoon
honeymoon h

[hʌ́nimuːn] 신혼여행

0299
groom
groom g g

[gruːm] 신랑

0300
bride
bride b b

[braid] 신부

DAY 15 Activity

STEP 1
ACTIVITY로 암기한 단어를 연습하세요.

STEP 2
ACTIVITY에서 틀린 단어를 복습하세요.

STEP 3
TEST를 통해 오늘 암기한 단어를 확인하세요.

 다음 사진과 설명을 보고 연상되는 영어 단어나 우리말 뜻을 고르세요.

1.
Tomorrow is the Halloween festival.
I (   ) with lights.
내일은 할로윈 축제야. 나는 조명으로 장식해.

ⓐ decorate   ⓑ hold

2.
(   ) or treat?
장난칠까요 아니면 맛있는 것 줄래요?

ⓐ Ghost   ⓑ Trick

3.
We wore Halloween costumes!
우리는 할로윈 (   )을 입었어!

ⓐ 의상   ⓑ 해골

4.
I will (   ) people.
나는 사람들에게 겁을 줄 거야.

ⓐ treat   ⓑ frighten

5.
It's Halloween make-up.
이것은 할로윈 (   )이야.

ⓐ 등   ⓑ 분장

6.
Today is the wedding (   ).
오늘은 결혼식 피로연이야.

ⓐ festival   ⓑ reception

B. 우리말에 맞도록 주어진 알파벳으로 시작하는 단어를 써 보세요.

7. 내일은 **할로윈**이야.   Tomorrow is H_____.

8. 나는 집을 **장식해**.   I d_____ the house.

9. 그 **마녀**는 마법을 쓴다.   The w_____ uses magic.

10. 호박으로 **등불**을 만들자.   Let's make a l_____ with a pumpkin.

11. 나는 사람들을 **겁줄** 거야.   I will f_____ people.

12. 나는 **유령**이 싫어.   I hate the g_____.

13. 우리는 **퍼레이드**를 보고 있어.   We are watching the p_____.

C. 다음 우리말을 보고 알맞은 영어 단어의 철자를 써 보세요.

14. 축제 | | e | | t | i | | |

15. 속이다 | t | r | | |

16. 대접하다 | t | r | | |

17. 의상 | c | | t | | e |

18. ~을 들다 | | o | |

19. 결혼 | | e | d | | n | |

20. 신부 | | r | i | |

A. 다음 우리말 뜻에 맞는 단어를 괄호 안에서 고르세요.

1. 나는 친구와 수다 떠는 중이야. I'm (sewing / chatting) with my friend.

2. 나는 동전 모으는 것을 좋아해. I like collecting (coins / stamps).

3. 나는 군인이다. I'm a (soldier / pilot).

4. 나는 정비사다. I'm a (mechanic / engineer).

5. 수표로 지불할게요. I'll pay by (coupon / check).

6. 나는 시청에 간다. I go to the (city hall / square).

7. 경기장까지 어떻게 가나요? How can I get to the (stadium / suburb)?

8. 우리는 퍼레이드를 보고 있어. We are watching the (festival / parade).

9. 내일은 할로윈 축제야. Tomorrow is the Halloween (festival / reception).

B. 아래 영어 단어의 우리말 뜻을 쓰세요.

10. vase _____

11. pianist _____

12. dream _____

13. wrap _____

14. cross _____

15. hold _____

16. assemble _____

17. pilot _____

18. for sale _____

19. customer _____

20. suburb _____

21. costume _____

총 40문제입니다.
(각 2.5점씩)

SCORE

GRADE

A	B	C
100~80	80~50	50~

C. 빈칸에 알맞은 단어를 찾아 줄로 연결하세요.

22. I'm making _____.
    나는 도자기를 만들고 있다.   •   • pottery

23. I like _____.
    나는 도보여행을 좋아한다.   •   • doctor

24. I'm a _____.
    나는 디자이너야.   •   • designer

25. I'm an animal _____.
    나는 수의사야.   •   • hiking

26. We offer a 30 percent _____. •   • frighten
    우리는 30퍼센트 할인을 제공합니다.

27. I live in a _____ area.   •   • rural
    나는 시골 지역에 산다.

28. I'll _____ people.   •   • discount
    나는 사람들을 겁줄 거야.

D. 다음 우리말을 보고 알맞은 영어 단어를 써 보세요.

29. 뜨개질하다   k_____   35. 병   b_____

30. 치과의사   d_____   36. 음악가   m_____

31. 사장   b_____   37. 상표   b_____

32. (돈을) 쓰다   s_____   38. 부유한   r_____

33. 다리   b_____   39. 지역   a_____

34. 속이다   t_____   40. 다정하다   t_____

초2400_6_w16

NAME :   DATE :   .   .   .   GOAL : 필수 12 / 추가 8

We are standing in a **circle**.
우리는 원형으로 서 있어.

The **dice**
are **cubes**.
주사위는 정육면체야.

triangle
삼각형

0301
cube
cube   c   c

[kjuːb] 정육면체

0302
dice
dice   d   d

[dais] 주사위

☆초등필수☆
0303
circle
circle   c   c

[sə́ːrkl] 원형, 동그라미

☆초등필수☆
0304
triangle
triangle   t   t

[tráiæŋgl] 삼각형

0305
diamond
diamond   d   d

[dáiəmənd] 마름모꼴

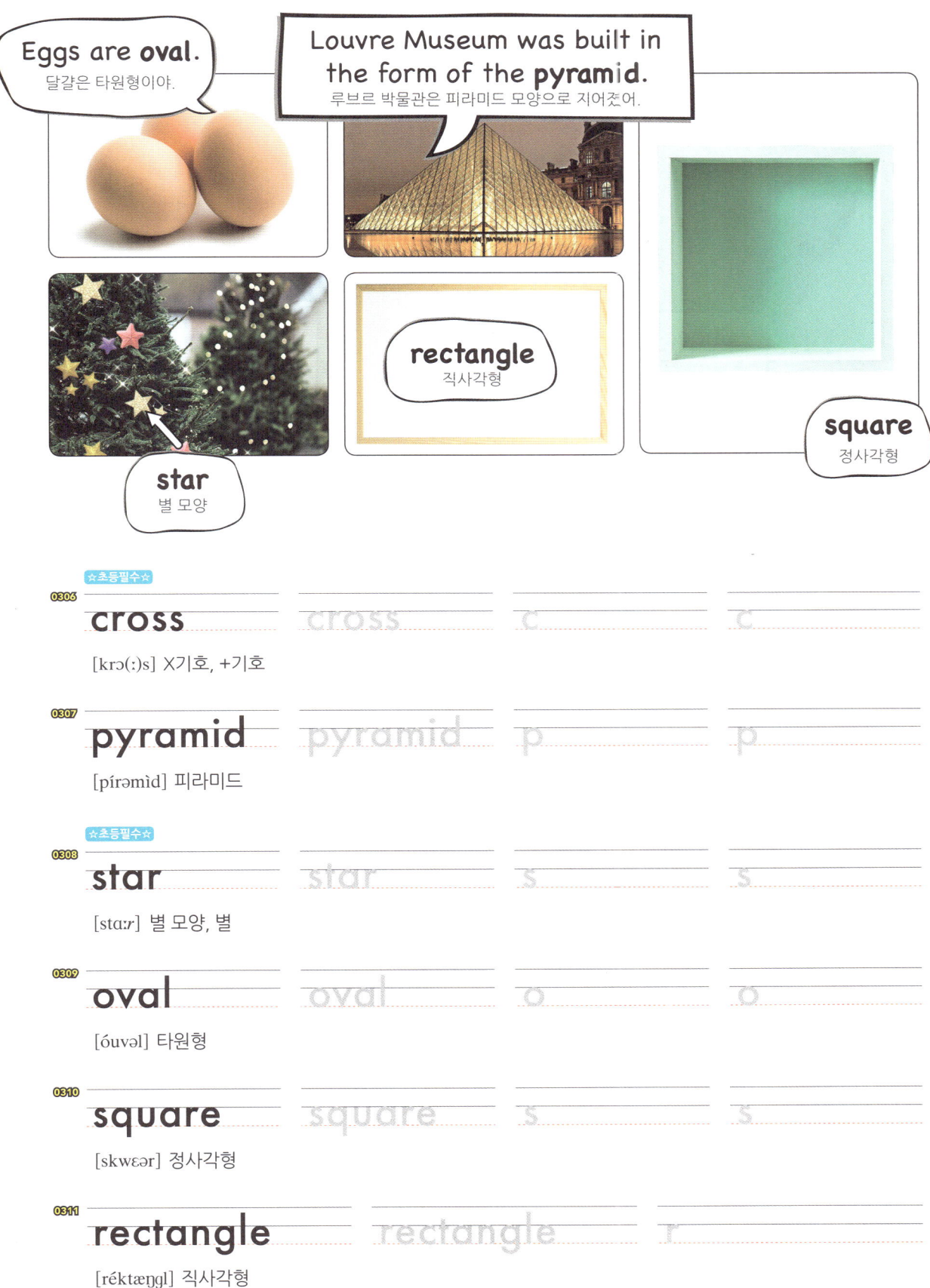

Eggs are **oval**.
달걀은 타원형이야.

Louvre Museum was built in the form of the **pyramid**.
루브르 박물관은 피라미드 모양으로 지어졌어.

rectangle
직사각형

square
정사각형

star
별 모양

☆초등필수☆

0306
cross

[krɔ(:)s] X기호, +기호

0307
pyramid

[pírəmìd] 피라미드

☆초등필수☆

0308
star

[stɑːr] 별 모양, 별

0309
oval

[óuvəl] 타원형

0310
square

[skwɛər] 정사각형

0311
rectangle

[réktæŋgl] 직사각형

Chocolates are in a **heart-shaped** case.
초콜렛이 하트 모양의 케이스 안에 있어.

Look at that **colorful** basketball!
저 형형색색의 농구공을 봐!

0312
heart-shaped

heart-shaped

[hɑːrt ʃeipt] 하트 모양의

☆초등필수☆
0313
colorful

colorful   c   c

[kʌ́lərfəl] 형형색색의

This crown is **gold**.
이 왕관은 금색이야.

silver
은색

☆초등필수☆
0314
gold

gold   g   g

[gould] 금색

☆초등필수☆
0315
silver

silver   s   s

[sílvər] 은색

yellow
노란색

Which one do you want, green or red?
녹색 또는 빨간색 중에 어느 것을 원해?

I will buy this pink dress.
나는 이 분홍색 원피스를 살 거야.

☆초등필수☆

0316
green

[gri:n] 녹색

☆초등필수☆

0317
orange

[ɔ́(:)rinʤ] 주황색

☆초등필수☆

0318
yellow

[jélou] 노란색

☆초등필수☆

0319
pink

[piŋk] 분홍색

☆초등필수☆

0320
red

[red] 빨간색

DAY 16 Activity

STEP 1
ACTIVITY로 암기한 단어를 연습하세요.

STEP 2
ACTIVITY에서 틀린 단어를 복습하세요.

STEP 3
TEST를 통해 오늘 암기한 단어를 확인하세요.

 다음 사진과 설명을 보고 연상되는 영어 단어나 우리말 뜻을 고르세요.

1.

We are standing in a (   ).
우리는 원형으로 서 있어.

ⓐ circle   ⓑ triangle

2.

Eggs are (   ).
달걀은 타원형이야.

ⓐ star   ⓑ oval

3.

Look at that (   ) basketball!
저 형형색색의 농구공을 봐!

ⓐ colorful   ⓑ gold

4.

(   )
별 모양

ⓐ star   ⓑ cube

5.

I will buy this pink dress.
나는 이 (   ) 원피스를 살 거야.

ⓐ 빨간색   ⓑ 분홍색

6.

(   )
노란색

ⓐ orange   ⓑ yellow

B. 우리말에 맞도록 주어진 알파벳으로 시작하는 단어를 써 보세요.

7. 주사위는 **정육면체**야.   The dice are c_____s.

8. 달걀은 **타원형**이야.   Eggs are o_____.

9. 이 왕관은 **금색**이다.   This crown is g_____.

10. 우리는 **원형**으로 서 있어.   We are standing in a c_____.

11. 녹색 또는 **빨간색** 중에   Which one do you want, green or r_____?
    어느 것을 원해?

12. 저 **형형색색의** 농구공을 봐!   Look at that c_____ basketball!

13. 나는 이 **분홍색** 원피스를 살 거야. I will buy this p_____ dress.

C. 다음 우리말을 보고 알맞은 영어 단어의 철자를 써 보세요.

14. 주황색

	r	a		e

15. 금색

	o	

16. 직사각형

r		t	a		l	

17. 삼각형

	r	i	n		e

18. 하트 모양의

h			-			e	d

19. 정사각형

s		u	r	

20. 마름모꼴

d				n	

초2400_6_w17

NAME :　　　　　　　　　DATE :　　.　　.　　.　　　　GOAL : 필수 12 / 추가 8

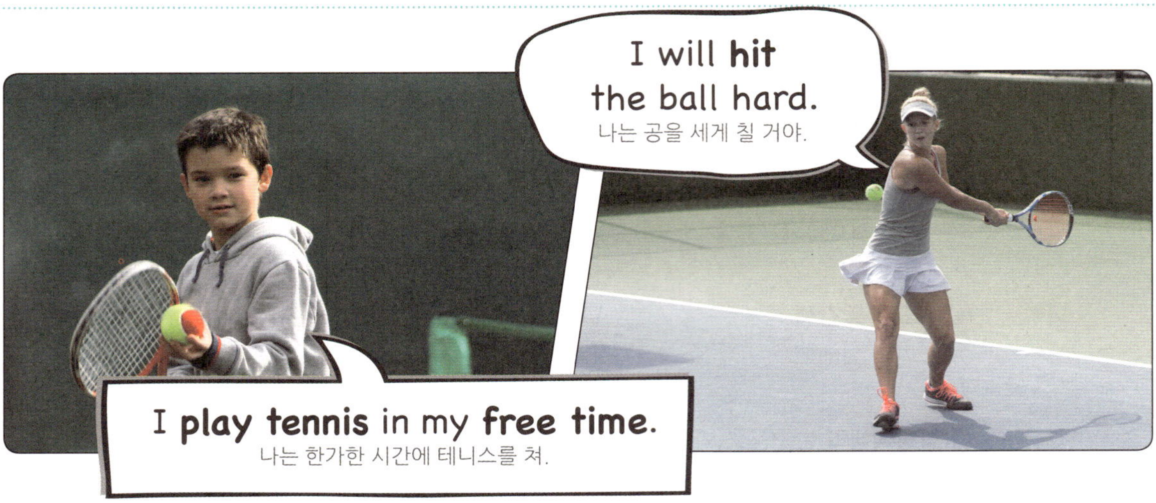

> I will **hit** the ball hard.
> 나는 공을 세게 칠 거야.

> I **play tennis** in my **free time.**
> 나는 한가한 시간에 테니스를 쳐.

☆초등필수☆

0321
play
[plei] (운동 · 경기를) 하다

play　　p　　p

☆초등필수☆

0322
tennis
[ténis] 테니스

tennis　　t　　t

0323
free time
[fri: taim] 한가한 시간

free time　　f

☆초등필수☆

0324
baseball
[béisbɔ̀:l] 야구

baseball　　b　　b

☆초등필수☆

0325
hit
[hit] 때리다, 치다

hit　　h　　h

gesture
몸짓, 제스처

tennis court
테니스 코트

bow
활

arrow
화살

I'm practicing
archery.
나는 양궁을 연습하고 있어.

0326
court

[kɔːrt] (테니스 등을 하는) 코트

☆초등필수☆

0327
gesture

[dʒéstʃər] 몸짓, 제스처

☆초등필수☆

0328
basketball

[bǽskitbɔ̀ːl] 농구

0329
bow

[bou] 활

0330
arrow

[ǽrou] 화살

0331
lose

[luːz] (게임에서) 지다

Our team lost with my fault.
우리 팀은 내 잘못으로 졌어.

I won the match.
나는 경기에서 이겼어.

☆초등필수☆

0332
win   win   w   w

[win] 이기다

☆초등필수☆

0333
match   match   m   m

[mætʃ] 경기

I will pass the ball to you.
나는 너에게 공을 건네줄 거야.

I'm a soccer coach.
나는 축구 코치야.

☆초등필수☆

0334
pass   pass   p   p

[pæs] 건네주다

☆초등필수☆

0335
soccer   soccer   s   s

[sákər] 축구

0336

coach

[koutʃ] 코치

I **practice** a serve.
나는 서브 연습을 하고 있어.

penalty card
벌칙 카드

It's not **fair**!
이건 공정하지 않아요!

☆초등필수☆

0337

run

[rʌn] 달리다

☆초등필수☆

0338

practice

[præktis] 연습하다

0339

penalty

[pénəlti] 벌칙

0340

fair

[fɛər] 공정한

DAY 17 Activity

STEP 1
ACTIVITY로 암기한 단어를 연습하세요.

STEP 2
ACTIVITY에서 틀린 단어를 복습하세요.

STEP 3
TEST를 통해 오늘 암기한 단어를 확인하세요.

 다음 사진과 설명을 보고 연상되는 영어 단어나 우리말 뜻을 고르세요.

1.

gesture
(   )

ⓐ 몸짓   ⓑ 야구

2.

I will (   ) the ball hard.
나는 공을 세게 칠 거야.

ⓐ pass   ⓑ hit

3.

활

ⓐ bow   ⓑ arrow

4.

I won the (   ).
나는 경기에서 이겼어.

ⓐ match   ⓑ court

5.

It's not (   )!
이건 공정하지 않아요!

ⓐ penalty   ⓑ fair

6.

I'm a (   ) coach.
나는 축구 코치야.

ⓐ soccer   ⓑ basketball

B. 우리말에 맞도록 주어진 알파벳으로 시작하는 단어를 써 보세요.

7. 나는 한가한 시간에 **테니스를 쳐**.   I p_____ tennis in my free time.

8. 나는 너에게 공을 **건네**줄 거야.   I will p_____ the ball to you.

9. 나는 축구 **코치**야.   I'm a soccer c_____.

10. 나는 서브 **연습**을 해.   I p_____ a serve.

11. 내 **화살**을 잃어버렸어.   I lost my a_____.

12. 이건 **공정**하지 않아요.   It's not f_____.

13. 나는 **경기**에서 이겼어.   I won the m_____.

C. 다음 우리말을 보고 알맞은 영어 단어의 철자를 써 보세요.

14. 테니스

t				s

15. 몸짓, 제스처

		s	t		

16. 활

b	

17. 한가한 시간

f					m	

18. 연습하다

	r		t		e

19. 벌칙

p		n		t	

20. 공정한

	a		

STEP 1 사진으로 단어/표현 학습하기 **STEP 2** 음원을 듣고 영단어 따라 읽기 **STEP 3** 손으로 줄에 맞춰 단어 쓰기

👤 NAME : 📅 DATE : . . . 📋 GOAL : 필수 10 / 추가 10

regular exercise
규칙적인 운동

We take an exercise once a week.
우리는 일주일에 한 번 운동을 합니다.

Irregular eating habits are bad for health.
불규칙적인 식습관은 건강에 나빠.

Think twice.
다시(두 번) 생각해봐.

☆초등필수☆

0341
once
[wʌns] 한 번

once o o

☆초등필수☆

0342
twice
[twais] 두 번

twice t t

0343
regular
[régjulər] 규칙적인

regular r r

0344
irregular
[irégjulər] 불규칙적인

irregular i i

☆초등필수☆

0345
exercise
[éksərsàiz] 운동

exercise e e

We need a **long-term** plan.
우리는 장기적인 계획이 필요해.

This is the happiest **period** of my life.
지금이 내 생에 가장 행복한 시기야.

This **mid-term** exam is easy!
이번 중간고사는 쉬운데!

☆초등필수☆

0346

bad

bad b b

[bæd] 나쁜

0347

period

period p p

[píːəriəd] 시기

0348

long-term

long-term l l

[lɔːŋ-təːrm] 장기간의

0349

mid-term

mid-term m m

[mid-təːrm] 중간의

0350

short-term

short-term s s

[ʃɔːrt-təːrm] 단기간의

0351

term

term t t

[təːrm] 기간

I will love you forever.
난 영원히 당신을 사랑할 거야.

I might touch the rainbow!
내가 무지개를 만질 수 있을지도 몰라!

0352
forever   forever   f   f

[fərévər] 영원히

0353
might   might   m   m

[mait] ~일지도 모른다

I have to hurry!
난 서둘러야 해!

It rained last night.
지난 밤에는 비가 왔습니다.

I'm late.
나는 늦었어.

A polaroid is an instant camera.
폴라로이드는 즉석카메라야.

0354
last   last   t   t

[læst] 지난, 마지막의

0355
hurry   hurry   h   h

[hə́:ri] 서두르다

☆초등필수☆

0356
late

late

[leit] 늦은

0357
instant

instant

[ínstənt] 즉석의

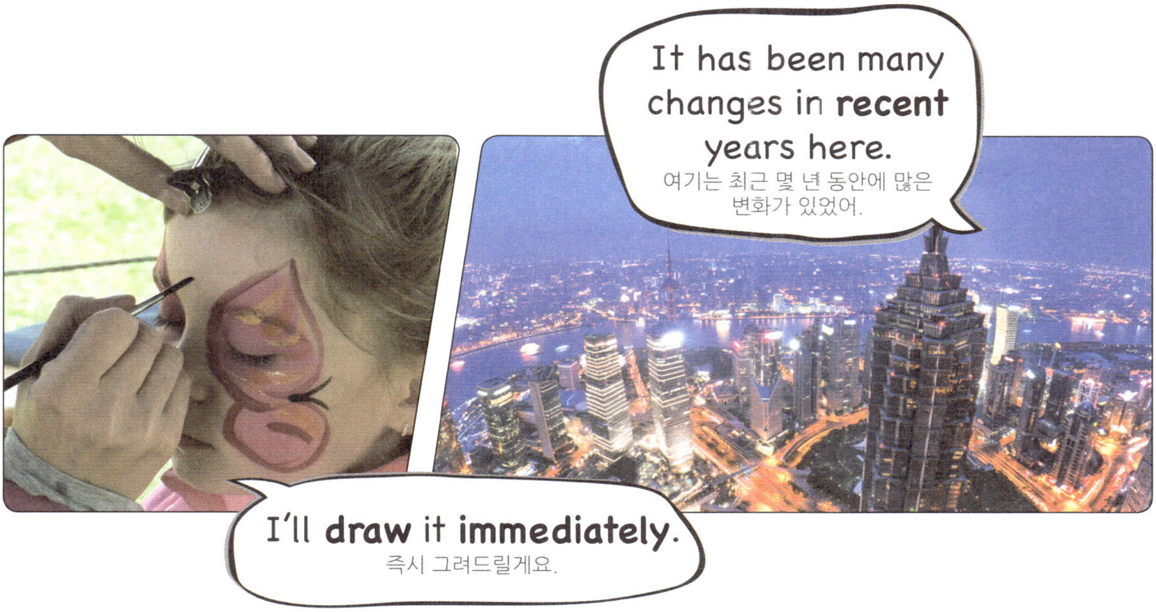

> **It has been many changes in recent years here.**
> 여기는 최근 몇 년 동안에 많은 변화가 있었어.

> **I'll draw it immediately.**
> 즉시 그려드릴게요.

☆초등필수☆

0358
draw

draw

[drɔ:] 그리다

0359
immediately

immediately

[imí:diətli] 즉시

0360
recent

recent

[rí:snt] 최근의

DAY 18 Activity

STEP 1
ACTIVITY로 암기한 단어를 연습하세요.

STEP 2
ACTIVITY에서 틀린 단어를 복습하세요.

STEP 3
TEST를 통해 오늘 암기한 단어를 확인하세요.

 다음 사진과 설명을 보고 연상되는 영어 단어나 우리말 뜻을 고르세요.

1.

regular exercise
(   ) 운동

ⓐ 규칙적인   ⓑ 불규칙적인

2.

This is the happiest period of my life.
지금이 내 생에 가장 행복한 (   )(이)야.

ⓐ 순간   ⓑ 시기

3.

I will love you (   ).
난 영원히 당신을 사랑할 거야.

ⓐ long-term   ⓑ forever

4.

Think (   ).
다시(두 번) 생각해봐.

ⓐ once   ⓑ twice

5.

A polaroid is an (   ) camera.
폴라로이드는 즉석카메라야.

ⓐ recent   ⓑ instant

6.

I'll draw it (   ).
즉시 그려드릴게요.

ⓐ immediately   ⓑ recent

B. 우리말에 맞도록 주어진 알파벳으로 시작하는 단어를 써 브세요.

7. **규칙적인** 운동은 중요하다.　　R＿＿＿＿＿＿ exercise is important.

8. 나는 한 달에 **한 번** 그곳에 간다.　　I go there o＿＿＿＿＿ a month.

9. 이번 **중간**고사는 쉬워.　　This m＿＿＿＿＿ exam is easy.

10. **지난**밤에는 비가 왔다.　　It rained l＿＿＿＿＿ night.

11. **즉시** 학교로 가라.　　Go to school i＿＿＿＿＿＿＿.

12. 내가 무지개를 만질 수 **있을지도 몰라**!　　I m＿＿＿＿＿ touch the rainbow!

13. 난 **최근** 몇 년간 북경에 있었어.　　I have been in Beijing in r＿＿＿＿＿ years.

C. 다음 우리말을 보고 알맞은 영어 단어의 철자를 써 보세요.

14. 불규칙적인　　| i | r | | | | | |

15. 나쁜　　| | | d |

16. 시기　　| | e | | | d |

17. 서두르다　　| | u | | y |

18. 늦은　　| | t | |

19. 즉석의　　| | n | s | | | |

20. 그리다　　| | | | w |

STEP 1 사진으로 단어/표현 학습하기 　**STEP 2** 음원을 듣고 영단어 따라 읽기 　**STEP 3** 손으로 줄에 맞춰 단어 쓰기

 NAME : 　　　　　　　 DATE : 　.　　.　　.　　　　　GOAL : 필수 7 / 추가 13

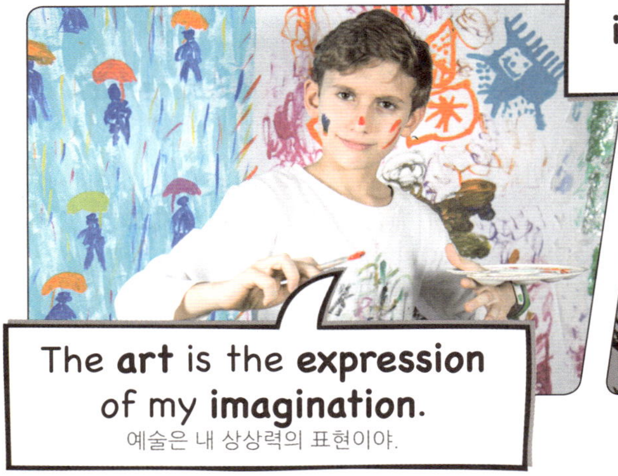

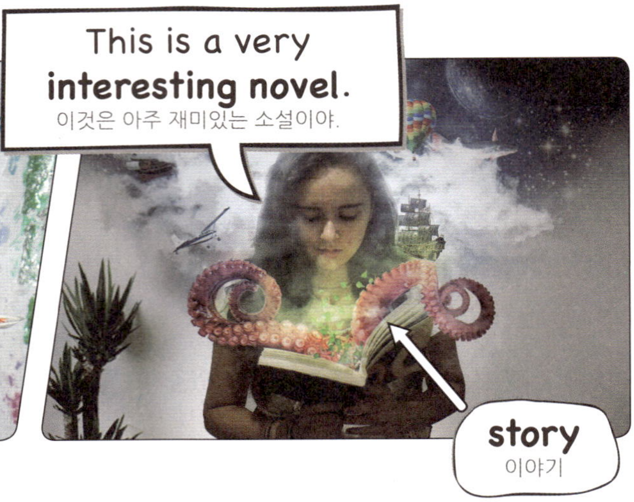

> This is a very **interesting novel**.
> 이것은 아주 재미있는 소설이야.

> The **art** is the **expression** of my **imagination**.
> 예술은 내 상상력의 표현이야.

> **story**
> 이야기

☆초등필수☆

0361
art
[ɑːrt] 예술

art　　a　　a

0362
express
[iksprés] 표현하다

express　　e　　e

0363
expression
[ikspréʃən] 표현

expression　　e

0364
imagine
[imǽdʒin] 상상하다

imagine　　i　　i

0365
imagination
[imæ̀dʒənéiʃən] 상상력

imagination　　i

☆초등필수☆

0366 **interesting** interesting i

[íntərəstiŋ] 재미있는

☆초등필수☆

0367 **story** story s s

[stɔ́:ri] 이야기

☆초등필수☆

0368 **novel** novel n n

[nάvəl] 소설

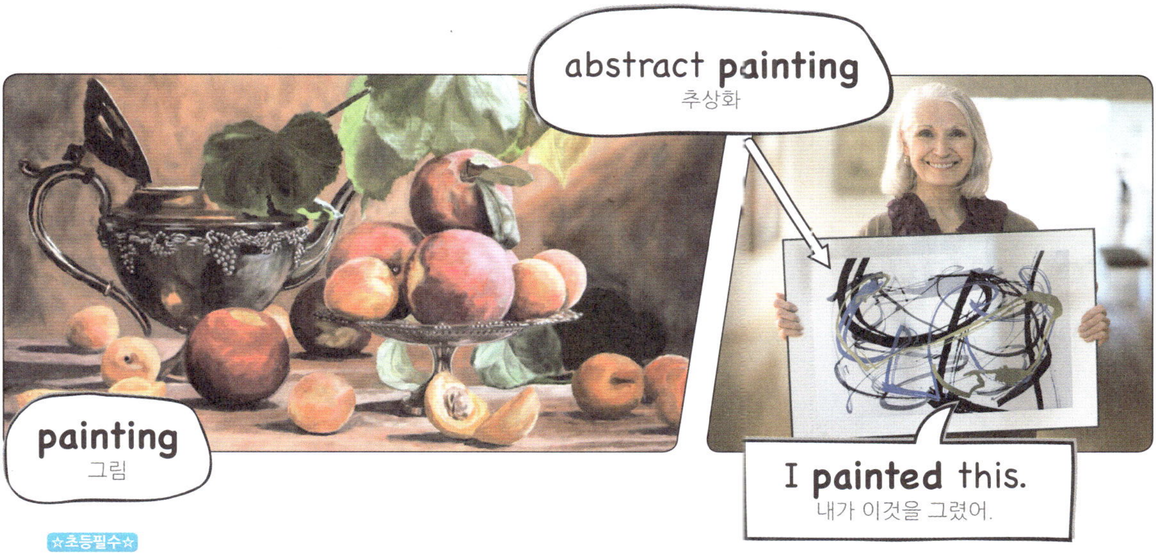

abstract painting
추상화
painting
그림
I painted this.
내가 이것을 그렸어.

☆초등필수☆

0369 **paint** paint p p

[peint] (물감으로) 그리다

☆초등필수☆

0370 **painting** painting p p

[péintiŋ] (물감으로 그린) 그림

☆초등필수☆

0371 **beauty** beauty b b

[bjú:ti] 아름다움

This sculpture is going to be a touching piece.
이 조각은 감동적인 작품이 될 것이다.

0372
statue
[stǽtʃuː] 동상

0373
sculpture
[skʌ́lptʃər] 조각

0374
touching
[tʌ́tʃiŋ] 감동적인

I draw an impressive illustration.
나는 인상적인 삽화를 그린다.

0375
portrait
[pɔ́ːrtrit] 초상화

0376

illustration

[ìləstréiʃən] 삽화

0377

impressive

[imprésiv] 인상적인

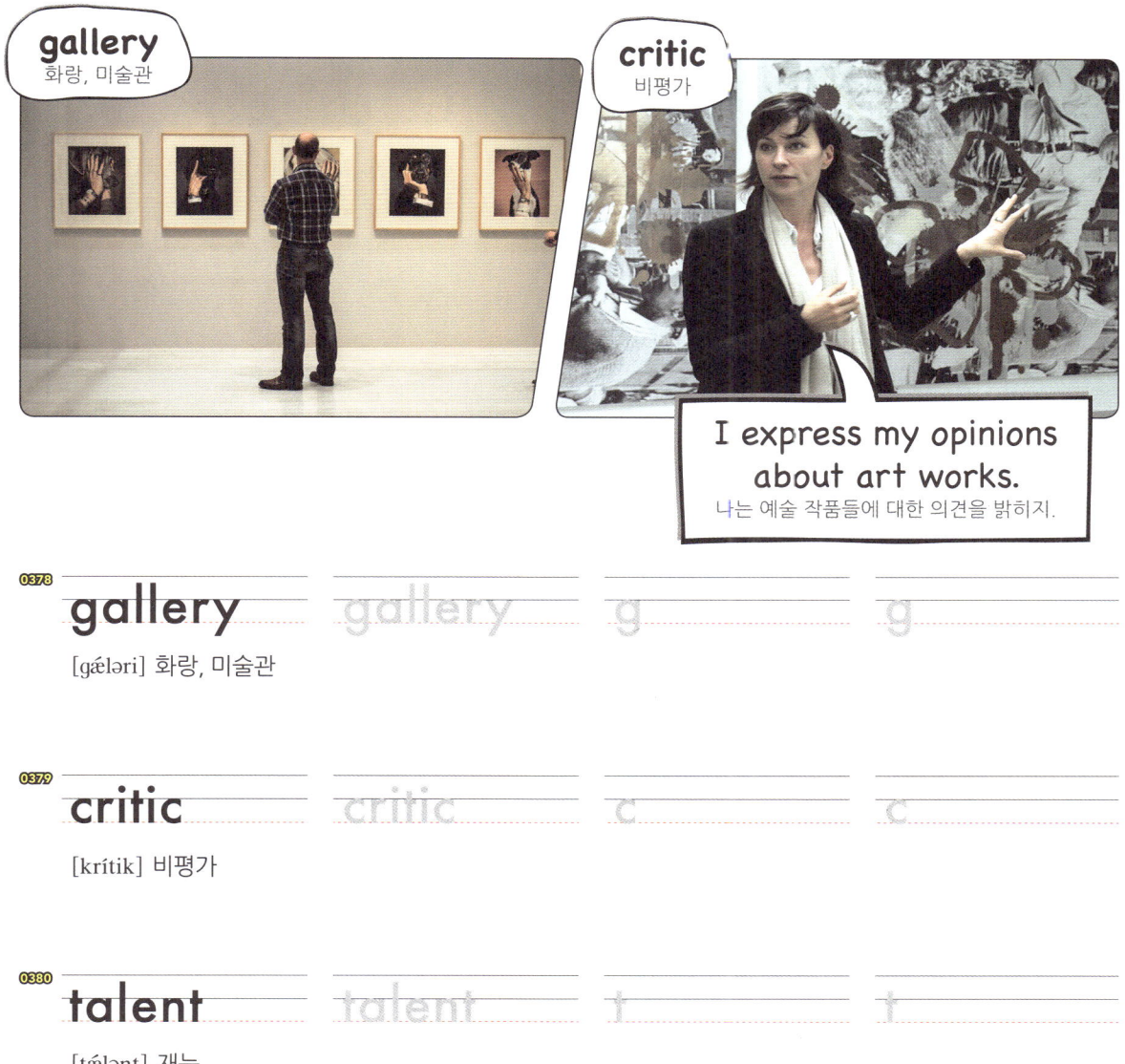

gallery
화랑, 미술관

critic
비평가

I express my opinions about art works.
나는 예술 작품들에 대한 의견을 밝히지.

0378

gallery

[gǽləri] 화랑, 미술관

0379

critic

[krítik] 비평가

0380

talent

[tǽlənt] 재능

DAY 19 Activity

STEP 1
ACTIVITY로 암기한 단어를 연습하세요.

STEP 2
ACTIVITY에서 틀린 단어를 복습하세요.

STEP 3
TEST를 통해 오늘 암기한 단어를 확인하세요.

 다음 사진과 설명을 보고 연상되는 영어 단어나 우리말 뜻을 고르세요.

1.

The art is the expression of my imagination.
예술은 내 상상력의 (   )이야.

ⓐ 표현   ⓑ 조각

2.

This is a very
(   ) novel.
이것은 아주 재미있는 소설이야.

ⓐ touching   ⓑ interesting

3.

그림

ⓐ painting   ⓑ statue

4.

I (   )ed this.
내가 이것을 그렸어.

ⓐ express   ⓑ paint

5.

I draw an (   )
illustration.
나는 인상적인 삽화를 그린다.

ⓐ impressive   ⓑ interesting

6.

비평가

ⓐ critic   ⓑ gallery

B. 우리말에 맞도록 주어진 알파벳으로 시작하는 단어를 써 보세요.

7. **예술**은 내 상상력의 표현이야.　The a＿＿ is the expression of my imagination.

8. 그는 **초상화**를 그리고 있다.　He is painting a p＿＿＿＿＿＿＿＿.

9. 인터넷 없는 삶을 **상상**할 수 있니?　Can you i＿＿＿＿＿＿ a life without Internet?

10. 그녀는 골프에 **재능**이 있다.　She has a t＿＿＿＿＿＿ for golf.

11. 나는 이 **조각**이 마음에 들어.　I like this s＿＿＿＿＿＿.

12. 이 소설은 매우 **감동적**이야.　This novel is very t＿＿＿＿＿＿.

13. 그는 **비평가**야.　He is a c＿＿＿＿＿＿.

C. 다음 우리말을 보고 알맞은 영어 단어의 철자를 써 보세요.

14. 표현하다

	x				s

15. 소설

		v		

16. (물감으로) 그리다

	a	i		

17. 이야기

	t		r	

18. 인상적인

i		p	r				i	v	

19. 화랑, 미술관

g			e	

20. 아름다움

				t	y

DAY 20 He has various emotions.

초2400_6_w20

It's so **amazing**.
매우 놀라워.

I'm **annoyed**.
나는 짜증이 났어.

He looks **delightful**.
그는 정말 기분이 좋아 보여.

I'm **depressed**.
나는 우울해.

He has various **emotions**.
그는 다양한 감정을 갖고 있어.

☆초등필수☆
0381 **amazing**

[əméiziŋ] 놀라운

0382 **annoyed**

[ənɔ́id] 짜증이 난

0383 **delightful**

[diláitfəl] 정말 기분이 좋은

0384 **depressed**

[diprést] 우울한

☆초등필수☆
0385 **emotion**

[imóuʃən] 감정

He is **confused**.
그는 혼란스럽다.

I'm **jealous** of my brother.
나는 내 남동생이 질투나.

It's **shocking**!
이건 충격적이야!

She is **greedy**.
그녀는 욕심이 많다.

I'm in a good **mood**.
나는 기분이 좋아.

I'm **joyful**.
나는 즐거워.

0386
confused
[kənfjúːzd] 혼란스러운

0387
jealous
[dʒéləs] 질투하는

☆초등필수☆
0388
shocking
[ʃákiŋ] 충격적인

0389
greedy
[gríːdi] 욕심이 많은

☆초등필수☆
0390
mood
[muːd] 기분

☆초등필수☆
0391
joyful
[dʒɔ́ifəl] 즐거운

I'm in deep **sorrow.**
나는 깊은 슬픔에 빠졌어.

I'm so **grateful** for you!
나는 네가 있어서 감사해!

0392
sorrow
[sárou] 슬픔

0393
grateful
[gréitfəl] 감사하는

We want to be **confident**!
우리는 자신감 있길 원해!

I'm **ashamed** of my answer.
나는 내 답이 부끄러워.

0394
confident
[kánfədənt] 자신감 있는

0395
ashamed
[əʃéimd] 부끄러운

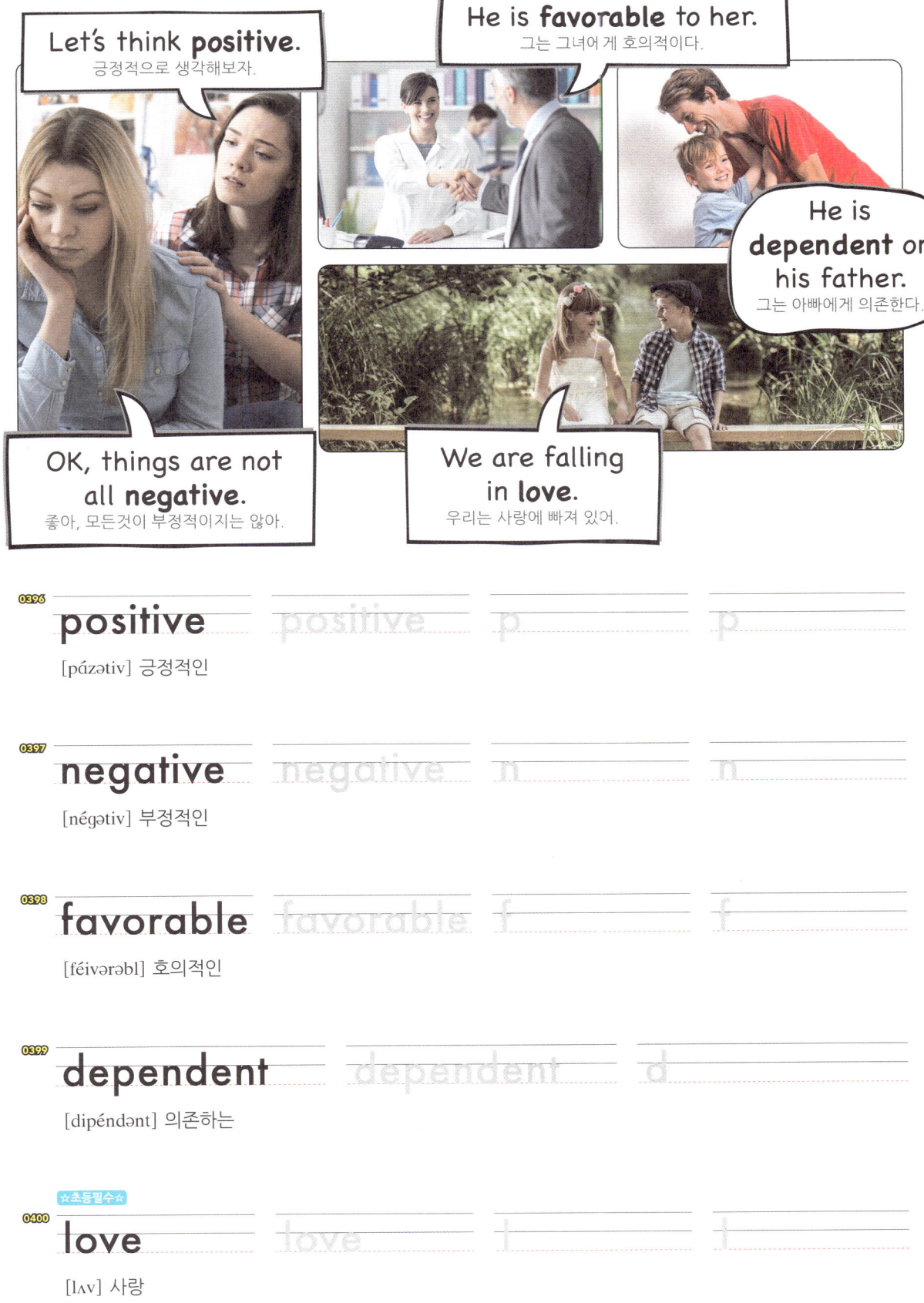

0396

positive

[pázətiv] 긍정적인

0397

negative

[négətiv] 부정적인

0398

favorable

[féivərəbl] 호의적인

0399

dependent

[dipéndənt] 의존하는

☆초등필수☆

0400

love

[lʌv] 사랑

DAY 20 Activity

STEP 1
ACTIVITY로 암기한 단어를 연습하세요.

STEP 2
ACTIVITY에서 틀린 단어를 복습하세요.

STEP 3
TEST를 통해 오늘 암기한 단어를 확인하세요.

 다음 사진과 설명을 보고 연상되는 영어 단어나 우리말 뜻을 고르세요.

1.

He has various (　　)s.
그는 다양한 감정을 갖고 있어.

ⓐ emotion　　ⓑ sorrow

2.

I'm depressed.
나는 (　　).

ⓐ 짜증나　　ⓑ 우울해

3.

I'm (　　) of my brother.
나는 내 남동생이 질투나.

ⓐ grateful　　ⓑ jealous

4.

I'm joyful.
나는 (　　).

ⓐ 긍정적이야　　ⓑ 즐거워

5.

I'm (　　) of
my answer.
나는 내 답이 부끄러워.

ⓐ ashamed　　ⓑ confident

6.

He is (　　) on his father.
그는 아빠에게 의존한다.

ⓐ greedy　　ⓑ dependent

B. 우리말에 맞도록 주어진 알파벳으로 시작하는 단어를 써 보세요.

7. 그건 매우 **놀라워**.   It's so a_____.

8. 나는 **짜증이 났어**.   I'm a_____.

9. 나는 **혼란스러워**.   I'm c_____.

10. 나는 그가 **질투나**.   I'm j_____ of him.

11. 그녀는 **욕심이 많아**.   She is g_____.

12. 나는 깊은 **슬픔**에 빠졌어.   I'm in deep s_____.

13. **긍정적**으로 생각해보자.   Let's think p_____.

C. 다음 우리말을 보고 알맞은 영어 단어의 철자를 써 보세요.

14. 호의적인 | f | | | o | | a | | |

15. 우울한 | | e | p | | | s | | d |

16. 감정 | e | | | t | | | |

17. 기분 | m | | | |

18. 감사하는 | | r | a | | | f | |

19. 자신감 있는 | c | | | | i | d | | |

20. 부정적인 | | e | | | t | i | |

DAY 16~20 OVERALL TEST

▶ 해답 57p

A. 다음 우리말 뜻에 맞는 단어를 괄호 안에서 고르세요.

1. 달걀은 타원형이야.   Eggs are (oval / circle).

2. 이 그릇은 빨간색이야.   This bowl is (red / yellow).

3. 나는 공을 세게 칠 거야.   I will (pass / hit) the ball hard.

4. 나는 서브 연습을 해.   I (practice / win) a serve.

5. 우리는 장기적인 계획이 필요해.   We need a (short-term / long-term) plan.

6. 나는 늦었어.   I'm (fair / late).

7. 이 소설은 매우 재미있어.   This novel is very (touching / interesting).

8. 그는 매우 의존적이다.   He is very (dependent / depressed).

9. 두 번 생각해봐.   Think (hard / twice).

B. 아래 영어 단어의 우리말 뜻을 쓰세요.

10.	dice _____	16.	rectangle _____
11.	triangle _____	17.	pink _____
12.	run _____	18.	arrow _____
13.	twice _____	19.	last _____
14.	draw _____	20.	sculpture _____
15.	mood _____	21.	negative _____

총 40문제입니다.
(각 2.5점씩)

SCORE

GRADE

A	B	C
100~80	80~50	50~

C. 빈칸에 알맞은 단어를 찾아 줄로 연결하세요.

22. I _____ tennis. • • play
    나는 테니스를 쳐

23. He is good at _____. • • regular
    그는 축구에 능해.

24. _____ exercise is important. • • soccer
    규칙적인 운동은 중요하다.

25. This painting is very _____. • • annoyed
    이 그림은 아주 인상적이야.

26. She is very _____. • • sorrow
    그녀는 매우 짜증이 났어.

27. He is very _____. • • impressive
    그는 매우 자신감이 넘쳐.

28. I'm in deep _____. • • confident
    나는 깊은 슬픔에 빠졌어.

D. 다음 우리말을 보고 알맞은 영어 단어를 써 보세요.

29. 마름모꼴   d _____   35. 원형, 동그라미 c _____

30. 테니스   t _____   36. 이기다   w _____

31. 공정한   f _____   37. 최근의   r _____

32. 즉시   i _____   38. 표현   e _____

33. 경기   m _____   39. 감정   e _____

34. 혼란스러운 c _____   40. 즐거운   j _____

STEP 1 사진으로 단어/표현 학습하기 > **STEP 2** 음원을 듣고 영단어 따라 읽기 > **STEP 3** 손으로 줄에 맞춰 단어 쓰기

👤 NAME :   📅 DATE :   .   .   .   📋 GOAL : 필수 7 / 추가 13

> **I use a highlighter to emphasize.**
> 나는 강조하기 위해 형광펜을 사용해.

> **We are having an experiment in science class.**
> 우리는 과학시간에 실험을 하고 있어.

> **I'll give you an explanation.**
> 내가 설명해줄게.

0401

presentation

presentation   p

[prèzəntéiʃən] 발표

0402

explanation

explanation   e

[èksplənéiʃən] 설명

0403

experiment

experiment   e

[ikspérəmənt] 실험

0404

emphasize

emphasize   e

[émfəsàiz] 강조하다

0405

criticize

criticize   c

[krítəsàiz] 비판하다

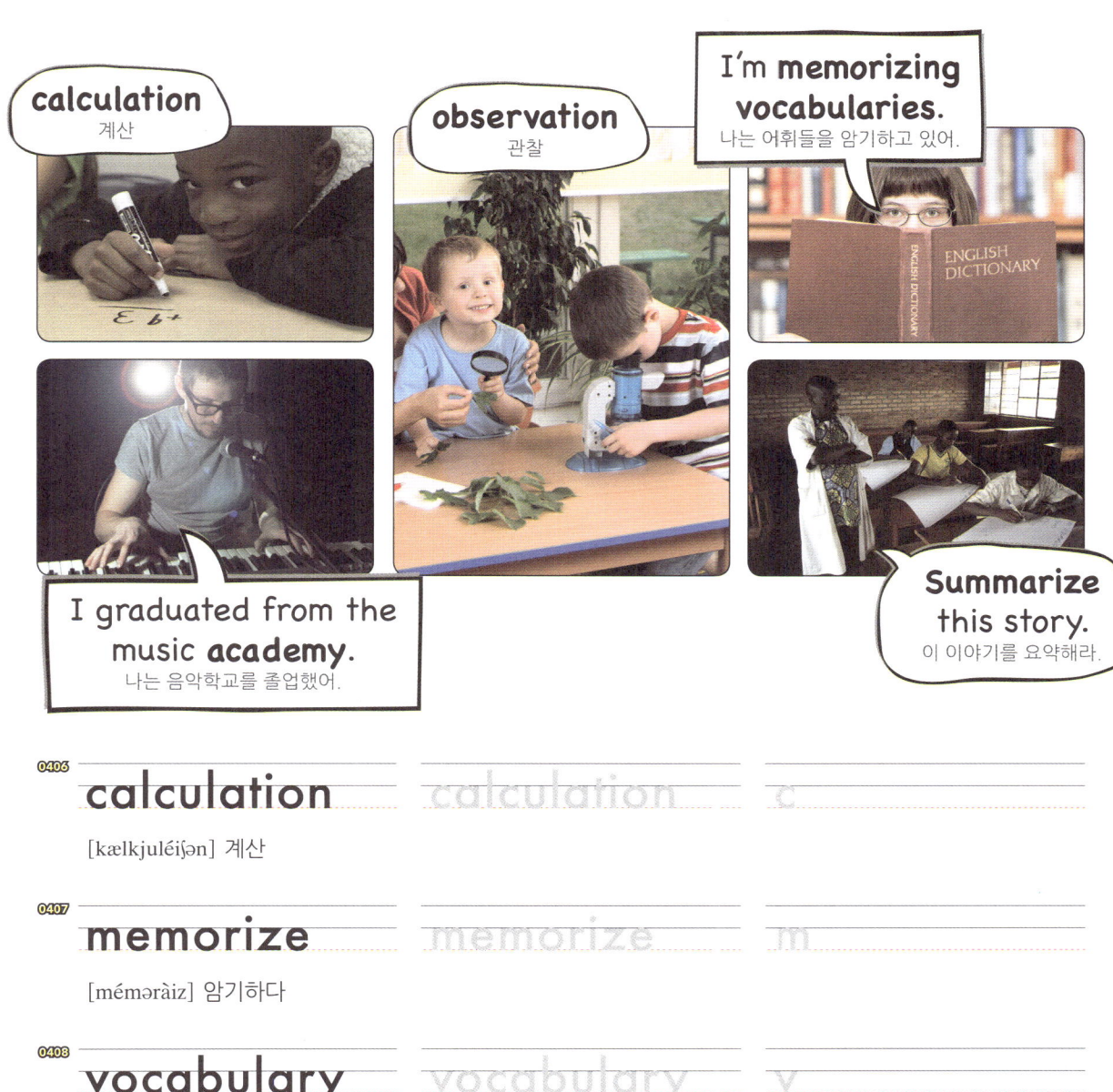

0406

calculation

[kǽlkjuléiʃən] 계산

0407

memorize

[méməràiz] 암기하다

0408

vocabulary

[voukǽbjulèri] 어휘

☆초등필수☆

0409

academy

[əkǽdəmi] 학교, 학술원

0410

observation

[àbzərvéiʃən] 관찰

0411

summarize

[sʌ́məràiz] 요약하다

The **graph** shows an increase.
그래프는 증가를 보여줘.

I can't **solve** this problem without a **formula**.
나는 공식 없이 이 문제를 풀 수 없어.

0412
graph
[græf] 그래프

0413
solve
[salv] 풀다, 해결하다

0414
formula
[fɔ́ːrmjulə] 공식, 수식

raise a hand
손을 들다

I have a **question**.
질문이 있습니다.

I'm **reviewing** today's **lesson**.
나는 오늘의 수업을 복습하고 있어.

0415
raise
[reiz] 들어올리다

0416

question

[kwéstʃən] 질문 / 질문하다

0417

review

[rivjú:] 복습 / 복습하다

0418

lesson

[lésən] 수업

I am good at **essay** writing.
나는 작문을 잘 해.

ESSAY A+

No **cheating**!
부정행위 하지 마!

0419

essay

[ései] 작문, 수필

0420

cheat

[tʃiːt] 부정행위를 하다

DAY 21 Activity

STEP 1
ACTIVITY로 암기한 단어를 연습하세요.

STEP 2
ACTIVITY에서 틀린 단어를 복습하세요.

STEP 3
TEST를 통해 오늘 암기한 단어를 확인하세요.

 다음 사진과 설명을 보고 연상되는 영어 단어나 우리말 뜻을 고르세요.

1.

I'm ( ) vocabularies.
나는 어휘들을 암기하고 있어.

ⓐ memorizing ⓑ calculating

2.

I use a highlighter to ( ).
나는 강조하기 위해 형광펜을 사용해.

ⓐ emphasize   ⓑ raise

3.

I'll give you an explanation.
내가 ( )해줄게.

ⓐ 발표   ⓑ 설명

4.

I'm ( )ing today's lesson.
나는 오늘의 수업을 복습하고 있어.

ⓐ review   ⓑ cheat

5.

( ) a hand
손을 들다

ⓐ solve   ⓑ raise

6.

calculation
( )

ⓐ 관찰   ⓑ 계산

B. 우리말에 맞도록 주어진 알파벳으로 시작하는 단어를 써 보세요.

7. 이 이야기를 **요약해라**.　　S_____ this story.

8. **부정행위** 하지 마!　　No c_____ing!

9. 내가 **설명**해줄게.　　I'll give you an e_____.

10. 나는 **작문**을 잘 해.　　I am good at e_____ writing.

11. 나는 이 문제를 **풀** 수 없어.　　I can't s_____ this problem.

12. 나는 음악 **학교**를 졸업했어.　　I graduated from the music a_____.

13. 우리는 **실험**을 하고 있다.　　We are having an e_____.

C. 다음 우리말을 보고 알맞은 영어 단어의 철자를 써 보세요.

14. 발표

p		e		n			t		n

15. 비판하다

	r		t			i	z	

16. 계산

c			c		l			i	

17. 어휘

	o	c				l		

18. 요약하다

s			a		i		

19. 관찰

	b		e		v			o	n

20. 그래프

	r			h	

I check the **nutrition** facts **label**.
나는 영양성분표를 확인해.

olive **oil**
올리브 기름

I'll **choose** this one.
난 이것을 선택할래.

0421
nutrition
[njuːtríʃən] 영양

0422
label
[léibəl] 표, 상표

☆초등필수☆
0423
oil
[ɔil] 기름

☆초등필수☆
0424
choose
[tʃuːz] 선택하다

☆초등필수☆
0425
watermelon
[wɔ́ːtərmèlən] 수박

I have a great **appetite.**
나는 엄청난 식욕이 있어.

I'll **just** have a cup of coffee.
저는 그냥 커피 한 잔으로 할게요.

There's **nothing**!
아무것도 없어!

apples in the **basket**
바구니에 든 사과

It has a good **flavor**!
훌륭한 맛이야!

dining
식사

0426

appetite

[ǽpətàit] 식욕

☆초등필수☆

0427

just

[dʒʌst] 그저, 단지

☆초등필수☆

0428

nothing

[nʌ́θiŋ] 아무것도

☆초등필수☆

0429

basket

[bǽskit] 바구니

0430

flavor

[fléivər] 맛

0431

dining

[dáiniŋ] 식사

recipe book
조리법 책

What do we cook?
무엇을 요리해야 하지?

raw fish
날생선

0432
recipe
recipe r r

[résəpi] 조리법

0433
raw
raw r r

[rɔː] 날것의

I'm a vegetarian.
나는 채식주의자야.

This is a roast chicken.
이것은 닭 구이 요리야.

0434
vegetarian
vegetarian v

[vèdʒətɛ́əriən] 채식주의자

0435
roast
roast r r

[roust] 구이 요리, 구운 고기

It's really **tasty**.
정말 맛있어.

fresh spinach
신선한 시금치

noodle
면

knife
칼

0436 **fresh**   fresh   f   f

[freʃ] 신선한

0437 **spinach**   spinach   s   s

[spínitʃ] 시금치

0438 **tasty**   tasty   t   t

[téisti] 맛있는

0439 **noodle**   noodle   n   n

[núːdl] 면

0440 **knife**   knife   k   k

[naif] 칼

DAY 22 Activity

STEP 1
ACTIVITY로 암기한 단어를 연습하세요.

STEP 2
ACTIVITY에서 틀린 단어를 복습하세요.

STEP 3
TEST를 통해 오늘 암기한 단어를 확인하세요.

 다음 사진과 설명을 보고 연상되는 영어 단어나 우리말 뜻을 고르세요.

1.

I check the (　　　) facts label.
나는 영양성분표를 확인해.

ⓐ nutrition　　ⓑ flavor

2.

I'll choose this one.
난 이것을 (　　　).

ⓐ 구매할래　　ⓑ 선택할래

3.

apples in the (　　　)
바구니에 든 사과

ⓐ watermelon　ⓑ basket

4.

recipe book
(　　　) 책

ⓐ 조리법　　ⓑ 식사

5.

I'm a (　　　).
나는 채식주의자야.

ⓐ vegetarian　ⓑ appetite

6.

면

ⓐ spinach　　ⓑ noodle

B. 우리말에 맞도록 주어진 알파벳으로 시작하는 단어를 써 보세요.

7. 훌륭한 **맛**이야.   It has a gooc f_____.

8. 올리브 **기름**을 넣으세요.   Add olive o_____.

9. **아무것도 없다**.   There is n_____.

10. 정말 **맛있어**.   It's really t_____.

11. 나는 **면** 요리를 좋아한다.   I like a n_____ dish.

12. **조리법**이 어떻게 되나요?   What is the r_____?

13. **바구니**에 사과 하나가 있어.   There is an εpple in the b_____.

C. 다음 우리말을 보고 알맞은 영어 단어의 철자를 써 보세요.

14. 영양 | n | | t | | | t | | |

15. 선택하다 | | h | | | e | |

16. 수박 | | a | | m | e | | |

17. 신선한 | | r | e | | |

18. 날것의 | | w | |

19. 구이 요리, 구운 고기 | r | | s | |

20. 시금치 | s | | | n | | | |

| STEP 1 사진으로 단어/표현 학습하기 | STEP 2 음원을 듣고 영단어 따라 읽기 | STEP 3 손으로 줄에 맞춰 단어 쓰기 |

NAME :　　　　　　DATE :　　.　　.　　.　　　　GOAL : 필수 8 / 추가 12

I **use** a robot **vacuum cleaner**.
This is very **useful**.
나는 로봇 진공 청소기를 사용해. 이것은 매우 유용해.

battery
배터리

I can't live without the **air conditioner** in the summer.
난 여름에 에어컨 없이 살 수 없어.

☆초등필수☆
0441
use
use　　　u　　　u
[ju:z] 사용하다

☆초등필수☆
0442
useful
useful　　　u　　　u
[júːsfəl] 유용한

0443
vacuum cleaner
vacuum cleaner
[vǽkjuəm klíːnər] 진공 청소기

☆초등필수☆
0444
battery
battery　　b　　b
[bǽtəri] 배터리, 건전지

0445
dishwasher
dishwasher　　d
[díʃwàʃər] 식기세척기

0446

iron
iron i i

[áiərn] 다리미

0447

air conditioner
air conditioner

[ɛər kəndíʃənər] 에어컨

humid air
습한 공기

humidifier
가습기

flashlight
손전등

The **iron** needs **electricity.**
다리미는 전기가 필요해.

0448

humid
humid h h

[hjú:mid] 습한

0449

humidifier
humidifier h

[hju:mídəfáiər] 가습기

☆초등필수☆

0450

flashlight
flashlight f

[flǽʃlait] 손전등

0451

electricity
electricity e

[ilektrísəti] 전기

The **refrigerator** door is closed.
냉장고 문이 닫혀 있다.

I use a **cellphone** to **call** my mother.
나는 나의 엄마에게 전화하기 위해 휴대폰을 사용해.

microwave
전자 레인지

0452
refrigerator
refrigerator   r
[rifrídʒərèitər] 냉장고

0453
microwave
microwave   m
[máikrəwèiv] 전자 레인지

☆초등필수☆
0454
cellphone
cellphone   c
[sélfòun] 휴대폰

☆초등필수☆
0455
call
call   c   c
[kɔ:l] 전화하다

The computer is very **convenient**.
컴퓨터는 매우 편리해.

I'll switch off the **power**!
난 전기 스위치를 끌 거야!

0456 **convenient**

convenient c

[kənvíːnjənt] 편리한

☆초등필수☆

0457 **power**

power p p

[páuər] 전력

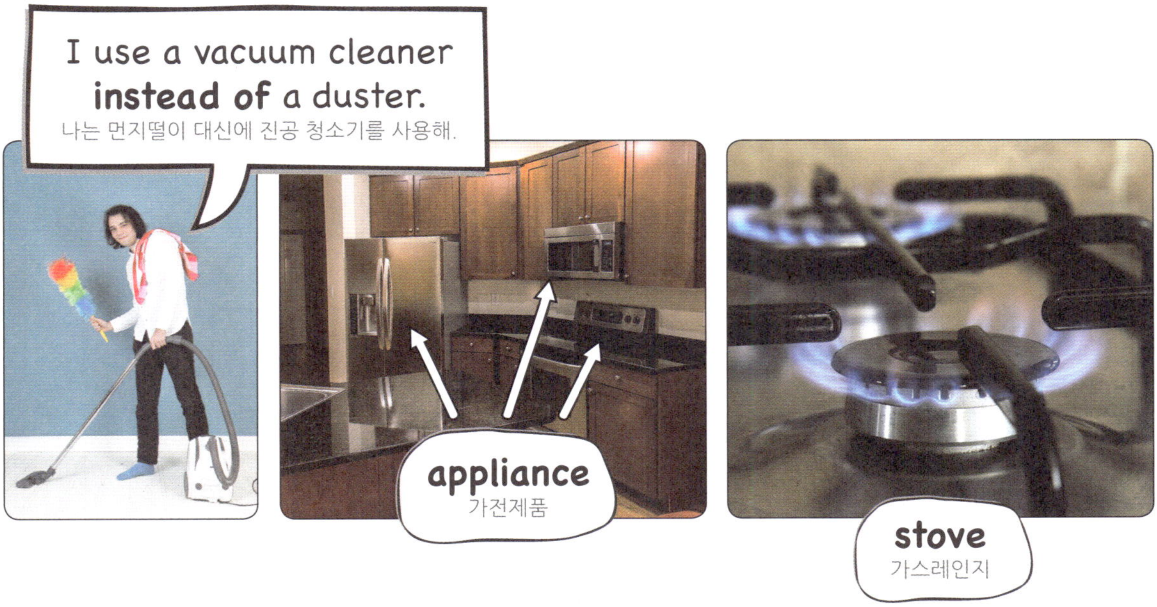
I use a vacuum cleaner **instead of** a duster.
나는 먼지떨이 대신에 진공 청소기를 사용해.
appliance
가전제품
stove
가스레인지

0458 **instead of**

instead of i

[instéd ʌv] ~ 대신에

0459 **appliance**

appliance a

[əpláiəns] 가전제품

☆초등필수☆

0460 **stove**

stove s s

[stouv] 가스레인지

DAY 23 Activity

STEP 1
ACTIVITY로 암기한 단어를 연습하세요.

STEP 2
ACTIVITY에서 틀린 단어를 복습하세요.

STEP 3
TEST를 통해 오늘 암기한 단어를 확인하세요.

 다음 사진과 설명을 보고 연상되는 영어 단어나 우리말 뜻을 고르세요.

1.

This is very (   ).
이것은 매우 유용해.

ⓐ useful   ⓑ humid

2.

I can't live without the air conditioner in the summer.
난 여름에 (   ) 없이 살 수 없어.

ⓐ 가습기   ⓑ 에어컨

3.

손전등

ⓐ iron   ⓑ flashlight

4.

The computer is very (   ).
컴퓨터는 매우 편리해.

ⓐ expensive   ⓑ convenient

5.

appliance

ⓐ 가전제품   ⓑ 부엌

6.

가스레인지

ⓐ stove   ⓑ humidifier

▶ 해답 59p

B. 우리말에 맞도록 주어진 알파벳으로 시작하는 단어를 써 보세요.

7. 이건 **배터리**야.   This is a b_____.

8. 이것은 **진공** 청소기야.   This is a v_____ cleaner.

9. **냉장고** 문이 닫혀 있다.   The r_____ door is closed.

10. 이것은 **손전등**이야.   This is a f_____.

11. 이것은 **휴대폰**이야.   This is a c_____.

12. 이것은 **가스레인지**야.   This is a s_____.

13. 이 **가전제품**은 매우 인기 있어.   This a_____ is very popular.

C. 다음 우리말을 보고 알맞은 영어 단어의 철자를 써 보세요.

14. 가습기 | | u | | d | f | | |

15. 유용한 | | f | |

16. 전기 | l | e | | t | | | i | |

17. 전화하다 | | l | |

18. 편리한 | | n | v | | i | | n |

19. 전력 | p | | e | |

20. ~ 대신에 | i | s | | | | o | |

DAY 24 My father is too strict.

초2400_6_w24

STEP 1 사진으로 단어/표현 학습하기 **STEP 2** 음원을 듣고 영단어 따라 읽기 **STEP 3** 손으로 줄에 맞춰 단어 쓰기

NAME :　　　　DATE :　　.　　.　　.　　GOAL : 필수 10 / 추가 10

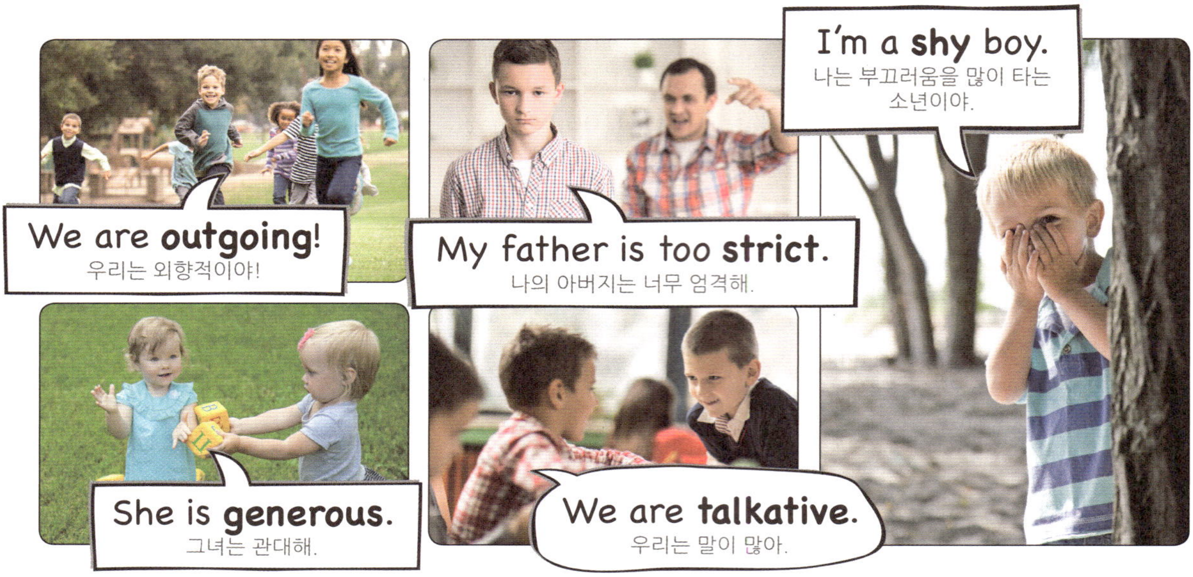
We are **outgoing**!
우리는 외향적이야!
My father is too **strict**.
나의 아버지는 너무 엄격해.
I'm a **shy** boy.
나는 부끄러움을 많이 타는 소년이야.
She is **generous**.
그녀는 관대해.
We are **talkative**.
우리는 말이 많아.

0461 **outgoing** outgoing o

[áutgòuiŋ] 외향적인

0462 **strict** strict s s

[strikt] 엄격한

0463 **generous** generous g

[dʒénərəs] 관대한

0464 **talkative** talkative t t

[tɔ́:kətiv] 말이 많은

☆초등필수☆

0465 **shy** shy s s

[ʃai] 부끄러움을 많이 타는

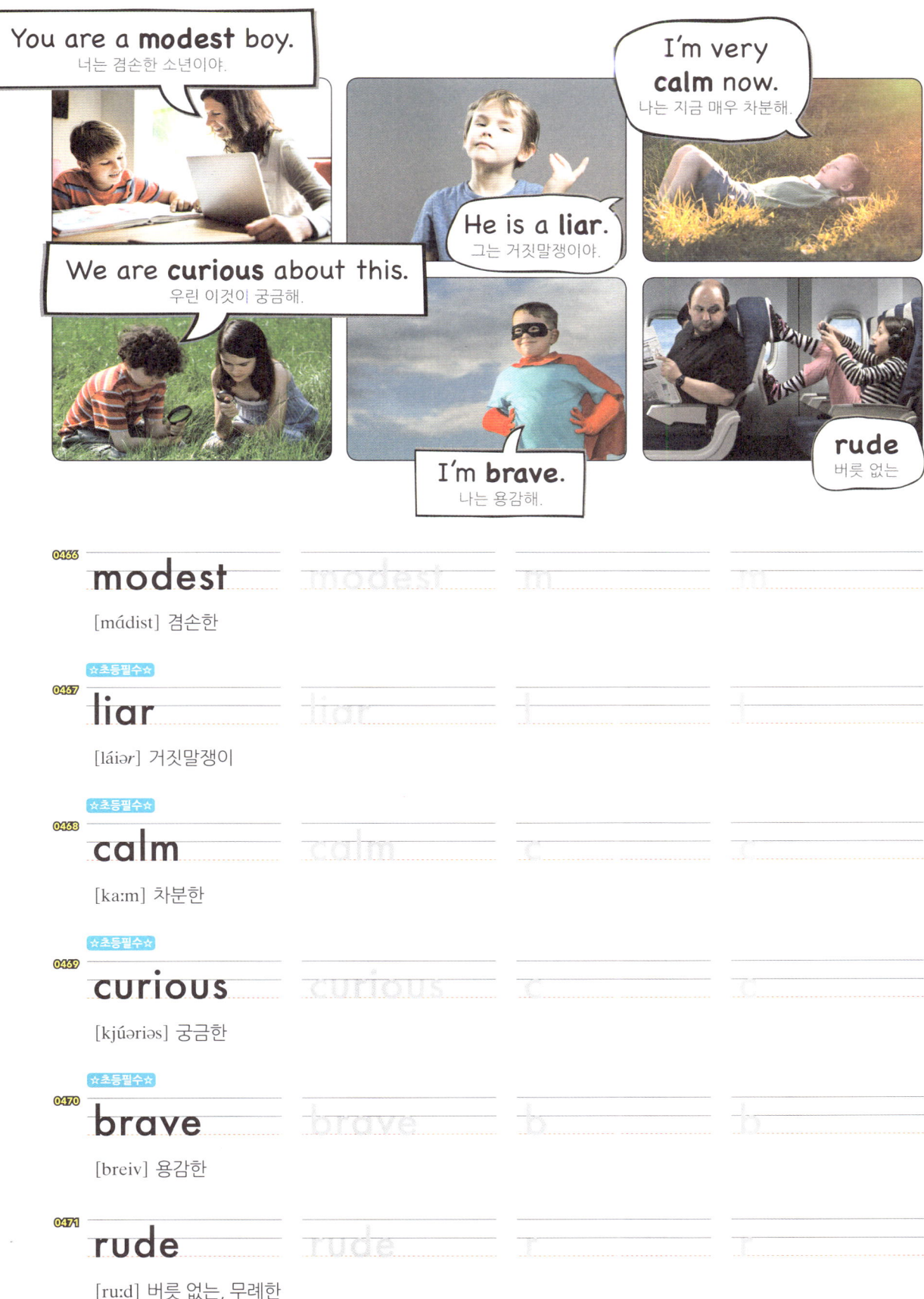

You are a **modest** boy.
너는 겸손한 소년이야.

He is a **liar**.
그는 거짓말쟁이야.

I'm very **calm** now.
나는 지금 매우 차분해.

We are **curious** about this.
우린 이것이 궁금해.

I'm **brave**.
나는 용감해.

rude
버릇 없는

0466
modest
[mádist] 겸손한

☆초등필수☆
0467
liar
[láiər] 거짓말쟁이

☆초등필수☆
0468
calm
[ka:m] 차분한

☆초등필수☆
0469
curious
[kjúəriəs] 궁금한

☆초등필수☆
0470
brave
[breiv] 용감한

0471
rude
[ru:d] 버릇 없는, 무례한

I'm **nervous.**
나는 불안해.

Could you do me
a favor, **please**?
제 부탁 좀 들어주실래요?

0472
nervous   nervous   n

[nə́:rvəs] 불안한

☆초등필수☆
0473
careful   careful   c   c

[kέərfəl] 조심성 있는

☆초등필수☆
0474
could   could   c   c

[kud] can의 과거형

☆초등필수☆
0475
please   please   p   p

[pli:z] 부탁할 때 덧붙이는 말

I **forget** things **easily.**
나는 쉽게 잊어버려.

You are very **patient.**
너는 매우 참을성이 있구나.

☆초등필수☆

0476
forget
[fərgét] 잊다

☆초등필수☆

0477
easily
[íːzili] 쉽게

0478
patient
[péiʃənt] 참을성이 있는

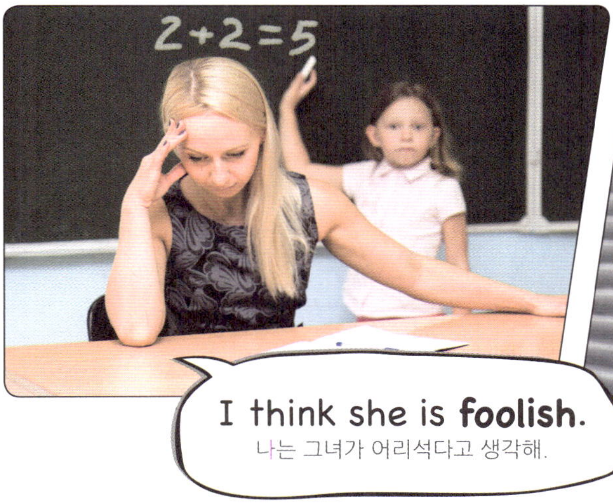

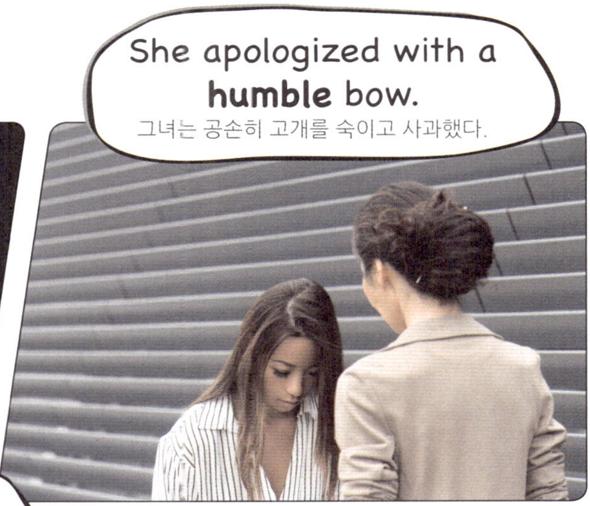

She apologized with a **humble** bow.
그녀는 공손히 고개를 숙이고 사과했다.

I think she is **foolish**.
나는 그녀가 어리석다고 생각해.

0479
foolish
[fúːliʃ] 어리석은

0480
humble
[hʌ́mbl] 겸손한, 공손한

DAY 24 Activity

STEP 1
ACTIVITY로 암기한 단어를 연습하세요.

STEP 2
ACTIVITY에서 틀린 단어를 복습하세요.

STEP 3
TEST를 통해 오늘 암기한 단어를 확인하세요.

 다음 사진과 설명을 보고 연상되는 영어 단어나 우리말 뜻을 고르세요.

1.

We are ( )!
우리는 외향적이야!

ⓐ outgoing   ⓑ rude

2.

We are ( ).
우리는 말이 많아.

ⓐ curious   ⓑ talkative

3.

She is generous.
그녀는 ( ).

ⓐ 겸손해   ⓑ 관대해

4.

I'm brave.
나는 ( ).

ⓐ 궁금해   ⓑ 용감해

5.
You are very ( ).
너는 매우 참을성이 있구나.
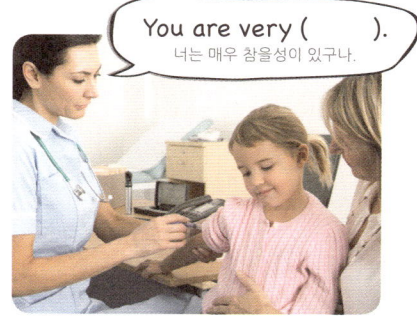

ⓐ nervous   ⓑ patient

6.

I think she is ( ).
나는 그녀가 어리석다고 생각해.

ⓐ foolish   ⓑ strict

B. 우리말에 맞도록 주어진 알파벳으로 시작하는 단어를 써 보세요.

7. 나의 아버지는 너무 **엄격해**.　　My father is too s_____.

8. 그는 **말이 많아**.　　He is t_____.

9. 그 소년은 **겸손해**.　　The boy is m_____.

10. 그 소녀는 아주 **용감해**.　　The girl is very b_____.

11. 그녀는 **외향적이야**.　　She is o_____.

12. 그는 **차분하다**.　　He is c_____.

13. 넌 매우 **참을성이 있구나**.　　You are very p_____.

C. 다음 우리말을 보고 알맞은 영어 단어의 철자를 써 보세요.

14. 관대한　　| | e | n | | o | |

15. 어리석은　　| | | l | i | | |

16. 버릇 없는　　| | d | | |

17. 궁금한　　| | r | o | | |

18. 쉽게　　| | s | i | | |

19. 조심성 있는　　| | a | | f | | |

20. 잊다　　| f | o | | | | |

초2400_6_w25

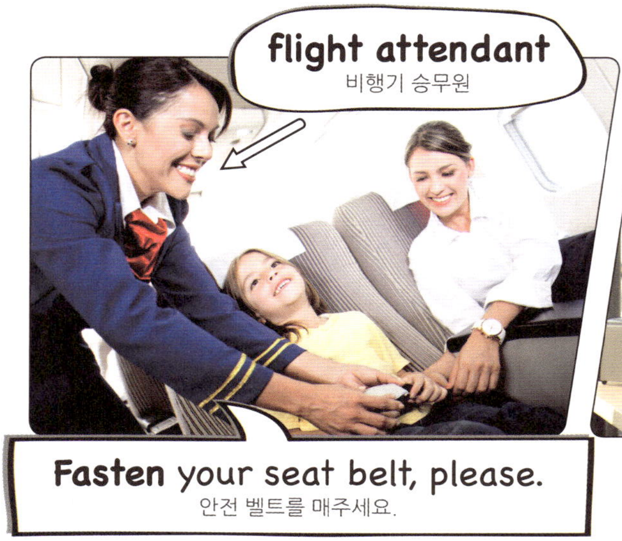

flight attendant
비행기 승무원

Fasten your seat belt, please.
안전 벨트를 매주세요.

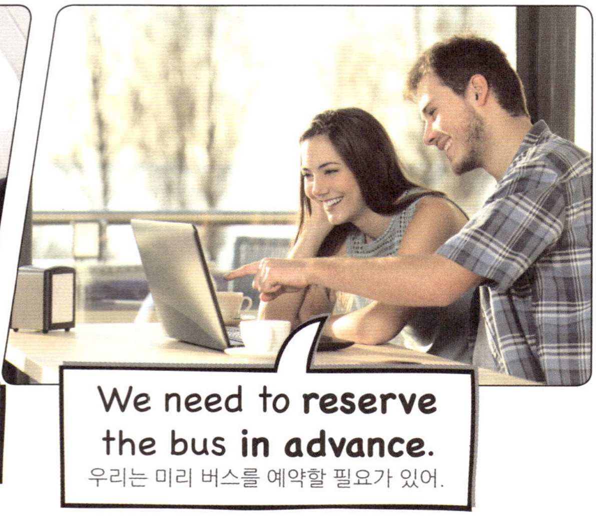

We need to **reserve** the bus **in advance**.
우리는 미리 버스를 예약할 필요가 있어.

0481
fasten
[fǽsn] 매다

0482
flight attendant
[flait əténdənt] 비행기 승무원

0483
reserve
[rizə́ːrv] 예약하다

0484
reservation
[rèzərvéiʃən] 예약

0485
in advance
[in ædvǽns] 미리

I'm **carrying** a suitcase.
나는 여행가방을 옮기고 있어.

The train **departs** the station.
기차가 역을 출발해요.

a country **inn**
시골 여관

airline
항공사

a popular holiday **resort**
유명한 휴양지

Our flight will **leave** at 1:30!
우리 비행기는 1시 30분에 떠날 거야!

0486
depart
[dipá:rt] 출발하다

☆초등필수☆
0487
carry
[kǽri] 옮기다

0488
inn
[in] 여관

☆초등필수☆
0489
airline
[ɛ́ərlàin] 항공사

0490
resort
[rizɔ́:rt] 휴양지

☆초등필수☆
0491
leave
[li:v] 떠나다

Please send me a mail.
편지해 줘.

baggage claim
짐 찾는 곳

I'm packing my things.
나는 내 물건들을 싸고 있어.

I claim my luggage.
나는 짐을 찾아.

0492
pack
[pæk] (짐을) 싸다

pack   p   p

☆초등필수☆
0493
mail
[meil] 우편, 우편물

mail   m   m

0494
luggage
[lʌ́gidʒ] (여행용) 짐

luggage   l   l

I arrived at home.
나는 집에 도착했어.

landing
착륙

They could reach the airport on time.
그들이 제시간에 공항에 도달할 수도 있겠어요.

☆초등필수☆
0495
arrive
[əráiv] 도착하다

arrive   a   a

0496 landing   landing

[lǽndiŋ] 착륙

0497 reach   reach

[ri:tʃ] 도달하다

I'll check your suitcase.
제가 당신의 여행 가방을
검사하겠습니다.

security device
보안 검색대

a customs officer
세관원

They're going through an airport security device.
그들은 공항 검색대를 통과하고 있어.

0498 customs   customs

[kʌ́stəmz] 세관

0499 security   security

[sikjúərəti] 보안

☆초등필수☆

0500 airport   airport

[ɛ́ərpɔ̀:rt] 공항

DAY 25 Activity

STEP 1
ACTIVITY로 암기한 단어를 연습하세요.

STEP 2
ACTIVITY에서 틀린 단어를 복습하세요.

STEP 3
TEST를 통해 오늘 암기한 단어를 확인하세요.

 다음 사진과 설명을 보고 연상되는 영어 단어나 우리말 뜻을 고르세요.

1.

(   ) your seat belt, please.
안전 벨트를 매주세요.

ⓐ Fasten   ⓑ Leave

2.

We need to reserve the bus (   ).
우리는 미리 버스를 예약할 필요가 있어.

ⓐ in advance   ⓑ security

3.

a country inn
시골 (   )

ⓐ 휴양지   ⓑ 여관

4.

a popular holiday resort
유명한 (   )

ⓐ 휴양지   ⓑ 세관

5.

They could (   ) the airport on time.
그들이 제시간에 공항에 도달할 수도 있겠어요.

ⓐ leave   ⓑ reach

6.

a (   ) officer
세관원

ⓐ security   ⓑ customs

B. 우리말에 맞도록 주어진 알파벳으로 시작하는 단어를 써 보세요.

7. 안전벨트를 **매**주세요.　　　　　　F_____ your seat belt, please.

8. **예약**하고 싶은데요.　　　　　　　I want to make a r_____.

9. 이 버스는 서울에서 **출발합니다**.　This bus d_____s from Seoul.

10. 나는 여행 가방을 **옮기고** 있다.　I'm c_____ing a suitcase.

11. 우린 2시간 후에 **도착**할 것이다.　We'll a_____ in two hours.

12. **편지**해 줘.　　　　　　　　　　Please send me a m_____.

13. 나는 내 물건들을 **싸고** 있다.　　I'm p_____ing my things.

C. 다음 우리말을 보고 알맞은 영어 단어의 철자를 써 보세요.

14. (여행용) 짐　　| l | | | g | | | |

15. 미리　　　　| | | a | | a | n | |

16. 항공사　　　| a | | l | | |

17. 떠나다　　　| l | | | e | |

18. 도달하다　　| | e | | |

19. 보안　　　　| s | | u | r | | |

20. 공항　　　　| | i | r | | | |

A. 다음 우리말 뜻에 맞는 단어를 괄호 안에서 고르세요.

1. 나는 이 점을 강조하고 싶다.   I want to (emphasize / memorize) this point.

2. 설명이 필요하니?   Do you need an (presentation / explanation)?

3. 조리법이 어떻게 되나요?   What is the (nutrition / recipe)?

4. 전 이걸 선택할게요.   I'll (choose / use) this one.

5. 이 가전제품은 매우 인기 있어.   This (appliance / electricity) is very popular.

6. 그 소년은 겸손해.   The boy is (modest / calm).

7. 넌 참 참을성이 있구나.   You are so (patient / generous).

8. 우리는 2시간 후에 도착할 것이다.   We'll (depart / arrive) in two hours.

9. 안전벨트를 매주세요.   (Reserve / Fasten) your seat belt, please.

B. 아래 영어 단어의 우리말 뜻을 쓰세요.

10. summarize _____

11. flavor _____

12. spinach _____

13. convenient _____

14. forget _____

15. pack _____

16. criticize _____

17. nothing _____

18. instead of _____

19. liar _____

20. foolish _____

21. depart _____

총 40문제입니다.
(각 2.5점씩)

SCORE

GRADE

A	B	C
100~80	80~50	50~

C. 빈칸에 알맞은 단어를 찾아 줄로 연결하세요.

22. The _____ shows an increase. •
    그래프는 증가를 보여줘.

23. I need _____ air. •
    나는 신선한 공기가 필요해.

24. apples in the _____ •
    바구니에 든 사과

25. This will be _____. •
    이건 유용할 거야.

26. My father is too _____. •
    우리 아버지는 너무 엄격해.

27. The girl is very _____. •
    그 소녀는 아주 용감해.

28. I want to make a _____. •
    예약하고 싶은데요.

• basket

• graph

• useful

• fresh

• reservation

• brave

• strict

D. 다음 우리말을 보고 알맞은 영어 단어를 써 보세요.

29. 들어올리다   r _____

30. 면   n _____

31. 전력   p _____

32. 전화하다   c _____

33. 궁금한   c _____

34. 도달하다   r _____

35. 부정행위를 하다   c _____

36. 사용하다   u _____

37. 다리미   i _____

38. 조심성 있는   c _____

39. 떠나다   l _____

40. 보안   s _____

| STEP 1 사진으로 단어/표현 학습하기 | STEP 2 음원을 듣고 영단어 따라 읽기 | STEP 3 손으로 줄에 맞춰 단어 쓰기 |

ℹ️ NAME :   📅 DATE :   .   .   .   🎁 GOAL : 필수 14 / 추가 6

father
아버지

mother
어머니

This is my family.
나의 가족입니다.

☆초등필수☆
0501 **family**   family   f   f

[fǽməli] 가족

☆초등필수☆
0502 **father**   father   f   f

[fá:ðər] 아버지

☆초등필수☆
0503 **mother**   mother   m   m

[mʌ́ðər] 어머니

☆초등필수☆
0504 **parents**   parents   p   p

[pɛ́ərənts] 부모, 어버이(단수형은 아버지나 어머니 한 사람을 가리킴)

☆초등필수☆
0505 **son**   son   s   s

[sʌn] 아들

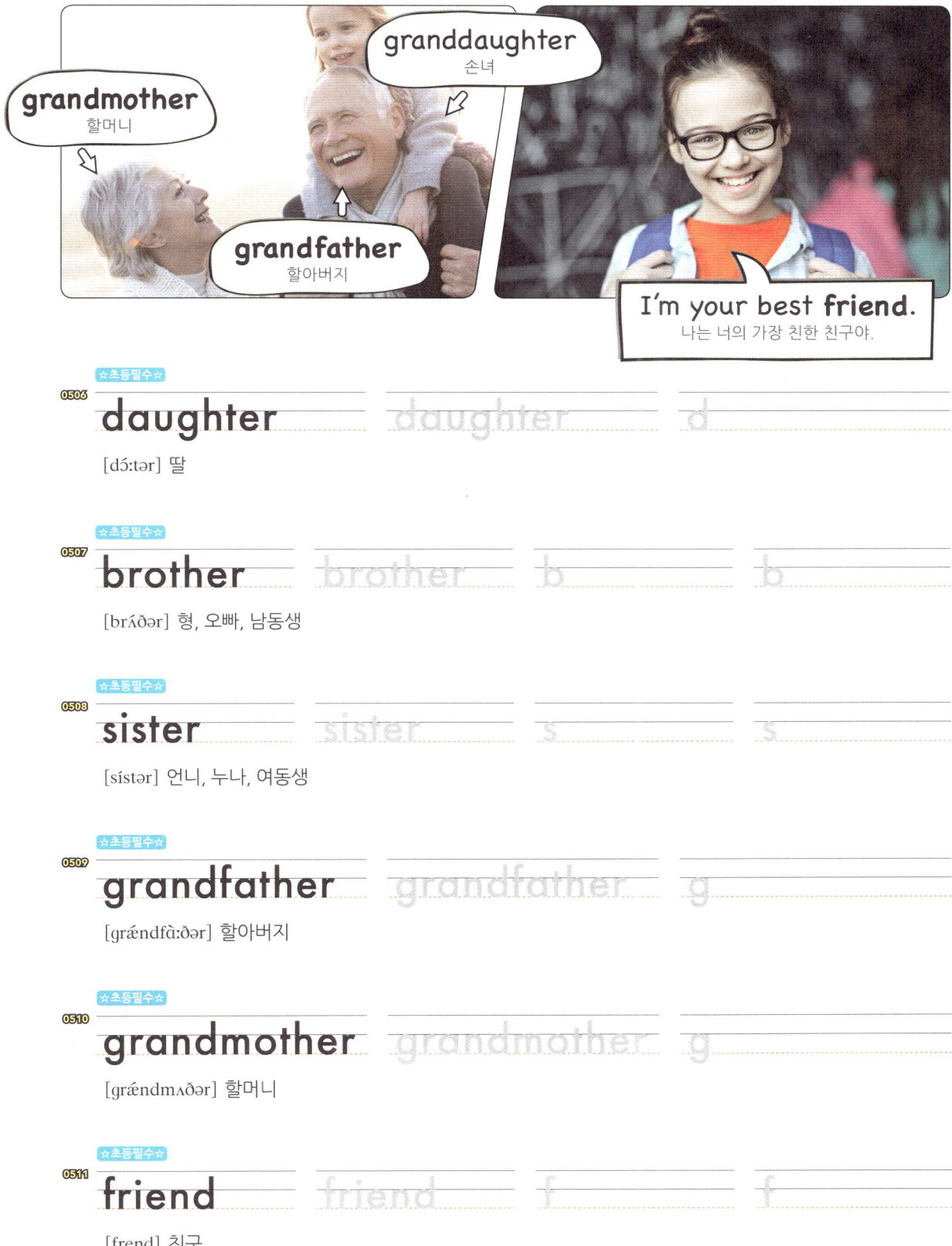

granddaughter
손녀

grandmother
할머니

grandfather
할아버지

I'm your best friend.
나는 너의 가장 친한 친구야.

0506
daughter
daughter   d

[dɔ́:tər] 딸

0507
brother
brother   b   b

[brʌ́ðər] 형, 오빠, 남동생

0508
sister
sister   s   s

[sístər] 언니, 누나, 여동생

0509
grandfather
grandfather   g

[grǽndfà:ðər] 할아버지

0510
grandmother
grandmother   g

[grǽndmʌ̀ðər] 할머니

0511
friend
friend   f   f

[frend] 친구

I am your parent's sister.
나는 너희 부모님의 자매야.

aunt
이모/고모

uncle
삼촌

I am your parent's brother.
나는 너희 부모님의 형제야.

0512
neighbor

[néibər] 이웃

☆초등필수☆

0513
aunt

[ænt] 고모, 이모

☆초등필수☆

0514
uncle

[ʌ́ŋkl] 삼촌

We are **cousins**.
우리는 사촌들이야.

He is the son
of my brother.
그는 내 형제의 아들이야.

nephew
남자 조카

My father is your
father's brother.
내 아버지는 네 아버지의 형제지.

niece
여자 조카

She is the daughter
of my brother.
그녀는 내 형제의 딸이야.

☆초등필수☆

0515
cousin

[kʌ́zn] 사촌

0516 **niece** niece n n

[ni:s] 여자 조카

0517 **nephew** nephew n n

[néfju:] 남자 조카

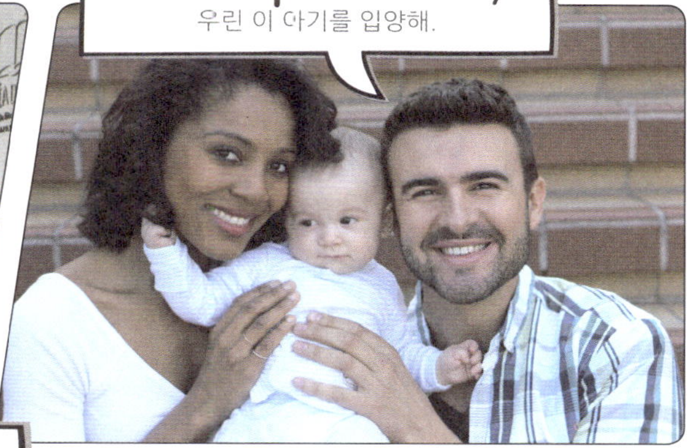
We adopt this baby.
우린 이 아기를 입양해.

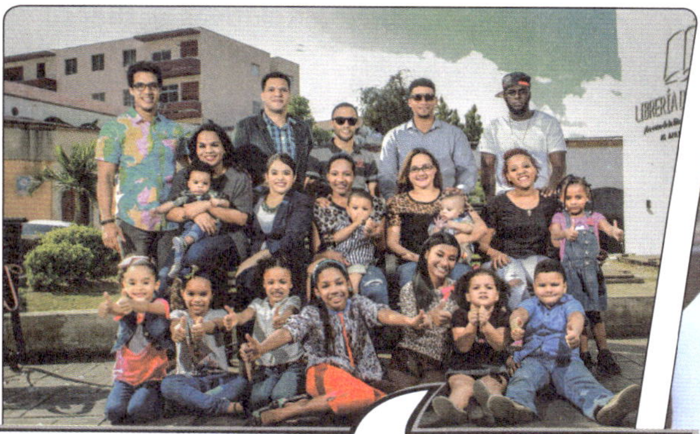
Relatives gathered altogether!
친척들이 모두 모였어!

0518 **relative** relative r r

[rélətiv] 친척

0519 **gather** gather g g

[gǽðər] 모이다

0520 **adopt** adopt a a

[ədάpt] 입양하다

DAY 26 Activity

STEP 1
ACTIVITY로 암기한 단어를 연습하세요.

STEP 2
ACTIVITY에서 틀린 단어를 복습하세요.

STEP 3
TEST를 통해 오늘 암기한 단어를 확인하세요.

 A. 다음 사진과 설명을 보고 연상되는 영어 단어나 우리말 뜻을 고르세요.

1.

I am your parent's (   ).
나는 너희 부모님의 자매야.

ⓐ brother　　ⓑ sister

2.

Relatives gathered altogether!
(   )들이 모두 모였어!

ⓐ 친구　　ⓑ 친척

3.

할머니

ⓐ grandmother　ⓑ grandfather

4.

This is my (   ).
나의 가족입니다.

ⓐ family　　ⓑ neighbor

5.

We are (   )s.
우리는 사촌들이야.

ⓐ cousin　　ⓑ nephew

6.

남자 조카

ⓐ niece　　ⓑ nephew

B. 우리말에 맞도록 주어진 알파벳으로 시작하는 단어를 써 보세요.

7. 이 분은 내 **삼촌**이야.   This is my u_____.

8. 이 분은 내 **고모**야.   This is my a_____.

9. 이 분은 내 **아버지**야.   This is my f_____.

10. 이 분은 내 **어머니**야.   This is my m_____.

11. 이 사람은 내 **사촌**이야.   This is my c_____.

12. **친척**들이 모두 모였어.   R_____s gathered altogether.

13. 우리는 이 아기를 **입양**할 거야.   We will a_____ this baby.

C. 다음 우리말을 보고 알맞은 영어 단어의 철자를 써 보세요.

14. 여자 조카

n			c	e

15. 남자 조카

n	e			w

16. 모이다

	a	t		

17. 부모, 어버이

p				t	

18. 할머니

g	r				t	h	

19. 딸

			g	ㄱ		

20. 아들

s		

STEP 1 사진으로 단어/표현 학습하기   **STEP 2** 음원을 듣고 영단어 따라 읽기   **STEP 3** 손으로 줄에 맞춰 단어 쓰기

 NAME :    DATE :   .   .   .   GOAL : 필수 7 / 추가 13

I'm sick.
난 아파.

I'm in bed with flu.
나는 독감으로 누워있어.

I have a fever.
나는 열이 있어.

☆초등필수☆

0521 **fever**

fever   f   f

[fíːvər] 열

☆초등필수☆

0522 **sick**

sick   s   s

[sik] 아픈

0523 **flu**

flu   f   f

[fluː] 독감

0524 **sneeze**

sneeze   s   s

[sniːz] 재채기하다

0525 **disease**

disease   d   d

[dizíːz] 질병

Eating too much is a bad **habit**.
너무 많이 먹는 것은 나쁜 습관이다.

I can't **digest milk** easily.
난 우유를 쉽게 소화시키지 못해.

I have a **sore throat**.
나는 목이 아파요.

0526
milk
[milk] 우유

milk · m · m

0527
digest
[dáidʒést] 소화시키다

digest · d · d

0528
sore
[sɔːr] 아픈

sore · s · s

0529
throat
[θrout] 목

throat · t · t

0530
fat
[fæt] 살찐, 뚱뚱한

fat · f · f

0531
habit
[hǽbit] 버릇, 습관

habit · d · h

You have to take a **rest**.
And you'd better **stay** at home.
너는 쉬어야 해. 그리고 집에 머무르는 게 낫겠어.

I have to go
see a doctor.
나는 의사에게 진찰 받으러 가야 해.

0532

rest

rest   r   r

[rest] 휴식

0533

stay

stay   s   s

[stei] 머무르다

0534

see a doctor

see a doctor

[si: ə dáktər] 의사에게 진찰 받다

I'm blowing my nose.
나는 코를 풀고 있어.

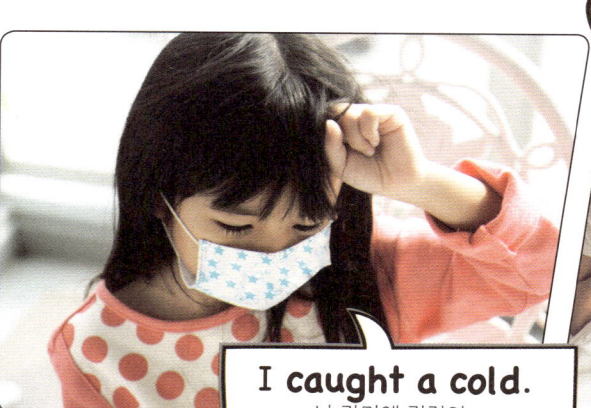

I **caught a cold.**
난 감기에 걸렸어.

0535

catch a cold

catch a cold

[kætʃ ə kould] 감기에 걸리다

It may be hard to **swallow pills.**
알약을 삼키는 것은 어려울지도 모른다.

Allergy makes me **cough.**
알레르기 때문에 기침이 나.

pill
알약

I hope to **get well** soon.
곧 병이 낫길 바래.

0536
allergy
[ǽlərdʒi] 알레르기

0537
cough
[kɔːf] 기침

0538
swallow
[swάlou] 삼키다

0539
pill
[pil] 알약

0540
get well
[get wel] 병이 낫다

DAY 27 Activity

STEP 1
ACTIVITY로 암기한 단어를 연습하세요.

STEP 2
ACTIVITY에서 틀린 단어를 복습하세요.

STEP 3
TEST를 통해 오늘 암기한 단어를 확인하세요.

 다음 사진과 설명을 보고 연상되는 영어 단어나 우리말 뜻을 고르세요.

1.

I'm in bed with flu.
나는 (   )으로 누워있어.

ⓐ 독감   ⓑ 두통

2.

I have a fever.
나는 (   )이 있어.

ⓐ 열   ⓑ 콧물

3.

I can't (   ) milk easily.
난 우유를 쉽게 소화시키지 못해.

ⓐ stay   ⓑ digest

4.

Eating too much is a bad (   ).
너무 많이 먹는 것은 나쁜 습관이다.

ⓐ rest   ⓑ habit

5.

I have to go (   ).
나는 의사에게 진찰 받으러 가야 해.

ⓐ get well   ⓑ see a doctor

6.
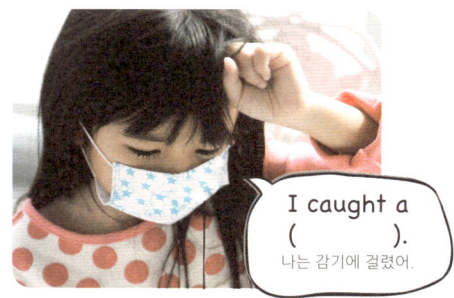

I caught a (   ).
나는 감기에 걸렸어.

ⓐ cold   ⓑ sore throat

B. 우리말에 맞도록 주어진 알파벳으로 시작하는 단어를 써 보세요.

7. 나는 **목이 아파요**.　　I have a s_____ t_____.

8. 나는 **아파**.　　I'm s_____.

9. 너는 **의사에게 진찰 받는 게** 낫겠어.　You'd better s_____ a d_____.

10. 좀 **쉬도록** 해.　　Take a r_____.

11. 집에 **머무르는 게** 낫겠어.　You'd better s_____ at home.

12. 나는 **뚱뚱하지** 않아.　I'm not f_____.

13. 이 알약을 **삼켜라**.　Swallow this p_____.

C. 다음 우리말을 보고 알맞은 영어 단어의 철자를 써 보세요.

14. 열　　| | |v| | |

15. 질병　　|d| |s| | | | |

16. 삼키다　　|s| | | | |o|w|

17. 아픈　　| |i| | |

18. 재채기하다　|s| | | |z| |

19. 병이 낫다　| | |t| |w| | | |

20. 기침　　| |o| |h| |

초2400_6_w28

I announce today's top news!
오늘의 주요 뉴스를 알려드리겠습니다!

NEWS

anchor : main announcer
앵커(진행자) : 가장 주된 아나운서

weather forecast
일기예보

0541
top news
[tap njuːz] 주요 뉴스

top news   t   t

0542
main
[mein] 주된

main   m   m

0543
announce
[ənáuns] 발표하다, 알리다

announce   a   a

0544
anchor
[ǽŋkər] 앵커, 진행자

anchor   a   a

0545
weather forecast
[wéðər fɔ́ːrkæst] 일기예보

weather forecast

The **media** are newspaper, TV, magazine, internet, etc.
미디어는 신문, TV, 잡지, 인터넷 등이다.

magazine
잡지

0546
media
media   m   m

[mí:diə] 매체(medium의 복수형)

0547
magazine
magazine   m   m

[mǽgəzí:n] 잡지

What happened?
무슨 일이야?

newspaper
신문

breaking news
뉴스 속보

0548
breaking news
breaking news

[bréikiŋ nju:z] 뉴스 속보

0549
newspaper
newspaper   n

[nju:zpéipər] 신문

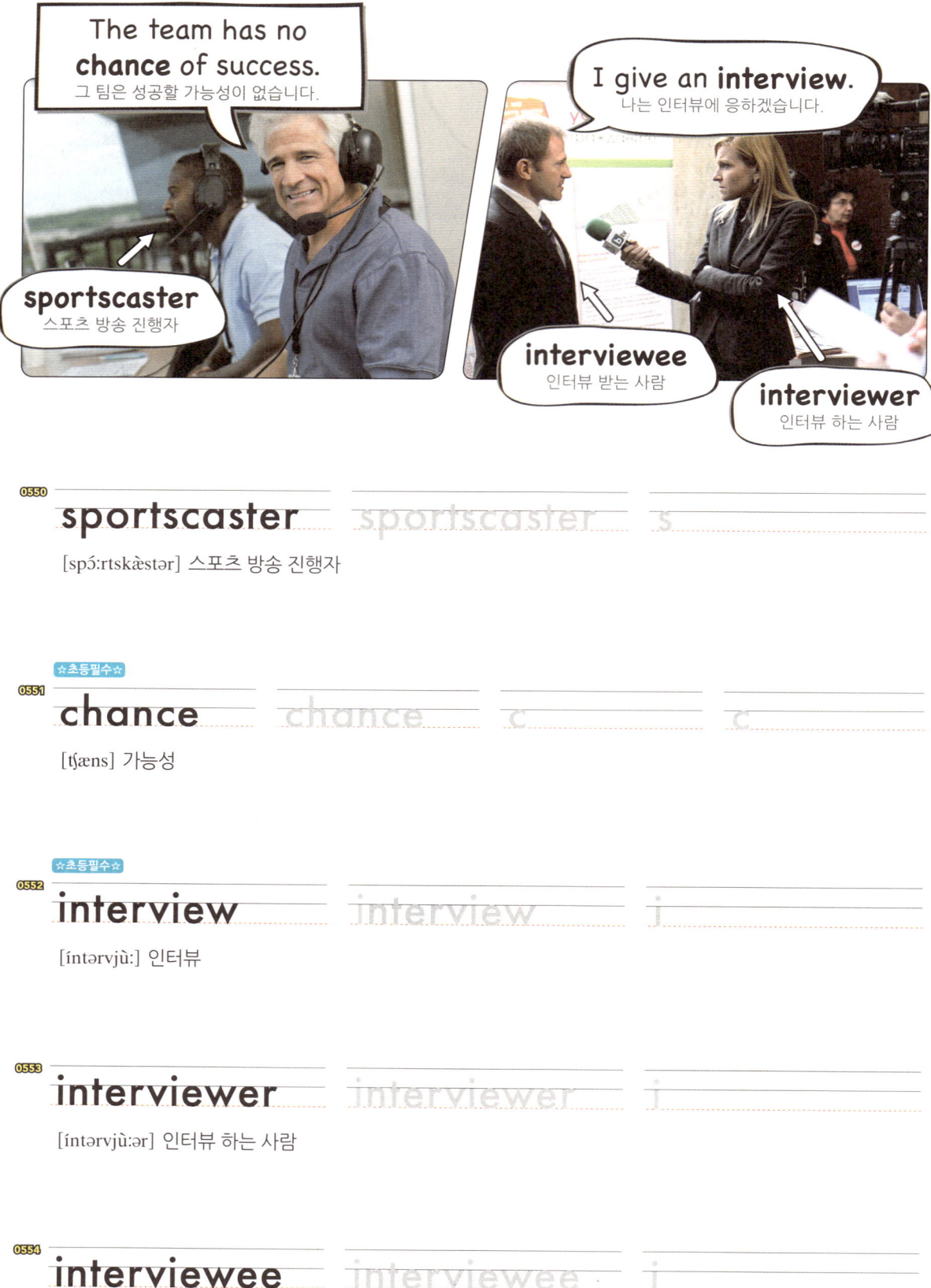

The team has no **chance** of success.
그 팀은 성공할 가능성이 없습니다.

I give an **interview**.
나는 인터뷰에 응하겠습니다.

sportscaster
스포츠 방송 진행자

interviewee
인터뷰 받는 사람

interviewer
인터뷰 하는 사람

0550

sportscaster

[spɔ́ːrtskæ̀stər] 스포츠 방송 진행자

☆초등필수☆

0551

chance

[tʃæns] 가능성

☆초등필수☆

0552

interview

[íntərvjùː] 인터뷰

0553

interviewer

[íntərvjùːər] 인터뷰 하는 사람

0554

interviewee

[ìntərvjuːíː] 인터뷰 받는 사람

A **cartoon** is a **humorous** drawing.
만화는 재미있는 그림이야.

A **sitcom** is a **situation comedy**.
시트콤은 상황을 이용한 희극이야.

animation
만화 영화

0555
sitcom
[sítkà:m] 시트콤

0556
situation
[sìtʃuéiʃən] 상황

☆초등필수☆
0557
comedy
[kámədi] 희극

0558
cartoon
[ka:rtú:n] 만화

0559
humorous
[hjú:mərəs] 재미있는, 익살스러운

0560
animation
[ænəméiʃən] 만화 영화

DAY 28 Activity

STEP 1
ACTIVITY로 암기한 단어를 연습하세요.

STEP 2
ACTIVITY에서 틀린 단어를 복습하세요.

STEP 3
TEST를 통해 오늘 암기한 단어를 확인하세요.

 A. 다음 사진과 설명을 보고 연상되는 영어 단어나 우리말 뜻을 고르세요.

1.

I announce today's top news!
오늘의 (   )를 알려드리겠습니다.

ⓐ 주요 뉴스　　ⓑ 일기예보

2.

breaking news

ⓐ 뉴스 속보　　ⓑ 만화 영화

3.

magazine

ⓐ 매체　　ⓑ 잡지

4.

스포츠 방송 진행자

ⓐ sportscaster　ⓑ interviewee

5.

I give an (   ).
나는 인터뷰에 응하겠습니다.

ⓐ interview　　ⓑ interviewer

6.

A (   ) is a situation comedy.
시트콤은 상황을 이용한 희극이야.

ⓐ sitcom　　　ⓑ cartoon

B. 우리말에 맞도록 주어진 알파벳으로 시작하는 단어를 써 보세요.

7. 오늘의 **주요 뉴스**
today's t_____ n_____

8. 네가 가장 좋아하는 **만화 영화**는 뭐야?
What is your favorite a_____?

9. **일기예보** 확인했어요?
Did you check the w_____ f_____?

10. 나는 **신문**을 읽고 있다.
I'm reading a n_____.

11. 나는 **인터뷰**에 응하겠습니다.
I give an i_____.

12. 이 **시트콤**은 인기가 있다.
This s_____ is popular.

13. 나는 **만화**를 좋아한다.
I like c_____.

C. 다음 우리말을 보고 알맞은 영어 단어의 철자를 써 보세요.

14. 주된
m			

15. 발표하다, 알리다
a			n	c	

16. 매체
		d	i	

17. 잡지
m		a		i	

18. 가능성
c		n	

19. 상황
	i	t			i	o	

20. 희극
c	o			

STEP 1 사진으로 단어/표현 학습하기 **STEP 2** 음원을 듣고 영단어 따라 읽기 **STEP 3** 손으로 줄에 맞춰 단어 쓰기

NAME :   **DATE :** .   .   .   **GOAL : 필수 13 / 추가 7**

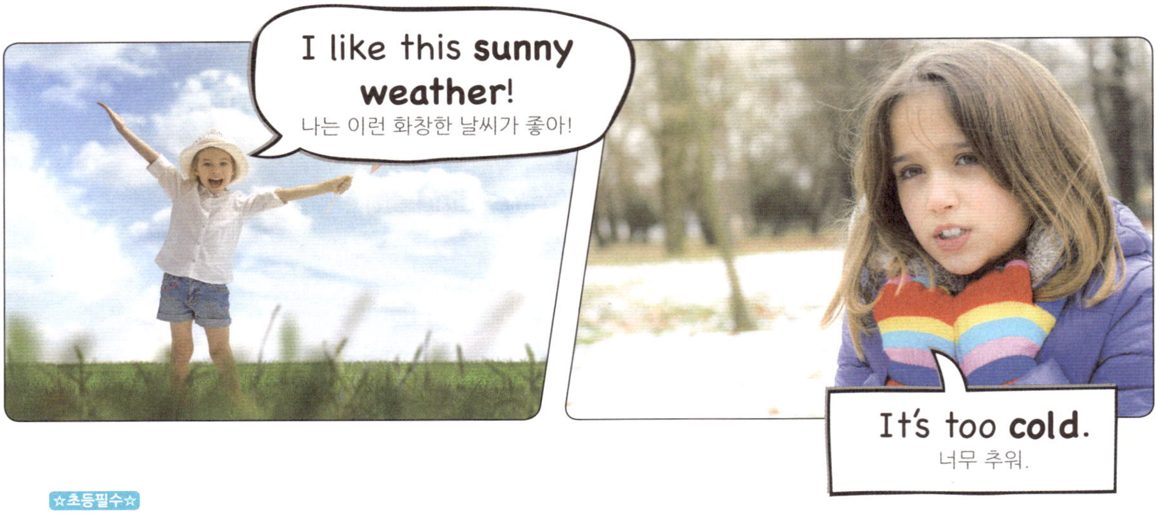

I like this **sunny weather!**
나는 이런 화창한 날씨가 좋아!

It's too **cold.**
너무 추워.

☆초등필수☆
0561
weather

[wéðər] 날씨

☆초등필수☆
0562
sunny

[sʌ́ni] 화창한

☆초등필수☆
0563
warm

[wɔːrm] 따뜻한

☆초등필수☆
0564
hot

[hat] 더운

☆초등필수☆
0565
cold

[kould] 추운

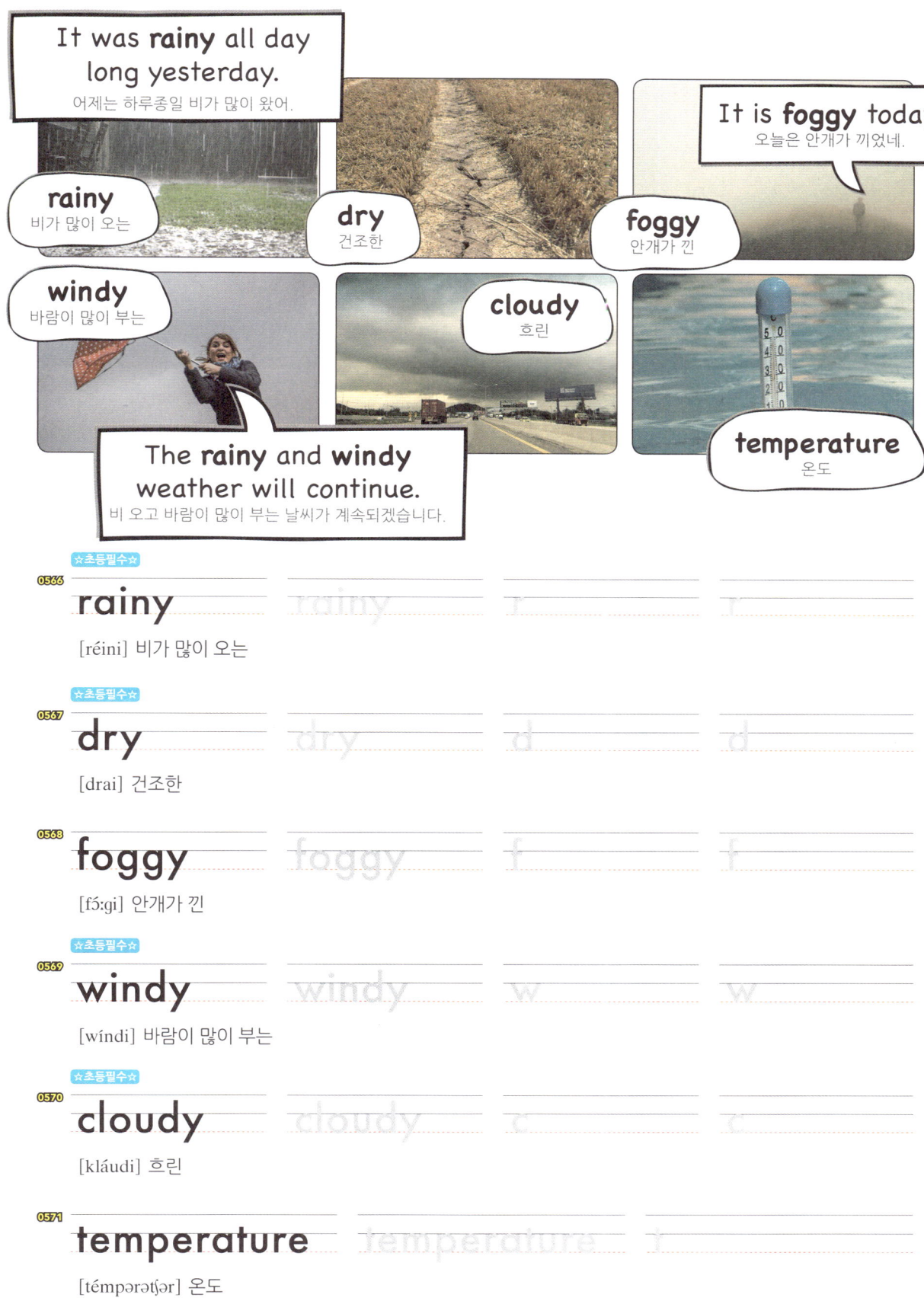

It was **rainy** all day long yesterday.
어제는 하루종일 비가 많이 왔어.

It is **foggy** today.
오늘은 안개가 끼었네.

rainy
비가 많이 오는

dry
건조한

foggy
안개가 낀

windy
바람이 많이 부는

cloudy
흐린

temperature
온도

The **rainy** and **windy** weather will continue.
비 오고 바람이 많이 부는 날씨가 계속되겠습니다.

☆초등필수☆
0566
rainy
[réini] 비가 많이 오는

☆초등필수☆
0567
dry
[drai] 건조한

0568
foggy
[fɔ́:gi] 안개가 낀

☆초등필수☆
0569
windy
[wíndi] 바람이 많이 부는

☆초등필수☆
0570
cloudy
[kláudi] 흐린

0571
temperature
[témpərətʃər] 온도

Today's **sunset** is at 5:14 p.m.
오늘의 일몰은 오후 5시 14분에 있습니다.

0572
sunrise

[sʌ́nràiz] 일출, 해돋이

0573
sunset

[sʌ́nsèt] 일몰, 해질녘

The sky was
clear last **night**.
어젯밤 하늘은 맑았어.

day
낮

☆초등필수☆
0574
day

[dei] 낮

☆초등필수☆
0575
night

[nait] 밤

The wind blows gently.
바람이 부드럽게 불어.

The lightning usually strikes with thunder.
번개는 보통 천둥과 함께 친다.

☆초등필수☆
0576
wind
wind   w   w

[wind] 바람

☆초등필수☆
0577
blow
blow   b   b

[blou] 불다

0578
gently
gently   g   g

[dʒéntli] 부드럽게

0579
lightning
lightning   l   l

[láitniŋ] 번개

0580
strike
strike   s   s

[straik] 치다, 때리다

DAY 29 Activity

STEP 1
ACTIVITY로 암기한 단어를 연습하세요.

STEP 2
ACTIVITY에서 틀린 단어를 복습하세요.

STEP 3
TEST를 통해 오늘 암기한 단어를 확인하세요.

 다음 사진과 설명을 보고 연상되는 영어 단어나 우리말 뜻을 고르세요.

1.

It was (　) all day long yesterday.
어제는 하루종일 비가 많이 왔어.

ⓐ windy　　　ⓑ rainy

2.

건조한

ⓐ dry　　　ⓑ warm

3.

I like this sunny (　　)!
나는 이런 화창한 날씨가 좋아!

ⓐ temperature　　ⓑ weather

4.

day

ⓐ 낮　　　ⓑ 밤

5.

The (　　) usually strikes with thunder.
번개는 보통 천둥과 함께 친다.

ⓐ sunrise　　　ⓑ lightning

6.

It's too (　　).
너무 추워.

ⓐ cold　　　ⓑ hot

B. 우리말에 맞도록 주어진 알파벳으로 시작하는 단어를 써 보세요.

7. 오늘은 **안개가 끼었네**.   It is f_____ today.

8. 오늘의 **일몰**은 오후 5시 14분에 있습니다.   Today's s_____ is at 5:14 p.m.

9. **바람이 많이 부는** 날씨가 계속되겠습니다.   The w_____ weather will continue.

10. 어젯**밤** 하늘은 맑았어.   The sky was clear last n_____.

11. 바람이 **부드럽게** 불어.   The wind blows g_____.

12. 어제 **비가 많이 왔어**.   It was r_____ yesterday.

13. 나는 이런 **화창한** 날씨가 좋아!   I like this s_____ weather!

C. 다음 우리말을 보고 알맞은 영어 단어의 철자를 써 보세요.

14. 화창한 | s | | n | |

15. 건조한 | d | | |

16. 치다, 때리다 | | r | i | |

17. 불다 | b | | |

18. 일출, 해돋이 | | n | r | | |

19. 온도 | | e | | p | | r | | | | e |

20. 밤 | | | | h | |

초2400_6_w30

plain T-shirt
무늬가 없는 티셔츠

My fashion is **ordinary**.
내 패션은 평범해.

His clothes went **out of fashion**.
그의 패션은 유행이 지났어.

out of date
구식인

up to date
최신의

0581

out of fashion
out of fashion　o

[aut əv fǽʃən] 유행이 지난

0582

plain
plain　p　p

[plein] 무늬가 없는

0583

ordinary
ordinary　o　o

[ɔ́:rdənèri] 평범한

0584

out of date
out of date　o

[aut əv deit] 구식인

0585

up to date
up to date　u

[ʌp tu deit] 최신의

I have a **unique individuality**.
나는 독특한 개성이 있어.

I **lead** a **new trend**.
난 새로운 유행을 이끌지.

This dress is **gorgeous**!
오 드레스는 멋져!

0586

unique

[ju:ní:k] 독특한

0587

individuality

[ìndəvìdʒuǽləti] 개성

☆초등필수☆
0588

new

[nju:] 새로운

☆초등필수☆
0589

trend

[trend] 유행

0590

lead

[li:d] 이끌다

0591

gorgeous

[gɔ́:rdʒəs] 멋진

I am **famous**.
나는 유명해.

I'm a **singer**.
나는 가수입니다.

0592
famous
[féiməs] 유명한

0593
singer
[síŋər] 가수

We have different **cultures**.
우리는 다른 문화를 갖고 있어.

A **popular culture** is the **culture** which most people like.
대중 문화는 대부분의 사람들이 좋아하는 문화이다.

concert
연주회, 콘서트

0594
concert
[kánsə:rt] 연주회, 콘서트

0595
culture
[kʌ́ltʃər] 문화

0596
popular culture
[pápjulər kʌ́ltʃər] 대중 문화

I'm wearing **old-fashioned** clothes.
나는 유행에 뒤떨어진 옷을 입고 있어.

Both our jackets and pants are denim.
우리의 재킷과 바지는 둘 다 데님으로 되어 있어.

This picture **shows** my **originality**.
이 그림은 나의 독창성을 보여주지.

0597
both
[bouθ] 둘 다

0598
old-fashioned
[ould-fǽʃənd] 유행에 뒤떨어진

0599
show
[ʃou] 보여주다

0600
originality
[ərìdʒənǽləti] 독창성

STEP 1
ACTIVITY로 암기한 단어를 연습하세요.

STEP 2
ACTIVITY에서 틀린 단어를 복습하세요.

STEP 3
TEST를 통해 오늘 암기한 단어를 확인하세요.

 A. 다음 사진과 설명을 보고 연상되는 영어 단어나 우리말 뜻을 고르세요.

1.

최신의

ⓐ out of date ⓑ up to date

2.

I have a unique ( ).
나는 독특한 개성이 있어.

ⓐ trend ⓑ individuality

3.

This dress is ( )!
이 드레스는 멋져!

ⓐ ordinary ⓑ gorgeous

4.

I am famous.
나는 ( ).

ⓐ 유명해 ⓑ 독특해

5.

I'm a ( ).
나는 가수입니다.

ⓐ singer ⓑ concert

6.

I'm wearing ( ) clothes.
나는 유행에 뒤떨어진 옷을 입고 있어.

ⓐ plain ⓑ old-fashioned

B. 우리말에 맞도록 주어진 알파벳으로 시작하는 단어를 써 보세요.

7. **무늬가 없는** 티셔츠   p_____ T-shirt

8. 내 컴퓨터는 **구식**이야.   My computer is o_____ o___ d____.

9. 그의 패션은 **독특해**.   His fashion is u_____.

10. 이 드레스는 **멋져**.   This dress is g_____.

11. 그는 **유명**해.   He is f_____.

12. 나는 이 책 **둘 다** 사고 싶어.   I want to buy b_____ books.

13. 이 그림은 그의 **독창성**을 보여준다.   This picture shows his o_____.

C. 다음 우리말을 보고 알맞은 영어 단어의 철자를 써 보세요.

14. 평범한 | o | | d | i | | | |

15. 최신의 | | | | t | | d | | e |

16. 새로운 | | e | |

17. 유행 | | r | e | |

18. 이끌다 | l | | | |

19. 보여주다 | | | | w |

20. 문화 | c | | l | t | | | |

다음 우리말 뜻에 맞는 단어를 괄호 안에서 고르세요.

1. 그는 나의 남자 조카다.   He is my (cousin / nephew).

2. 그녀는 나의 고모다.   She is my (aunt / uncle).

3. 나는 우유를 소화시키지 못해.   I can't (digest / stay) milk.

4. 나는 독감으로 누워 있어.   I'm in bed with (disease / flu).

5. 나는 가수입니다.   I'm a (doctor / singer).

6. 나는 매일 아침 잡지를 읽어.   I read the (magazine / media) every morning.

7. 나는 이런 화창한 날씨가 좋아!   I like this (sunny / cloudy) weather!

8. 그의 패션은 평범해.   His fashion is (ordinary / unique).

9. 난 새로운 유행을 이끌지.   I lead a (plain / new) trend.

아래 영어 단어의 우리말 뜻을 쓰세요.

10. niece _____
11. cousin _____
12. allergy _____
13. weather forecast _____
14. sunrise _____
15. lead _____

16. grandfather _____
17. see a doctor _____
18. daughter _____
19. chance _____
20. blow _____
21. trend _____

빈칸에 알맞은 단어를 찾아 줄로 연결하세요.

22. _____s gathered altogether. •
    친척들이 모두 모였어.

23. We will _____ this baby. •
    우리는 이 아기를 입양할 거야.

24. Take a _____. •
    좀 쉬도록 해.

25. I like a _____. •
    나는 만화를 좋아해.

26. The lightning usually _____ •
    with thunder.
    번개는 보통 천둥과 함께 친다.

27. This dress is _____. •
    이 드레스는 멋지다.

28. I hope to _____ well soon. •
    곧 병이 낫길 바래.

• cartoon

• adopt

• relative

• rest

• strikes

• get

• gorgeous

D. 다음 우리말을 보고 알맞은 영어 단어를 써 보세요.

29. 모이다   g_____   35. 가족   f_____

30. 재채기하다   s_____   36. 삼키다   s_____

31. 발표하다   a_____   37. 신문   n_____

32. 무늬가 없는   p_____   38. 습관   h_____

33. 유명한   f_____   39. 온도   t_____

34. 문화   c_____   40. 둘 다   b_____

교재에 사용된 이미지 출처 6학년

Day 03
https://pixabay.com/ko/BC-1645185/
http://www.publicdomainpictures.net/view-image.php?image=336&picture=cooling-towers
https://pixabay.com/ko/80-1330214/

Day 05
https://www.flickr.com/photos/hahatango/3173009076
https://pixabay.com/en/dog-cage-only-843801/
http://www.pixnio.com/sport/fishing-and-hunting/camouflaged-hunters-hunt-birds-at-night
https://pixabay.com/en/chicks-egg-hatched-eggshell-1280732/

Day 07
https://www.flickr.com/photos/14433900@N03/8317512110
https://commons.m.wikimedia.org/wiki/File:Astronauts_in_weightlessness.jpg
https://commons.m.wikimedia.org/wiki/File:Mars_Express_captures_Danielson_crater_(7347752534).jpg
http://www.publicdomainpictures.net/view-image.php?image=179875&picture=astronaut-in-space
https://pixabay.com/ko/98-224800/
https://www.pexels.com/photo/39550/
https://www.pexels.com/photo/2159/

Day 08
https://pixabay.com/en/pen-colorful-ballpoint-pen-tip-816178/
https://pixabay.com/ko/9C-1205171/
https://pixabay.com/ko/B8-1103715/
https://pixabay.com/en/writing-write-fountain-pen-ink-1209121/
https://www.pexels.com/photo/53874/
https://www.flickr.com/photos/jimmiehomeschoolmom/5988282787
https://pixabay.com/en/kids-girl-pencil-drawing-notebook-1093758/
https://pixabay.com/en/school-paper-binder-education-934051/
https://pixabay.com/ko/B4-990469/
https://pixabay.com/en/dates-notes-notepad-planning-date-1021055/

Day 10
https://pixabay.com/en/cocoon-butterfly-insect-animal-591556/
https://en.m.wikipedia.org/wiki/File:Praying_mantis_india.jpg
https://www.pexels.com/photo/67630/
https://commons.wikimedia.org/wiki/File:Water_strider_in_a_pond.jpg
https://pixabay.com/en/lizard-agame-reptile-amphibian-1522253/
https://www.flickr.com/photos/thespeakernews/15275793969
https://en.wikipedia.org/wiki/Earwig
https://pixabay.com/en/dovetail-butterfly-garden-insect-1548465/
https://www.flickr.com/photos/126953422@N04/23329655801

Day 12
https://www.pexels.com/photo/132700/
https://www.pexels.com/photo/52527/
https://pixabay.com/en/daughter-dreaming-girl-kid-child-838986/

Day 13
https://pixabay.com/en/barcode-bar-code-strip-code-code-3616/
https://commons.wikimedia.org/wiki/File:Shop_window_Pelikaanstraat_jewelry_store.jpg
https://www.flickr.com/photos/proflowers/16078013698
https://commons.wikimedia.org/wiki/File:Digi-keukenweegschaal1284.JPG
https://commons.wikimedia.org/wiki/File:Canal-Walk-Food-Court.jpg

Day 14
https://en.wikipedia.org/wiki/Shopping_mall
https://commons.wikimedia.org/wiki/File:Trafalgar_Square,_London_2_-_Jun_2009.jpg
https://www.pexels.com/photo/29915/

Day 16
https://pixabay.com/en/louvre-pyramid-paris-architecture-102840/

Day 18
https://pixabay.com/en/emotion-holidays-communication-1471512/

Day 19
https://pixabay.com/ko/81-1235006/
https://www.flickr.com/photos/asineok/8615149632
https://pixabay.com/ko/98-71282/
https://pixabay.com/ko/B8-946469/
https://pixabay.com/ko/A0-1659478/
https://commons.m.wikimedia.org/wiki/File:Anne_pontegnie_02.jpg
https://pixabay.com/ko/B0-885831/

Day 20
https://www.pexels.com/photo/8668/
https://pixabay.com/ko/B1-797837/
https://pixabay.com/en/child-flying-joy-outdoor-joyful-431439/
https://pixabay.com/ko/B4-987394/

Day 21
https://pixabay.com/ko/B8-1103715/
https://pixabay.com/ko/A4-1126140/
https://pixabay.com/ko/80-945427/
https://pixabay.com/ko/A1-476342/
https://pixabay.com/ko/B8-1263422/

Day 22
https://pixabay.com/en/cup-drink-tea-hot-beverage-166778/
https://pixabay.com/en/scrambled-eggs-breakfast-morning-1731023/
https://pixabay.com/en/abstract-angel-bass-beach-butter-1238248/
https://pixabay.com/ko/B0-1125420/

Day 23
https://pixabay.com/en/baby-boy-child-childhood-computer-84627/
https://pixabay.com/en/kitchen-cabinets-countertop-granite-670247/
https://pixabay.com/en/appliance-burn-burner-cook-cooker-2257/

Day 26
https://pixabay.com/ko/90-1064670/
https://www.flickr.com/photos/jenrobinson/15567113515
https://pixabay.com/ko/B0-791206/
https://pixabay.com/ko/95-286179/
https://pixabay.com/ko/84-1342348/

Day 27
https://pixabay.com/en/surgery-surgeons-operation-medical-857135/
https://pixabay.com/ko/B8-428392/
https://pixabay.com/ko/B4-257344/

Day 28
https://commons.m.wikimedia.org/wiki/File:News-media-standards.jpg
https://pixabay.com/en/magazines-read-magazine-newspaper-1172464/
https://commons.m.wikimedia.org/wiki/File:Gabriela_Naplatanova_taking_an_interview.jpg

Day 29
https://pixabay.com/en/polar-bear-bear-arctic-landscape-529659/
https://pixabay.com/ko/9C-943967/
https://pixabay.com/en/budapest-black-and-white-metro-646403/
https://pixabay.com/en/pool-thermometer-temperature-degrees-1605907/
http://www.publicdomainpictures.net/view-image.php?image=22348&picture=tropical-palm-tree
https://pixabay.com/en/maldives-beach-sea-turquoise-sky-1532020/
https://www.pexels.com/photo/25230/
https://commons.m.wikimedia.org/wiki/File:Monsoon_Lightning_Strike,_Table_Mesa.jpg

Day 30
https://pixabay.com/ko/B4-1143517/

초등교과서 영단어 2400

이미지로 학습하는 시각적 단어 암기장

초등 6학년

받 아 쓰 기
쪽 지 시 험
해 답

교육부 지정단어 + 5종 교과서 + 테마별 추가단어

MOTHERTONGUE
마더텅출판사
since1999.4.1.

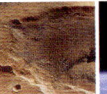

부록책 구성 및 활용법

1. 받아쓰기 (p.1)

① 먼저 본문 학습을 마무리합니다.
② 해당하는 DAY의 받아쓰기 원어민 음원 파일을 본문의 QR코드 또는 마더텅 홈페이지(**www.toptutor.co.kr**)에서 찾아서 재생합니다.
③ 원어민 선생님이 두 번씩 읽어주는 영단어를 잘 듣고 안내선에는 알맞은 철자를, 안내선 옆에 있는 빈칸에는 우리말 뜻을 적습니다.
④ 받아쓰기 해답은 부록책 맨 마지막 장에 있습니다.

2. 쪽지시험 (p.31)

① 본문과 받아쓰기까지 학습을 마무리합니다.
② 해당하는 DAY에 수록된 단어들만 따로 쪽지시험으로 확인 할 수 있습니다.
③ 학원에서 평가용으로 활용할 수 있고, 스스로 확인하는 용도로 활용할 수도 있습니다.

3. ACTIVITY 해답 (p.46)

마더텅 초등교과서 영단어 2400은 초등학생들도 한 눈에 알아보기 쉬운 형태의 해답지를 제공합니다.

마더텅 학습 교재 이벤트에 참여해 주세요. 참여해 주신 분께 선물을 드립니다.

이벤트 1 1분 간단 교재 사용 후기 이벤트

마더텅은 고객님의 소중한 의견을 반영하여 보다 좋은 책을 만들고자 합니다.
교재 구매 후, <교재 사용 후기 이벤트>에 참여해 주신 모든 분께는 감사의 마음을 담아
네이버페이 포인트 1천 원 을 보내 드립니다. 지금 바로 QR 코드를 스캔해 소중한 의견을 보내 주세요!

이벤트 2 마더텅 교재로 공부하는 인증샷 이벤트

필수 태그 #마더텅 #초등영어 #공스타그램
인스타그램에 <마더텅 교재로 공부하는 인증샷>을 올려 주시면 참여해 주신 모든 분께 감사의 마음을 담아
네이버페이 포인트 2천 원 을 보내 드립니다. 지금 바로 QR 코드를 스캔해 작성한 게시물의 URL을 입력해 주세요!

이벤트 3 Overall Test 이벤트

본 교재의 DAY 21~25 Overall Test 페이지를 오려서 마더텅으로 보내 주세요!
추첨을 통해 소정의 상품을 보내 드립니다.
참여 방법 DAY 21~25 Overall Test 문제 페이지(p.160~161) 풀이 및 채점 완료
          → 해당 페이지를 모두 오려서 마더텅에 발송(우편, 택배 등) → QR 코드를 스캔하고 발송 인증
주소 (08501) 서울특별시 금천구 가산산로 96, 대륭테크노타운 8차 708호, 마더텅 이벤트 담당자 앞 / 010-6640-1064

※ 이벤트 기간: 2025년 12월 31일까지 (*해당 이벤트는 당사 사정에 따라 조기 종료될 수 있습니다.)
※ 자세한 사항은 해당 QR 코드를 스캔하거나 홈페이지 이벤트 공지 글을 참고해 주세요.
※ 만 14세 미만은 부모님께서 신청해 주셔야 합니다.
※ 당사 사정에 따라 이벤트의 내용이나 상품이 변경될 수 있으며 변경 시 홈페이지에 공지합니다.
※ 상품은 이벤트 참여일로부터 2~3일(영업일 기준) 내에 발송됩니다. (단, 이벤트 3은 예외)
※ 동일 교재로 세 가지 이벤트 모두 참여 가능합니다. (단, 같은 이벤트 중복 참여는 불가합니다.)

NAME :　　　　　　　　DATE :　　　.　　　.　　　　SCORE :

1. take notes　필기하다　☐

2. ☐

3. ☐

4. ☐

5. ☐

6. ☐

7. ☐

8. ☐

9. ☐

10. ☐

11. ☐

12. ☐

13. ☐

14. ☐

15. ☐

16. ☐

17. ☐

18. ☐

19. ☐

20. ☐

NAME :   DATE :   .   .   SCORE :

1. danger   위험

2.

3.

4.

5.

6.

7.

8.

9.

10.

11.

12.

13.

14.

15.

16.

17.

18.

19.

20.

틀린 단어만 모아서 다시 공부해 보세요!!

초2400_6_d3

NAME :   DATE :   .   .   SCORE :

1. lack   부족하다

2.

3.

4.

5.

6.

7.

8.

9.

10.

11.

12.

13.

14.

15.

16.

17.

18.

19.

20.

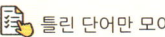

NAME :   DATE :   .   .   SCORE :

1. cherry blossom   [벚꽃]

2.

3.

4.

5.

6.

7.

8.

9.

10.

11.

12.

13.

14.

15.

16.

17.

18.

19.

20.

📋 틀린 단어만 모아서 다시 공부해 보세요!!

초2400_6_d5

NAME :　　　　　DATE :　　.　　.　　SCORE :

1. mouse

2.

3.

4.

5.

6.

7.

8.

9.

10.

11.

12.

13.

14.

15.

16.

17.

18.

19.

20.

 틀린 단어만 모아서 다시 공부해 보세요!!

NAME :   DATE :   .   .   SCORE :

1. one-way [일방통행의]

2.

3.

4.

5.

6.

7.

8.

9.

10.

11.

12.

13.

14.

15.

16.

17.

18.

19.

20.

📑 틀린 단어만 모아서 다시 공부해 보세요!!

초2400_6_d7

NAME :   DATE :   .   .   SCORE :

1. moon

2.

3.

4.

5.

6.

7.

8.

9.

10.

11.

12.

13.

14.

15.

16.

17.

18.

19.

20.

 틀린 단어만 모아서 다시 공부해 보세요!!

NAME :   DATE :   .   .   SCORE :

1. borrow   빌리다

2.

3.

4.

5.

6.

7.

8.

9.

10.

11.

12.

13.

14.

15.

16.

17.

18.

19.

20.

📋 틀린 단어만 모아서 다시 공부해 보세요!!

NAME :   DATE :   .   .   SCORE :

1. construction

2.

3.

4.

5.

6.

7.

8.

9.

10.

11.

12.

13.

14.

15.

16.

17.

18.

19.

20.

 틀린 단어만 모아서 다시 공부해 보세요!!

NAME :　　　　　　　　DATE :　　　.　　　.　　　SCORE :

1. spider 　　　　　　　| 거미 |

2. 　　　　　　　| |

3. 　　　　　　　| |

4. 　　　　　　　| |

5. 　　　　　　　| |

6. 　　　　　　　| |

7. 　　　　　　　| |

8. 　　　　　　　| |

9. 　　　　　　　| |

10. 　　　　　　　| |

11. 　　　　　　　| |

12. 　　　　　　　| |

13. 　　　　　　　| |

14. 　　　　　　　| |

15. 　　　　　　　| |

16. 　　　　　　　| |

17. 　　　　　　　| |

18. 　　　　　　　| |

19. 　　　　　　　| |

20. 　　　　　　　| |

🗒 틀린 단어만 모아서 다시 공부해 보세요!!

초2400_6_d11

NAME :   DATE :   .   .   SCORE :

1. assemble | 조립하다

2.

3.

4.

5.

6.

7.

8.

9.

10.

11.

12.

13.

14.

15.

16.

17.

18.

19.

20.

NAME :   DATE :   .   .   SCORE :

1. dream

2.

3.

4.

5.

6.

7.

8.

9.

10.

11.

12.

13.

14.

15.

16.

17.

18.

19.

20.

🔖 틀린 단어만 모아서 다시 공부해 보세요!!

NAME :　　　　　　DATE :　　.　　.　　SCORE :

1. brand

2.

3.

4.

5.

6.

7.

8.

9.

10.

11.

12.

13.

14.

15.

16.

17.

18.

19.

20.

 틀린 단어만 모아서 다시 공부해 보세요!!

NAME :   DATE :   .   .   SCORE :

1. residential 주택지의

2.

3.

4.

5.

6.

7.

8.

9.

10.

11.

12.

13.

14.

15.

16.

17.

18.

19.

20.

틀린 단어만 모아서 다시 공부해 보세요!!

초2400_6_d15

NAME :　　　　　DATE :　　　.　　　.　　　SCORE :

1. wedding 　결혼

2.

3.

4.

5.

6.

7.

8.

9.

10.

11.

12.

13.

14.

15.

16.

17.

18.

19.

20.

초2400_6_d16

NAME :

DATE : . .

SCORE :

1. green | 녹색

2. |

3. |

4. |

5. |

6. |

7. |

8. |

9. |

10. |

11. |

12. |

13. |

14. |

15. |

16. |

17. |

18. |

19. |

20. |

틀린 단어만 모아서 다시 공부해 보세요!!

DAY 17 영단어 받아쓰기

NAME :   DATE :   .   .   SCORE :

1. coach
2.
3.
4.
5.
6.
7.
8.
9.
10.

11.
12.
13.
14.
15.
16.
17.
18.
19.
20.

NAME :   DATE :   .   .   SCORE :

1. late | 늦은
2.
3.
4.
5.
6.
7.
8.
9.
10.

11.
12.
13.
14.
15.
16.
17.
18.
19.
20.

틀린 단어만 모아서 다시 공부해 보세요!!

초2400_6_d19

NAME :　　　　　DATE :　　.　　.　　SCORE :

1. illustration — 삽화

2.

3.

4.

5.

6.

7.

8.

9.

10.

11.

12.

13.

14.

15.

16.

17.

18.

19.

20.

초2400_6_d20

NAME :　　　　　　　　　DATE :　　　.　　　.　　　　　SCORE :

1. positive　공정적인

2.

3.

4.

5.

6.

7.

8.

9.

10.

11.

12.

13.

14.

15.

16.

17.

18.

19.

20.

틀린 단어만 모아서 다시 공부해 보세요!!

초2400_6_d21

NAME :   DATE :   .   .   SCORE :

1. question

2.

3.

4.

5.

6.

7.

8.

9.

10.

11.

12.

13.

14.

15.

16.

17.

18.

19.

20.

NAME :   DATE :   .   .   SCORE :

1. fresh   신선한

2.

3.

4.

5.

6.

7.

8.

9.

10.

11.

12.

13.

14.

15.

16.

17.

18.

19.

20.

틀린 단어만 모아서 다시 공부해 보세요!!

초2400_6_d23

NAME :　　　　　　　DATE :　　　.　　　.　　　　SCORE :

1. convenient [편리한]

2.

3.

4.

5.

6.

7.

8.

9.

10.

11.

12.

13.

14.

15.

16.

17.

18.

19.

20.

 틀린 단어만 모아서 다시 공부해 보세요!!

초2400_6_d24

NAME :　　　　　　DATE :　　.　　.　　SCORE :

1. forget 　　잊다

2.

3.

4.

5.

6.

7.

8.

9.

10.

11.

12.

13.

14.

15.

16.

17.

18.

19.

20.

틀린 단어만 모아서 다시 공부해 보세요!!

DAY 25 영단어 받아쓰기

NAME :   DATE :   .   .   SCORE :

1. landing
2.
3.
4.
5.
6.
7.
8.
9.
10.

11.
12.
13.
14.
15.
16.
17.
18.
19.
20.

 틀린 단어만 모아서 다시 공부해 보세요!!

초2400_6_d26

NAME :　　　　　　DATE :　　　.　　　.　　　SCORE :

1. niece　　　[여사 조카]

2.

3.

4.

5.

6.

7.

8.

9.

10.

11.

12.

13.

14.

15.

16.

17.

18.

19.

20.

틀린 단어만 모아서 다시 공부해 보세요!!

NAME :   DATE :   .   .   SCORE :

1. allergy   알레르기

2.

3.

4.

5.

6.

7.

8.

9.

10.

11.

12.

13.

14.

15.

16.

17.

18.

19.

20.

 틀린 단어만 모아서 다시 공부해 보세요!!

NAME :

DATE :   .   .

SCORE :

1. situation 상황

2.

3.

4.

5.

6.

7.

8.

9.

10.

11.

12.

13.

14.

15.

16.

17.

18.

19.

20.

틀린 단어만 모아서 다시 공부해 보세요!!

NAME :　　　　　　　　　DATE :　　　.　　　.　　　　　SCORE :

1. wind　　　　　　　　| 바람 |

2. 　　　　　　　　| |

3. 　　　　　　　　| |

4. 　　　　　　　　| |

5. 　　　　　　　　| |

6. 　　　　　　　　| |

7. 　　　　　　　　| |

8. 　　　　　　　　| |

9. 　　　　　　　　| |

10. 　　　　　　　　| |

11. 　　　　　　　　| |

12. 　　　　　　　　| |

13. 　　　　　　　　| |

14. 　　　　　　　　| |

15. 　　　　　　　　| |

16. 　　　　　　　　| |

17. 　　　　　　　　| |

18. 　　　　　　　　| |

19. 　　　　　　　　| |

20. 　　　　　　　　| |

 틀린 단어만 모아서 다시 공부해 보세요!!

초2400_6_d30

NAME :　　　　　　　　DATE :　　　.　　　.　　　　　SCORE :

1. popular culture 　대중 문화

2.

3.

4.

5.

6.

7.

8.

9.

10.

11.

12.

13.

14.

15.

16.

17.

18.

19.

20.

틀린 단어만 모아서 다시 공부해 보세요!!

DAY 01 영단어 쪽지시험

| DATE | | NAME | | SCORE | 점 |

1. discuss _____
2. vacation _____
3. exam _____
4. homework _____
5. write _____
6. pass _____
7. textbook _____
8. note _____
9. graduation _____
10. agree _____

11. 사전 _____
12. 학년 _____
13. 분필 _____
14. 학생 _____
15. 공부하다 _____
16. 필기하다 _____
17. 책가방 _____
18. 선생님 _____
19. 체육관 _____
20. (시험어) 떨어지다 _____

 # DAY 02 영단어 쪽지시험

| DATE | | NAME | | SCORE | 점 |

1. Keep off the grass. _____
2. caution _____
3. pet _____
4. no entry _____
5. wet floor _____
6. guideline _____
7. danger _____
8. careless _____
9. no photo _____
10. no parking _____

11. 주차하다 _____
12. 출구 _____
13. 팔다 _____
14. 조심하는 _____
15. 매진된 _____
16. 출입 _____
17. ~에 가까이 오지 못하게 하다 _____
18. 애완동물 출입 금지 _____
19. 표지판 _____
20. 우측통행 _____

DAY 03 영단어 쪽지시험

| DATE | | NAME | | SCORE | 점 |

1. smog _____
2. waste _____
3. greenhouse _____
4. resource _____
5. lack _____
6. pure _____
7. factory _____
8. widespread _____
9. fuel _____
10. acid _____

11. 절약하다 _____
12. 효과 _____
13. 정화하다 _____
14. 환경 _____
15. 남용 _____
16. 죽다 _____
17. 원자력의 _____
18. 천연의 _____
19. 물 _____
20. 가스 _____

 DAY 04 영단어 쪽지시험

| DATE | | NAME | | SCORE | 점 |

1. park _____
2. morning glory _____
3. log _____
4. bean _____
5. orchid _____
6. tree _____
7. forest _____
8. flower _____
9. cactus _____
10. grass _____

11. 식물 _____
12. 호두 _____
13. 나뭇잎 _____
14. 밤 _____
15. 나무껍질 _____
16. 나의 _____
17. 민들레 _____
18. 붓꽃 _____
19. 장소 _____
20. 벚꽃 _____

DAY 05 영단어 쪽지시험

DATE		NAME		SCORE	점

1. chick _____
2. monkey _____
3. human _____
4. panda _____
5. swim _____
6. acorn _____
7. predator _____
8. food chain _____
9. prey _____
10. horse _____

11. 사자 _____
12. 영장류 _____
13. 덫 _____
14. 모든 것 _____
15. 쥐 _____
16. 다람쥐 _____
17. 기린 _____
18. 개구리 _____
19. 우리 _____
20. 고기 _____

 # DAY 06 영단어 쪽지시험

DATE		NAME		SCORE	점

1. alright _____
2. pavement _____
3. vehicle _____
4. take off _____
5. brake _____
6. seat belt _____
7. dangerous _____
8. rush hour _____
9. public transport _____
10. railway _____

11. 오토바이 _____
12. 출발 _____
13. 터미널 _____
14. 사고 _____
15. 지하철 _____
16. 보행자 _____
17. 일방통행의 _____
18. 요금 _____
19. 걷다 _____
20. 도착 _____

DAY 07 영단어 쪽지시험

※ 문제당 5점입니다.

DATE		NAME		SCORE	점

1. spacecraft _____
2. end _____
3. star _____
4. gravity _____
5. Earth _____
6. planet _____
7. moon _____
8. rocket _____
9. astronaut _____
10. Sun _____

11. 하늘 _____
12. 화성 _____
13. ~주위에, 둘레에 _____
14. 발견하다 _____
15. 망원경 _____
16. 은하수 _____
17. 태양계 _____
18. 무게 _____
19. 우주 _____
20. 관찰하다 _____

 # DAY 08 영단어 쪽지시험

※ 문제당 5점입니다.

DATE		NAME		SCORE	점

1. stapler _____
2. envelope _____
3. bring _____
4. folder _____
5. bind _____
6. highlighter _____
7. pencil sharpener _____
8. ballpoint pen _____
9. binder _____
10. clipboard _____

11. 만년필 _____
12. 메모장 _____
13. 학용품 _____
14. 빌려주다 _____
15. 포스트잇 _____
16. 빌리다 _____
17. 달력 _____
18. 문구 _____
19. 물품 _____
20. 컴퍼스 _____

DAY 09 영단어 쪽지시험

DATE	NAME	SCORE	점

1. country _____
2. village _____
3. cemetery _____
4. metropolis _____
5. office _____
6. business _____
7. hometown _____
8. bank _____
9. company _____
10. central _____

11. 공사 _____
12. 탑 _____
13. 분수 _____
14. 중심(지) _____
15. 상점가 _____
16. 우체국 _____
17. (종합) 병원 _____
18. 공원 _____
19. 법원 _____
20. 도시 _____

 # DAY 10 영단어 쪽지시험

DATE	NAME	SCORE	점

1. water strider _____
2. lizard _____
3. bee _____
4. butterfly _____
5. poisonous _____
6. scorpion _____
7. strong _____
8. death _____
9. ladybug _____
10. honey _____

11. 벌레 _____
12. 메뚜기 _____
13. 성큼성큼 걷다 _____
14. 거미 _____
15. 파리/ 날다 _____
16. 독 _____
17. 개미 _____
18. 애벌레 _____
19. 똥 _____
20. 만들다 _____

DAY 11 영단어 쪽지시험

※ 문제당 5점입니다.

DATE	NAME	SCORE	점

1. sew	_____	11. 조립하다	_____
2. knitting	_____	12. 프라모델	_____
3. pot	_____	13. 축소된/ 축소모형	_____
4. bottle	_____	14. 꽃병	_____
5. collection	_____	15. 우표	_____
6. collect	_____	16. 수다	_____
7. drone	_____	17. 도보여행	_____
8. knit	_____	18. 피규어	_____
9. pottery	_____	19. 이야기하다	_____
10. sewing	_____	20. 동전	_____

 DAY 12 영단어 쪽지시험

※ 문제당 5점입니다.

DATE	NAME	SCORE	점

1. bodyguard	_____	11. 영화 감독	_____
2. pilot	_____	12. 소방관	_____
3. boss	_____	13. 연예인	_____
4. dentist	_____	14. 군인	_____
5. helicopter	_____	15. 기술자	_____
6. doctor	_____	16. 음악가	_____
7. pianist	_____	17. 변호사	_____
8. violinist	_____	18. 꿈	_____
9. designer	_____	19. 비서	_____
10. mechanic	_____	20. 비행기 승무원	_____

DAY 13 영단어 쪽지시험

※ 문제당 5점입니다.

DATE		NAME		SCORE	점

1. cashier _____
2. not _____
3. spend _____
4. sale _____
5. barcode _____
6. check _____
7. brand _____
8. customer _____
9. wrap _____
10. seller _____

11. 할인 _____
12. 저울 _____
13. 쿠폰 _____
14. 보석상 _____
15. 금전 등록기 _____
16. 판매 증인 _____
17. 가격표 _____
18. 옷 가게 _____
19. 푸드코트 _____
20. 부유한 _____

 # DAY 14 영단어 쪽지시험

※ 문제당 5점입니다.

DATE		NAME		SCORE	점

1. city hall _____
2. urban _____
3. near _____
4. cross _____
5. skyscraper _____
6. path _____
7. square _____
8. residential _____
9. live in _____
10. suburban _____

11. 교외 _____
12. 시골의 _____
13. 경기장 _____
14. 지역 _____
15. 다리 _____
16. 작은 _____
17. 공업의 _____
18. 종합쇼핑몰 _____
19. 오솔길 _____
20. 복합단지 _____

DAY 15 영단어 쪽지시험

| DATE | | NAME | | SCORE | 점 |

1. bride _____
2. lantern _____
3. trick _____
4. reception _____
5. make-up _____
6. parade _____
7. decorate _____
8. ghost _____
9. Halloween _____
10. festival _____

11. 신랑 _____
12. 대접하다 _____
13. 신혼여행 _____
14. 싫어하다 _____
15. ~을 들다 _____
16. 해골 _____
17. 마녀 _____
18. 결혼 _____
19. ~을 겁먹게 하다 _____
20. (무대나 파티에서 입는) 의상 _____

 DAY 16 영단어 쪽지시험

| DATE | | NAME | | SCORE | 점 |

1. colorful _____
2. circle _____
3. oval _____
4. square _____
5. green _____
6. dice _____
7. yellow _____
8. pyramid _____
9. cube _____
10. red _____

11. 직사각형 _____
12. 주황색 _____
13. 삼각형 _____
14. 분홍색 _____
15. 금색 _____
16. 은색 _____
17. 하트 모양의 _____
18. 마름모꼴 _____
19. 별 모양, 별 _____
20. X기호, +기호 _____

DAY 17 영단어 쪽지시험

※ 문제당 5점입니다.

DATE		NAME		SCORE	점

1. fair _____
2. arrow _____
3. court _____
4. soccer _____
5. run _____
6. play _____
7. coach _____
8. hit _____
9. gesture _____
10. match _____

11. 건네주다 _____
12. 벌칙 _____
13. 농구 _____
14. 테니스 _____
15. 연습하다 _____
16. 한가한 시간 _____
17. 이기다 _____
18. 야구 _____
19. (게임에서) 지다 _____
20. 활 _____

 # DAY 18 영단어 쪽지시험

※ 문제당 5점입니다.

DATE		NAME		SCORE	점

1. exercise _____
2. bad _____
3. immediately _____
4. long-term _____
5. short-term _____
6. instant _____
7. might _____
8. term _____
9. period _____
10. once _____

11. 규칙적인 _____
12. 중간의 _____
13. 최근의 _____
14. 지난, 마지막의 _____
15. 서두르다 _____
16. 불규칙적인 _____
17. 두 번 _____
18. 영원히 _____
19. 그리다 _____
20. 늦은 _____

DAY 19 영단어 쪽지시험

| DATE | NAME | SCORE | 점 |

1. imagine _____
2. critic _____
3. illustration _____
4. express _____
5. imagination _____
6. statue _____
7. impressive _____
8. gallery _____
9. paint _____
10. portrait _____

11. 재미있는 _____
12. 조각 _____
13. 예술 _____
14. 소설 _____
15. 감동적인 _____
16. 아름다움 _____
17. 이야기 _____
18. 표현 _____
19. (물감으로 그린) 그림 _____
20. 재능 _____

 # DAY 20 영단어 쪽지시험

| DATE | NAME | SCORE | 점 |

1. grateful _____
2. dependent _____
3. amazing _____
4. mood _____
5. shocking _____
6. confused _____
7. ashamed _____
8. positive _____
9. annoyed _____
10. sorrow _____

11. 정말 기분이 좋은 _____
12. 호의적인 _____
13. 욕심이 많은 _____
14. 자신감 있는 _____
15. 우울한 _____
16. 감정 _____
17. 부정적인 _____
18. 사랑 _____
19. 질투하는 _____
20. 즐거운 _____

DAY 21 영단어 쪽지시험

| DATE | NAME | SCORE | 점 |

1. calculation _____
2. formula _____
3. experiment _____
4. summarize _____
5. essay _____
6. question _____
7. memorize _____
8. solve _____
9. explanation _____
10. review _____

11. 강조하다 _____
12. 부정행위를 하다 _____
13. 들어올리다 _____
14. 수업 _____
15. 학교, 학술원 _____
16. 그래프 _____
17. 관찰 _____
18. 비판하다 _____
19. 어휘 _____
20. 발표 _____

 # DAY 22 영단어 쪽지시험

| DATE | NAME | SCORE | 점 |

1. vegetarian _____
2. noodle _____
3. knife _____
4. choose _____
5. basket _____
6. flavor _____
7. spinach _____
8. watermelon _____
9. just _____
10. fresh _____

11. 구이 요리, 구운 고기 _____
12. 식욕 _____
13. 영양 _____
14. 표, 상표 _____
15. 아무것도 _____
16. 맛있는 _____
17. 날것의 _____
18. 기름 _____
19. 식사 _____
20. 조리법 _____

DAY 23 영단어 쪽지시험

DATE		NAME		SCORE	점

1. vacuum cleaner _____
2. refrigerator _____
3. flashlight _____
4. battery _____
5. humidifier _____
6. appliance _____
7. microwave _____
8. electricity _____
9. stove _____
10. use _____

11. 전화하다 _____
12. 다리미 _____
13. 휴대폰 _____
14. 습한 _____
15. 식기세척기 _____
16. 편리한 _____
17. ~ 대신에 _____
18. 에어컨 _____
19. 유용한 _____
20. 전력 _____

 # DAY 24 영단어 쪽지시험

DATE		NAME		SCORE	점

1. easily _____
2. humble _____
3. strict _____
4. brave _____
5. liar _____
6. nervous _____
7. talkative _____
8. modest _____
9. curious _____
10. calm _____

11. 관대한 _____
12. can의 과거형 _____
13. 조심성 있는 _____
14. 어리석은 _____
15. 외향적인 _____
16. 버릇 없는, 무례한 _____
17. 참을성이 있는 _____
18. 잊다 _____
19. 부탁할 때 덧붙이는 말 _____
20. 부끄러움을 많이 타는 _____

DAY 25 영단어 쪽지시험

※ 문제당 5점입니다.

| DATE | NAME | SCORE | 점 |

1. luggage _____
2. reservation _____
3. resort _____
4. leave _____
5. flight attendant _____
6. depart _____
7. airline _____
8. landing _____
9. inn _____
10. mail _____

11. 도착하다 _____
12. 예약하다 _____
13. 세관 _____
14. 미리 _____
15. 도달하다 _____
16. 공항 _____
17. (짐을) 싸다 _____
18. 매다 _____
19. 보안 _____
20. 옮기다 _____

 # DAY 26 영단어 쪽지시험

※ 문제당 5점입니다.

| DATE | NAME | SCORE | 점 |

1. uncle _____
2. gather _____
3. cousin _____
4. relative _____
5. nephew _____
6. neighbor _____
7. family _____
8. father _____
9. aunt _____
10. parents _____

11. 여자 조카 _____
12. 딸 _____
13. 언니, 누나, 여동생 _____
14. 할머니 _____
15. 입양하다 _____
16. 형, 오빠, 남동생 _____
17. 어머니 _____
18. 아들 _____
19. 할아버지 _____
20. 친구 _____

DAY 27 영단어 쪽지시험

DATE		NAME		SCORE	점

1. get well _____
2. see a doctor _____
3. sick _____
4. fever _____
5. fat _____
6. allergy _____
7. cough _____
8. sneeze _____
9. pill _____
10. rest _____

11. 우유 _____
12. 소화시키다 _____
13. 질병 _____
14. 목 _____
15. 버릇, 습관 _____
16. 삼키다 _____
17. 감기에 걸리다 _____
18. 머무르다 _____
19. 독감 _____
20. 아픈 _____

DAY 28 영단어 쪽지시험

DATE		NAME		SCORE	점

1. announce _____
2. interviewer _____
3. sportscaster _____
4. breaking news _____
5. cartoon _____
6. newspaper _____
7. weather forecast _____
8. anchor _____
9. magazine _____
10. sitcom _____

11. 매체(medium의 복수형) _____
12. 주된 _____
13. 인터뷰 받는 사람 _____
14. 만화영화 _____
15. 재미있는, 익살스러운 _____
16. 가능성 _____
17. 인터뷰 _____
18. 주요 뉴스 _____
19. 희극 _____
20. 상황 _____

DAY 29 영단어 쪽지시험

※ 문제당 5점입니다.

| DATE | | NAME | | SCORE | | 점 |

1. lightning _____
2. wind _____
3. sunny _____
4. rainy _____
5. blow _____
6. windy _____
7. hot _____
8. sunset _____
9. foggy _____
10. cold _____

11. 날씨 _____
12. 건조한 _____
13. 온도 _____
14. 밤 _____
15. 치다, 때리다 _____
16. 흐린 _____
17. 낮 _____
18. 따뜻한 _____
19. 일출, 해돋이 _____
20. 부드럽게 _____

 DAY 30 영단어 쪽지시험

※ 문제당 5점입니다.

| DATE | | NAME | | SCORE | | 점 |

1. culture _____
2. unique _____
3. gorgeous _____
4. famous _____
5. new _____
6. individuality _____
7. out of fashion_____
8. old-fashioned_____
9. lead _____
10. show _____

11. 대중 문화 _____
12. 둘 다 _____
13. 유행 _____
14. 연주회, 콘서트 _____
15. 구식인 _____
16. 독창성 _____
17. 무늬가 없는 _____
18. 가수 _____
19. 최신의 _____
20. 평범한 _____

A. 다음 사진과 설명을 보고 연상되는 영어 단어나 우리말 뜻을 고르세요.

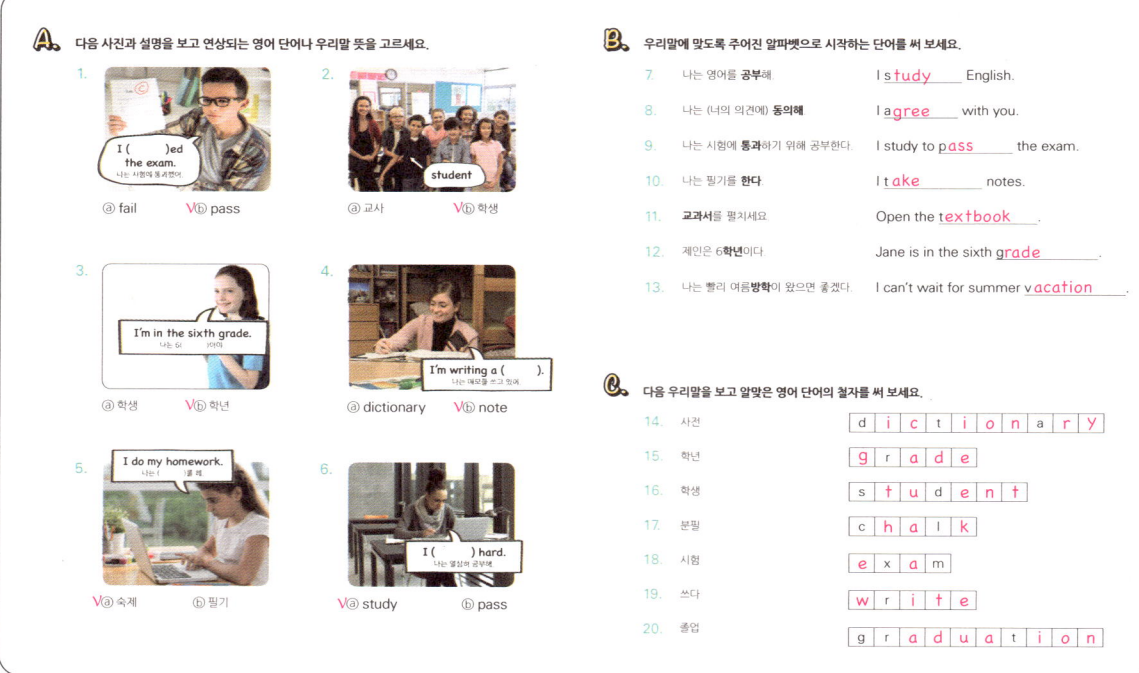

1. I ( )ed the exam. 나는 시험에 통과했어.
   ⓐ fail　✓ⓑ pass

2. student
   ⓐ 교사　✓ⓑ 학생

3. I'm in the sixth grade. 나는 6 이야
   ⓐ 학생　✓ⓑ 학년

4. I'm writing a ( ). 나는 메모를 쓰고 있어
   ⓐ dictionary　✓ⓑ note

5. I do my homework. 나는 ~ 을 해
   ✓ⓐ 숙제　ⓑ 필기

6. I ( ) hard. 나는 열심히 공부해.
   ✓ⓐ study　ⓑ pass

B. 우리말에 맞도록 주어진 알파벳으로 시작하는 단어를 써 보세요.

7. 나는 영어를 공부해　I study English.

8. 나는 (너의 의견에) 동의해　I agree with you.

9. 나는 시험에 통과하기 위해 공부한다.　I study to pass the exam.

10. 나는 필기를 한다.　I take notes.

11. 교과서를 펼치세요.　Open the textbook.

12. 제인은 6학년이다.　Jane is in the sixth grade.

13. 나는 빨리 여름방학이 왔으면 좋겠다.　I can't wait for summer vacation.

C. 다음 우리말을 보고 알맞은 영어 단어의 철자를 써 보세요.

14. 사전　d i c t i o n a r y
15. 학년　g r a d e
16. 학생　s t u d e n t
17. 분필　c h a l k
18. 시험　e x a m
19. 쓰다　w r i t e
20. 졸업　g r a d u a t i o n

A. 다음 사진과 설명을 보고 연상되는 영어 단어나 우리말 뜻을 고르세요.

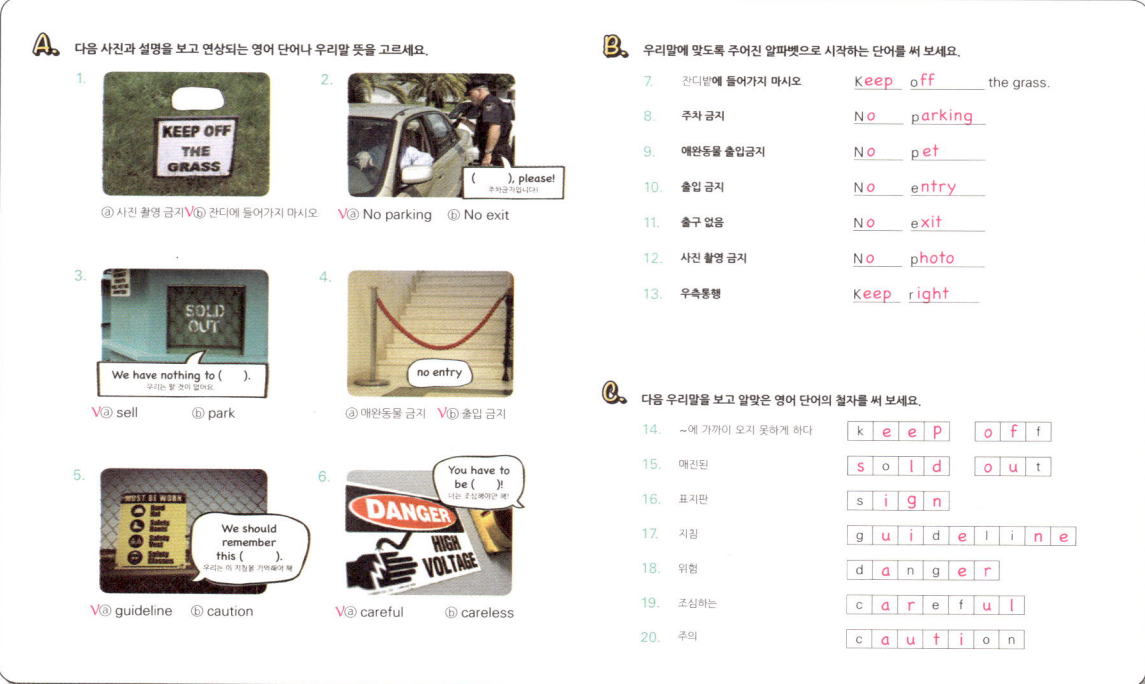

1. KEEP OFF THE GRASS
   ⓐ 사진 촬영 금지　✓ⓑ 잔디에 들어가지 마시오

2. ( ), please! 주차금지입니다!
   ✓ⓐ No parking　ⓑ No exit

3. SOLD OUT We have nothing to ( ). 우리는 팔 것이 없어요.
   ✓ⓐ sell　ⓑ park

4. no entry
   ⓐ 애완동물 금지　✓ⓑ 출입 금지

5. We should remember this ( ). 우리는 이 지침을 기억해야 해
   ✓ⓐ guideline　ⓑ caution

6. DANGER HIGH VOLTAGE You have to be ( )! 너는 조심해야만 해!
   ✓ⓐ careful　ⓑ careless

B. 우리말에 맞도록 주어진 알파벳으로 시작하는 단어를 써 보세요.

7. 잔디밭에 들어가지 마시오　Keep off the grass.
8. 주차 금지　No parking
9. 애완동물 출입금지　No pet
10. 출입 금지　No entry
11. 출구 없음　No exit
12. 사진 촬영 금지　No photo
13. 우측통행　Keep right

C. 다음 우리말을 보고 알맞은 영어 단어의 철자를 써 보세요.

14. ~에 가까이 오지 못하게 하다　k e e p o f f
15. 매진된　s o l d o u t
16. 표지판　s i g n
17. 지침　g u i d e l i n e
18. 위험　d a n g e r
19. 조심하는　c a r e f u l
20. 주의　c a u t i o n

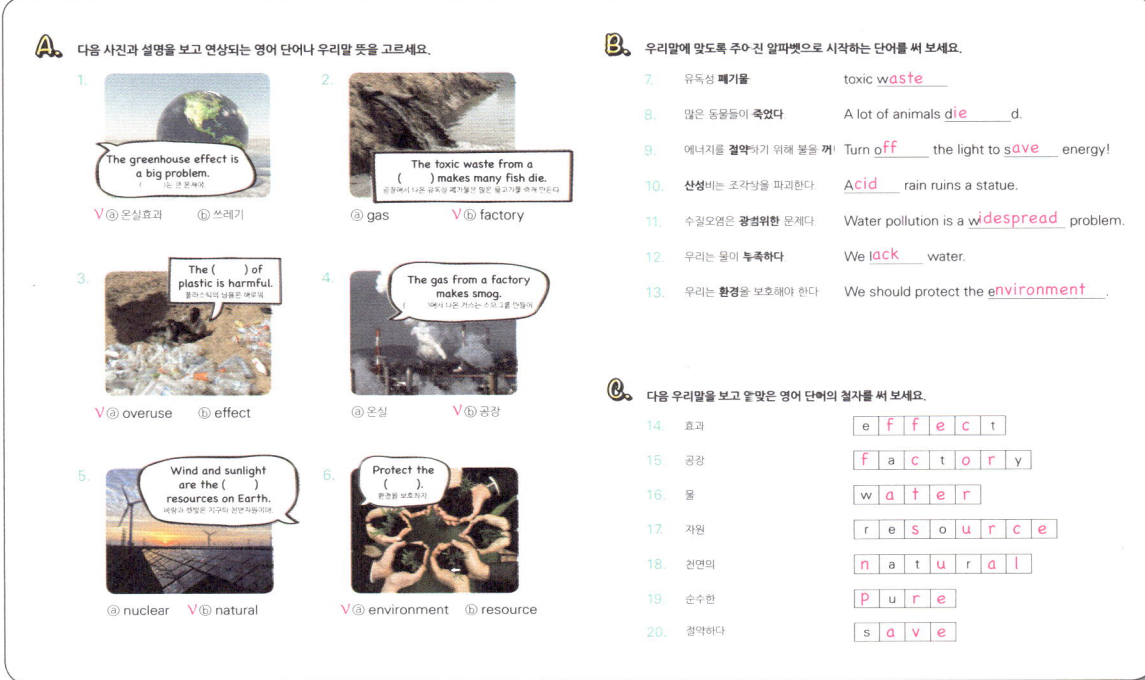

A. 다음 사진과 설명을 보고 연상되는 영어 단어나 우리말 뜻을 고르세요.

1. The greenhouse effect is a big problem.
   V ⓐ 온실효과   ⓑ 쓰레기

2. The toxic waste from a ( ) makes many fish die.
   ⓐ gas   V ⓑ factory

3. The ( ) of plastic is harmful.
   V ⓐ overuse   ⓑ effect

4. The gas from a factory makes smog.
   ⓐ 온실   V ⓑ 공장

5. Wind and sunlight are the ( ) resources on Earth.
   ⓐ nuclear   V ⓑ natural

6. Protect the ( ).
   V ⓐ environment   ⓑ resource

B. 우리말에 맞도록 주어진 알파벳으로 시작하는 단어를 써 보세요.

7. 유독성 폐기물   toxic waste
8. 많은 동물들이 죽었다   A lot of animals died.
9. 에너지를 절약하기 위해 불을 꺼!   Turn off the light to save energy!
10. 산성비는 조각상을 파괴한다.   Acid rain ruins a statue.
11. 수질오염은 광범위한 문제이다.   Water pollution is a widespread problem.
12. 우리는 물이 부족하다   We lack water.
13. 우리는 환경을 보호해야 한다   We should protect the environment.

C. 다음 우리말을 보고 알맞은 영어 단어의 철자를 써 보세요.

14. 효과   e f f e c t
15. 공장   f a c t o r y
16. 물   w a t e r
17. 자원   r e s o u r c e
18. 천연의   n a t u r a l
19. 순수한   P u r e
20. 절약하다   s a v e

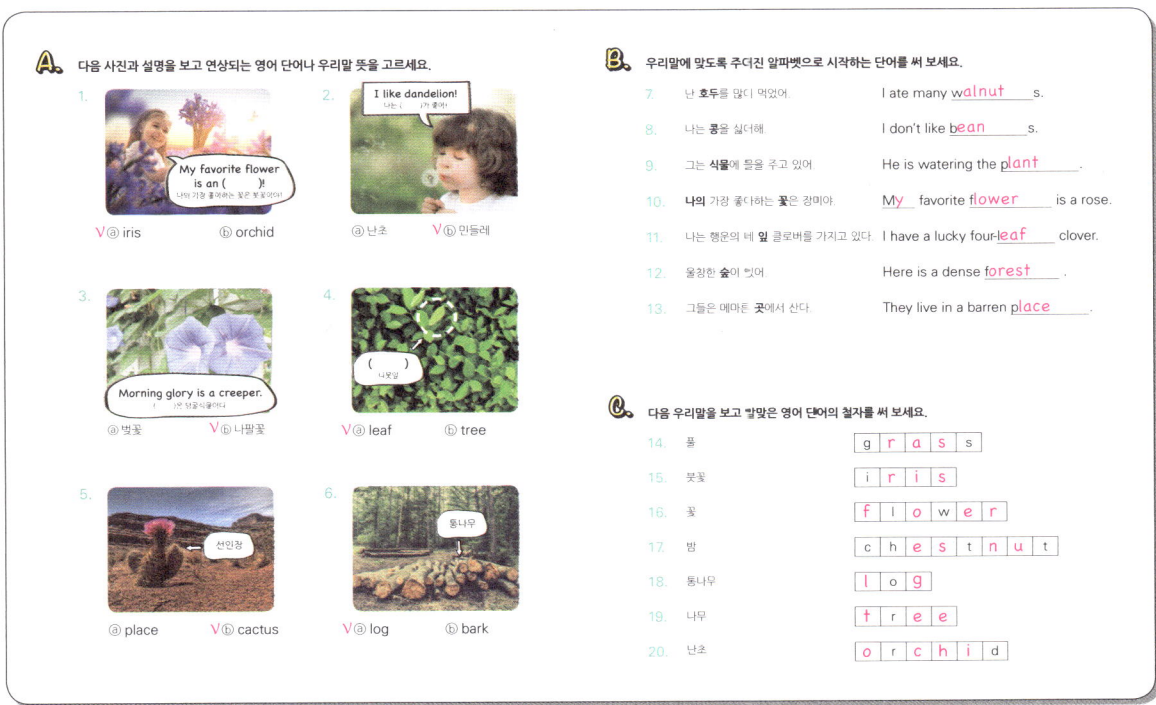

A. 다음 사진과 설명을 보고 연상되는 영어 단어나 우리말 뜻을 고르세요.

1. My favorite flower is an ( )!
   V ⓐ iris   ⓑ orchid

2. I like dandelion!
   ⓐ 난초   V ⓑ 만들레

3. Morning glory is a creeper.
   ⓐ 벚꽃   V ⓑ 나팔꽃

4. ( )
   V ⓐ leaf   ⓑ tree

5. 선인장
   ⓐ place   V ⓑ cactus

6. 통나무
   V ⓐ log   ⓑ bark

B. 우리말에 맞도록 주더진 알파벳으로 시작하는 단어를 써 보세요.

7. 난 호두를 많이 먹었어   I ate many walnuts.
8. 나는 콩을 싫어해.   I don't like beans.
9. 그는 식물에 물을 주고 있어.   He is watering the plant.
10. 나의 가장 좋다하는 꽃은 장미야.   My favorite flower is a rose.
11. 나는 행운의 네 잎 클로버를 가지고 있다.   I have a lucky four-leaf clover.
12. 울창한 숲이 있어.   Here is a dense forest.
13. 그들은 메마른 곳에서 산다.   They live in a barren place.

C. 다음 우리말을 보고 알맞은 영어 단어의 철자를 써 보세요.

14. 풀   g r a s s
15. 붓꽃   i r i s
16. 꽃   f l o w e r
17. 밤   c h e s t n u t
18. 통나무   l o g
19. 나무   t r e e
20. 난초   o r c h i d

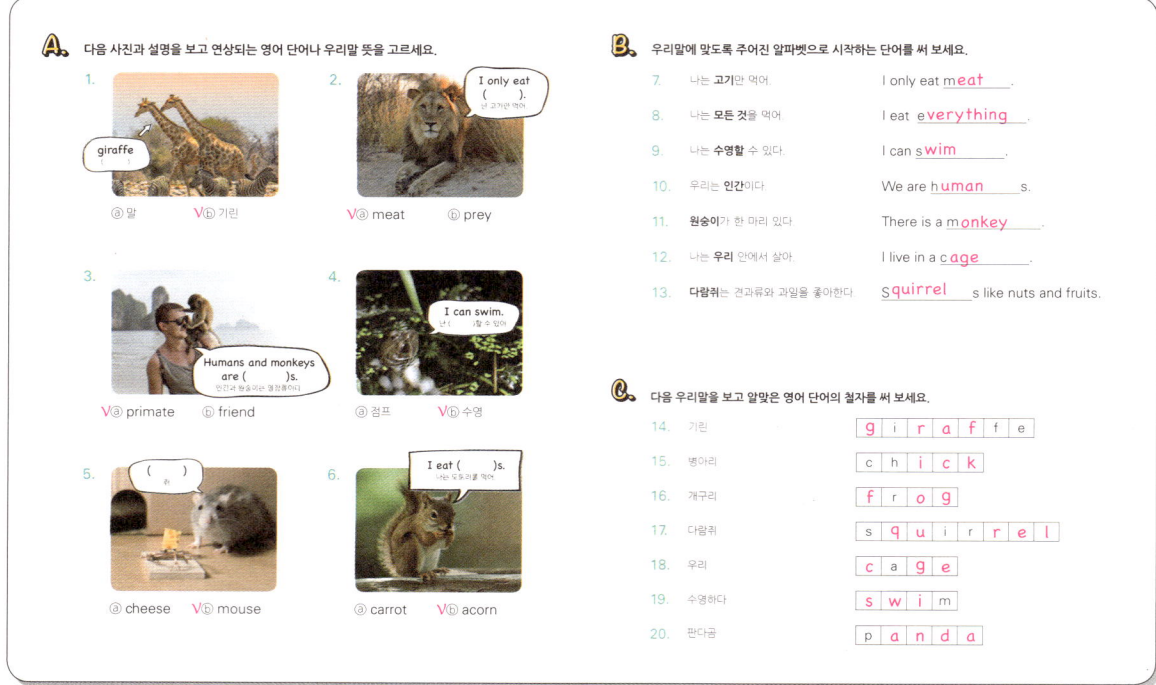

A. 다음 사진과 설명을 보고 연상되는 영어 단어나 우리말 뜻을 고르세요.

1. giraffe
   @ 말   ✓ⓑ 기린

2. I only eat ( ). 난 고기만 먹어.
   ✓@ meat   ⓑ prey

3. Humans and monkeys are ( )s. 인간과 원숭이는 영장류이다.
   ✓@ primate   ⓑ friend

4. I can swim. 난 ( )할 수 있어.
   @ 점프   ✓ⓑ 수영

5. ( )
   @ cheese   ✓ⓑ mouse

6. I eat ( )s. 난 도토리를 먹어.
   @ carrot   ✓ⓑ acorn

B. 우리말에 맞도록 주어진 알파벳으로 시작하는 단어를 써 보세요.

7. 나는 **고기**만 먹어.   I only eat m**eat** .
8. 나는 **모든 것**을 먹어.   I eat e**verything** .
9. 나는 **수영**할 수 있다.   I can s**wim** .
10. 우리는 **인간**이다.   We are h**uman** s.
11. **원숭이**가 한 마리 있다.   There is a m**onkey** .
12. 나는 **우리** 안에서 살아.   I live in a c**age** .
13. **다람쥐**는 견과류와 과일을 좋아한다.   S**quirrel** s like nuts and fruits.

C. 다음 우리말을 보고 알맞은 영어 단어의 철자를 써 보세요.

14. 기린   g i r a f f e
15. 병아리   c h i c k
16. 개구리   f r o g
17. 다람쥐   s q u i r r e l
18. 우리   c a g e
19. 수영하다   s w i m
20. 판다곰   p a n d a

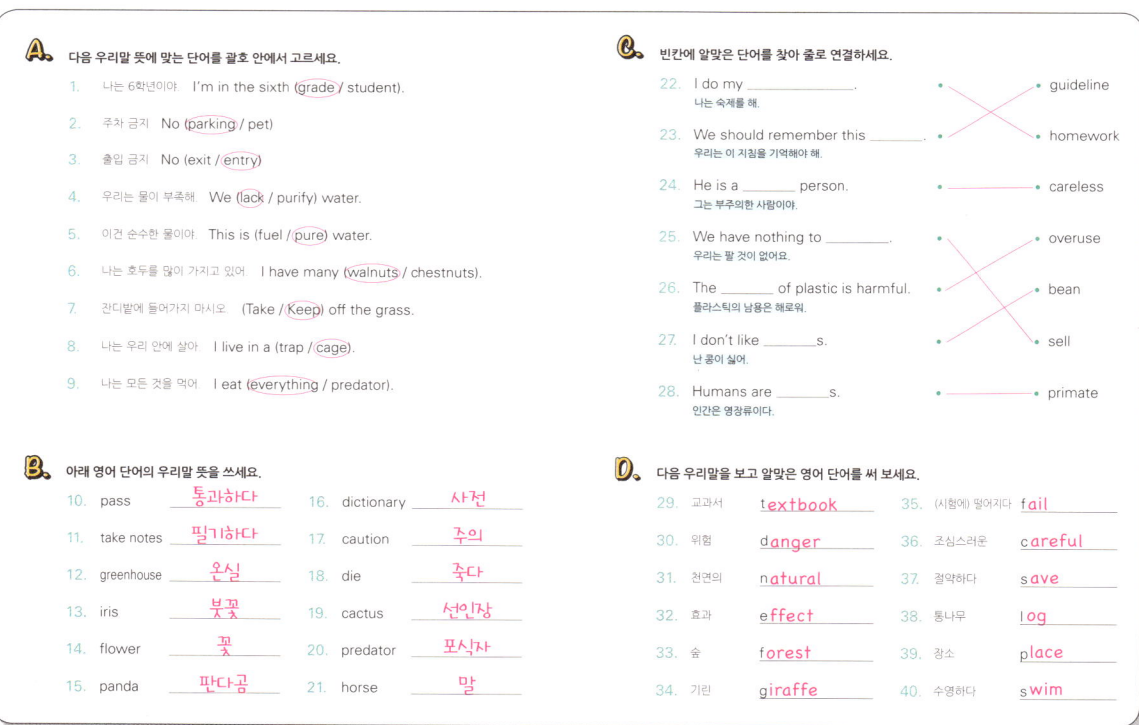

A. 다음 우리말 뜻에 맞는 단어를 괄호 안에서 고르세요.

1. 나는 6학년이야   I'm in the sixth (grade / student).
2. 주차 금지   No (parking / pet)
3. 출입 금지   No (exit / entry)
4. 우리는 물이 부족해.   We (lack / purify) water.
5. 이건 순수한 물이야   This is (fuel / pure) water.
6. 나는 호두를 많이 가지고 있어   I have many (walnuts / chestnuts).
7. 잔디밭에 들어가지 마시오   (Take / Keep) off the grass.
8. 나는 우리 안에 살아   I live in a (trap / cage).
9. 나는 모든 것을 먹어   I eat (everything / predator).

B. 아래 영어 단어의 우리말 뜻을 쓰세요.

10. pass   통과하다
11. take notes   필기하다
12. greenhouse   온실
13. iris   붓꽃
14. flower   꽃
15. panda   판다곰
16. dictionary   사전
17. caution   주의
18. die   죽다
19. cactus   선인장
20. predator   포식자
21. horse   말

C. 빈칸에 알맞은 단어를 찾아 줄로 연결하세요.

22. I do my _____. 나는 숙제를 해. — homework
23. We should remember this _____. 우리는 이 지침을 기억해야 해. — guideline
24. He is a _____ person. 그는 부주의한 사람이야. — careless
25. We have nothing to _____. 우리는 팔 것이 없어요. — sell
26. The _____ of plastic is harmful. 플라스틱의 남용은 해로워. — overuse
27. I don't like _____s. 난 콩이 싫어. — bean
28. Humans are _____s. 인간은 영장류이다. — primate

D. 다음 우리말을 보고 알맞은 영어 단어를 써 보세요.

29. 교과서   t**extbook**
30. 위험   d**anger**
31. 천연의   n**atural**
32. 효과   e**ffect**
33. 숲   f**orest**
34. 기린   g**iraffe**
35. (시험에) 떨어지다   f**ail**
36. 조심스러운   c**areful**
37. 절약하다   s**ave**
38. 통나무   l**og**
39. 장소   p**lace**
40. 수영하다   s**wim**

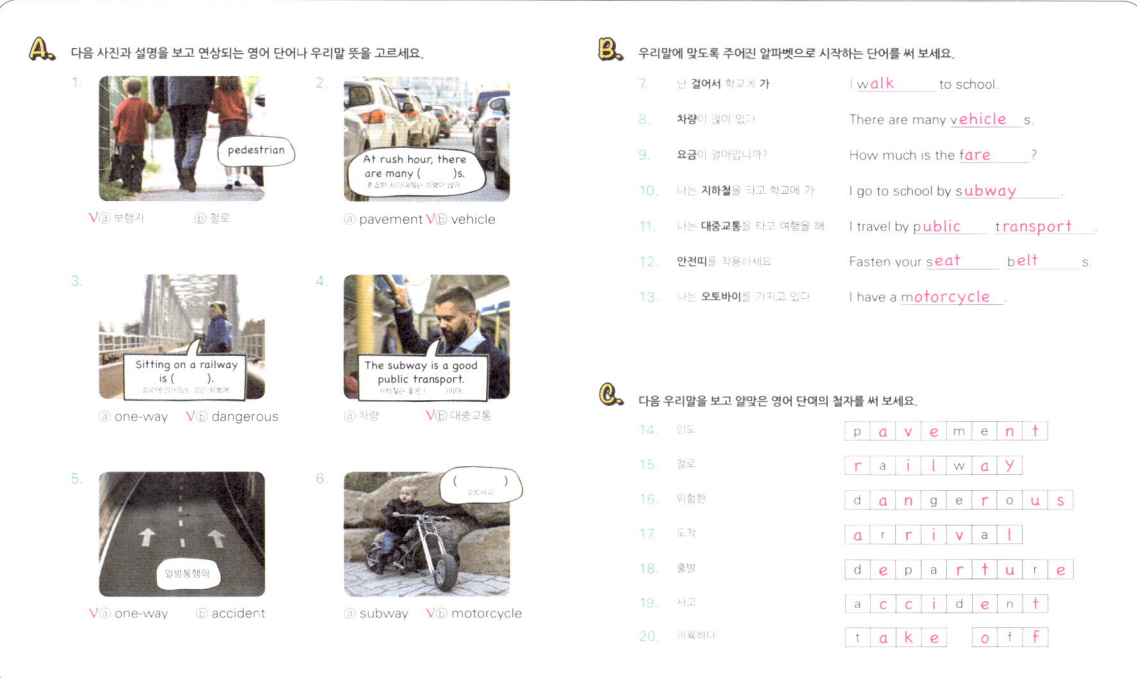

A. 다음 사진과 설명을 보고 연상되는 영어 단어나 우리말 뜻을 고르세요.

1. pedestrian
   ⓥⓐ 보행자   ⓑ 철로

2. At rush hour, there are many ( )s.
   ⓐ pavement   ⓥⓑ vehicle

3. Sitting on a railway is ( ).
   ⓐ one-way   ⓥⓑ dangerous

4. The subway is a good public transport.
   ⓐ 차량   ⓥⓑ 대중교통

5. ⓥⓐ one-way   ⓑ accident

6. ( ) 로드바이크
   ⓐ subway   ⓥⓑ motorcycle

B. 우리말에 맞도록 주어진 알파벳으로 시작하는 단어를 써 보세요.

7. 난 걸어서 학교에 가   I w a l k to school.
8. 차량이 많이 있다   There are many v e h i c l e s.
9. 요금이 얼마입니까?   How much is the f a r e ?
10. 나는 지하철을 타고 학교에 가   I go to school by s u b w a y .
11. 나는 대중교통을 타고 여행을 해   I travel by p u b l i c transport .
12. 안전띠를 착용하세요   Fasten your s e a t belt s.
13. 나는 오토바이를 가지고 있다   I have a m o t o r c y c l e .

C. 다음 우리말을 보고 알맞은 영어 단어의 철자를 써 보세요.

14. 인도   p a v e m e n t
15. 철로   r a i l w a y
16. 위험한   d a n g e r o u s
17. 도착   a r r i v a l
18. 출발   d e p a r t u r e
19. 사고   a c c i d e n t
20. 이륙하다   t a k e o f f

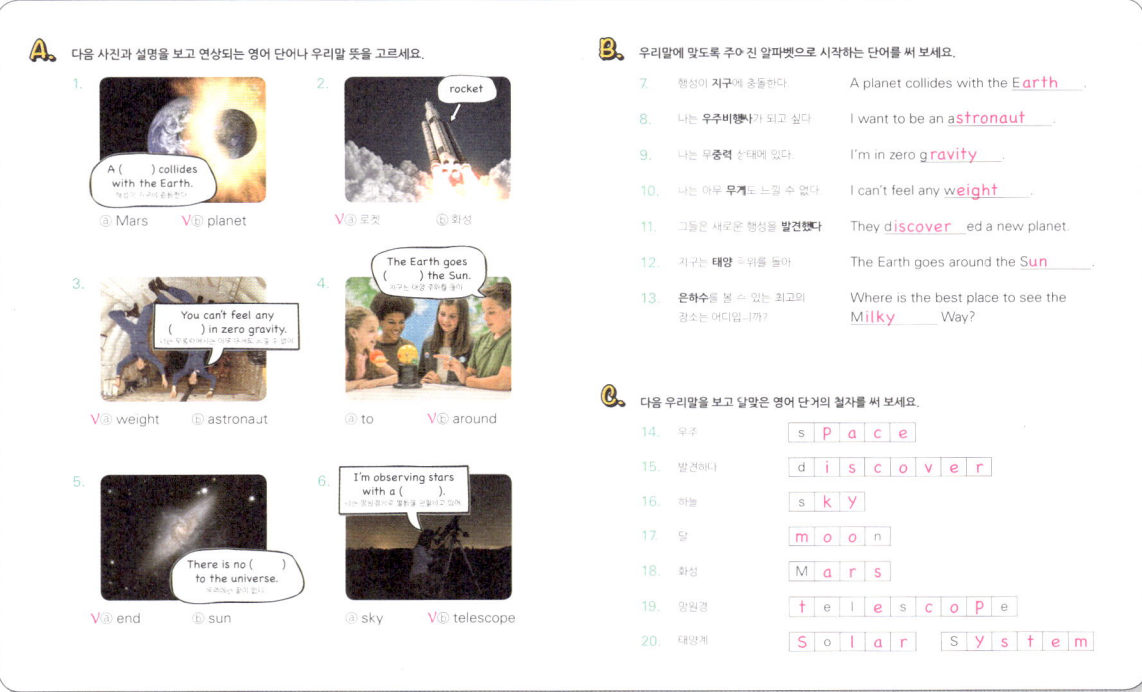

A. 다음 사진과 설명을 보고 연상되는 영어 단어나 우리말 뜻을 고르세요.

1. A ( ) collides with the Earth.
   ⓐ Mars   ⓥⓑ planet

2. rocket
   ⓥⓐ 로켓   ⓑ 화성

3. You can't feel any ( ) in zero gravity.
   ⓥⓐ weight   ⓑ astronaut

4. The Earth goes ( ) the Sun.
   ⓐ to   ⓥⓑ around

5. There is no ( ) to the universe.
   ⓥⓐ end   ⓑ sun

6. I'm observing stars with a ( ).
   ⓐ sky   ⓥⓑ telescope

B. 우리말에 맞도록 주어진 알파벳으로 시작하는 단어를 써 보세요.

7. 행성이 지구에 충돌한다   A planet collides with the E a r t h .
8. 나는 우주비행사가 되고 싶다   I want to be an a s t r o n a u t .
9. 나는 무중력 상태에 있다.   I'm in zero g r a v i t y .
10. 나는 아무 무게도 느낄 수 없다.   I can't feel any w e i g h t .
11. 그들은 새로운 행성을 발견했다   They d i s c o v e r ed a new planet.
12. 지구는 태양 주위를 돌아   The Earth goes around the S u n .
13. 은하수를 볼 수 있는 최고의 장소는 어디입니까?   Where is the best place to see the M i l k y Way?

C. 다음 우리말을 보고 알맞은 영어 단어의 철자를 써 보세요.

14. 우주   s p a c e
15. 발견하다   d i s c o v e r
16. 하늘   s k y
17. 달   m o o n
18. 화성   M a r s
19. 망원경   t e l e s c o p e
20. 태양계   S o l a r S y s t e m

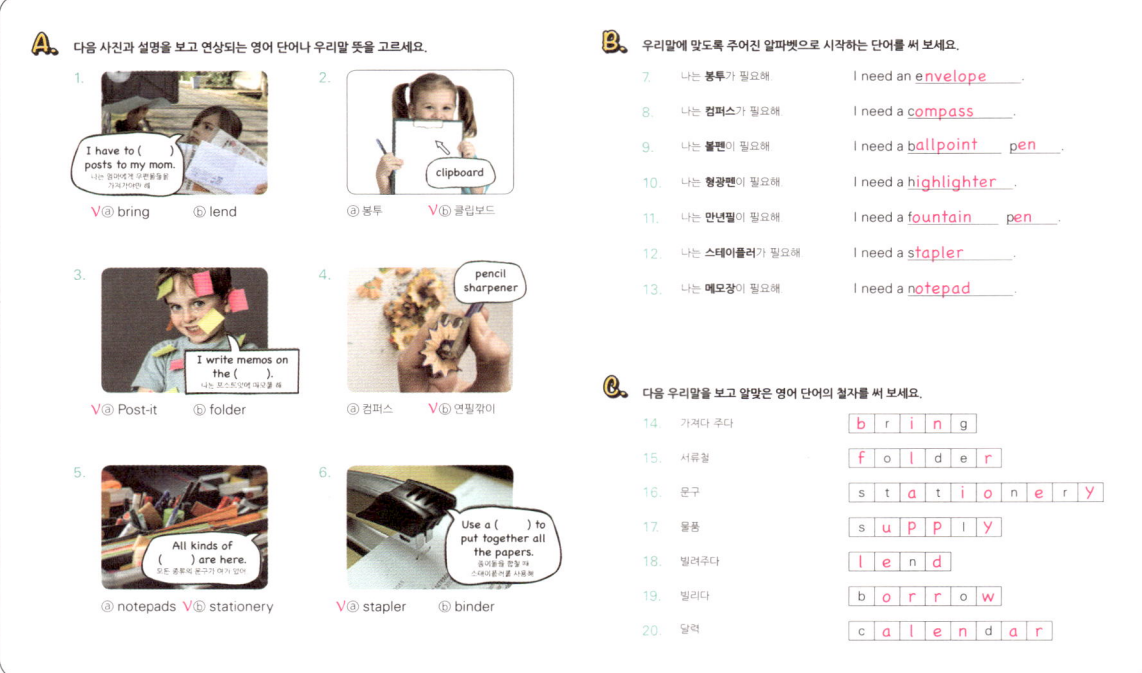

A. 다음 사진과 설명을 보고 연상되는 영어 단어나 우리말 뜻을 고르세요.

1. I have to ( ) posts to my mom.
   나는 엄마에게 쪽지들을 가져가야만 해
   V ⓐ bring   ⓑ lend

2. clipboard
   ⓐ 봉투   V ⓑ 클립보드

3. I write memos on the ( ).
   나는 포스트잇에 메모를 해
   V ⓐ Post-it   ⓑ folder

4. pencil sharpener
   ⓐ 컴퍼스   V ⓑ 연필깎이

5. All kinds of ( ) are here.
   모든 종류의 문구가 여기 있어
   ⓐ notepads   V ⓑ stationery

6. Use a ( ) to put together all the papers.
   종이들을 합칠 때 스테이플러를 사용해
   V ⓐ stapler   ⓑ binder

B. 우리말에 맞도록 주어진 알파벳으로 시작하는 단어를 써 보세요.

7. 나는 **봉투**가 필요해.   I need an e<u>nvelope</u>.
8. 나는 **컴퍼스**가 필요해   I need a <u>compass</u>.
9. 나는 **볼펜**이 필요해   I need a <u>ballpoint</u> pen.
10. 나는 **형광펜**이 필요해   I need a <u>highlighter</u>.
11. 나는 **만년필**이 필요해   I need a <u>fountain</u> pen.
12. 나는 **스테이플러**가 필요해   I need a <u>stapler</u>.
13. 나는 **메모장**이 필요해   I need a <u>notepad</u>.

C. 다음 우리말을 보고 알맞은 영어 단어의 철자를 써 보세요.

14. 가져다 주다 | b | r | i | n | g |
15. 서류철 | f | o | l | d | e | r |
16. 문구 | s | t | a | t | i | o | n | e | r | y |
17. 물품 | s | u | p | p | l | y |
18. 빌려주다 | l | e | n | d |
19. 빌리다 | b | o | r | r | o | w |
20. 달력 | c | a | l | e | n | d | a | r |

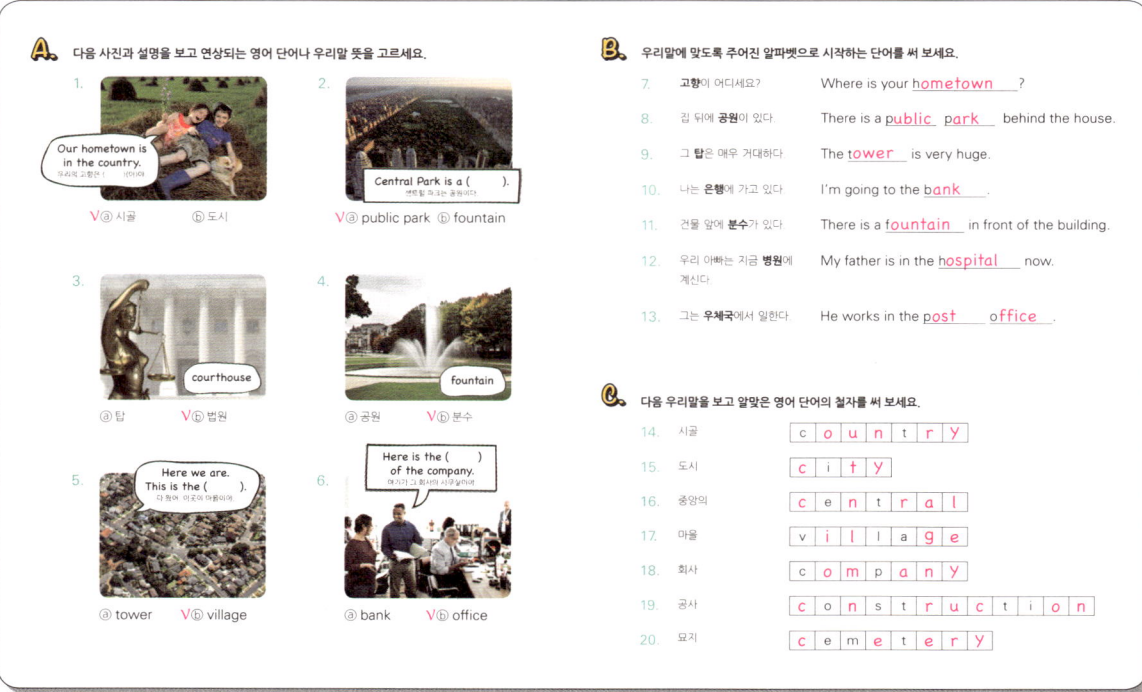

A. 다음 사진과 설명을 보고 연상되는 영어 단어나 우리말 뜻을 고르세요.

1. Our hometown is in the country.
   우리의 고향은 시골이야
   V ⓐ 시골   ⓑ 도시

2. Central Park is a ( ).
   센트럴 파크는 공원이야
   V ⓐ public park   ⓑ fountain

3. courthouse
   ⓐ 탑   V ⓑ 법원

4. fountain
   ⓐ 공원   V ⓑ 분수

5. Here we are. This is the ( ).
   다 왔어 이곳이 마을이야
   ⓐ tower   V ⓑ village

6. Here is the ( ) of the company.
   여기가 그 회사의 사무실이야
   ⓐ bank   V ⓑ office

B. 우리말에 맞도록 주어진 알파벳으로 시작하는 단어를 써 보세요.

7. **고향**이 어디세요?   Where is your <u>hometown</u>?
8. 집 뒤에 **공원**이 있다   There is a <u>public</u> park behind the house.
9. 그 **탑**은 매우 거대하다   The <u>tower</u> is very huge.
10. 나는 **은행**에 가고 있다   I'm going to the <u>bank</u>.
11. 건물 앞에 **분수**가 있다   There is a <u>fountain</u> in front of the building.
12. 우리 아빠는 지금 **병원**에 계신다   My father is in the <u>hospital</u> now.
13. 그는 **우체국**에서 일한다   He works in the <u>post</u> <u>office</u>.

C. 다음 우리말을 보고 알맞은 영어 단어의 철자를 써 보세요.

14. 시골 | c | o | u | n | t | r | y |
15. 도시 | c | i | t | y |
16. 중앙의 | c | e | n | t | r | a | l |
17. 마을 | v | i | l | l | a | g | e |
18. 회사 | c | o | m | p | a | n | y |
19. 공사 | c | o | n | s | t | r | u | c | t | i | o | n |
20. 묘지 | c | e | m | e | t | e | r | y |

A. 다음 사진과 설명을 보고 연상되는 영어 단어나 우리말 뜻을 고르세요.

1.
This caterpillar will be a butterfly.
애벌레 난 나비가 될 거야
✓ⓐ 애벌레 　ⓑ 무당벌레

2.
메뚜기
✓ⓐ grasshopper　ⓑ ant

3.
I'm ( ).
나는 힘이 세
ⓐ poisonous　✓ⓑ strong

4.
I'm a lizard.
난 나 도마뱀
ⓐ 전갈　✓ⓑ 도마뱀

5.
I can ( ) on the water.
나는 물 위를 성큼성큼 걸을 수 있어
✓ⓐ stride　ⓑ swim

6.
We ( ) honey.
우리는 꿀을 만들어
ⓐ eat　✓ⓑ make

B. 우리말에 맞도록 주어진 알파벳으로 시작하는 단어를 써 보세요.

7. 무당벌레는 날 수 있어　The **l**adybug can fly.

8. 그건 메뚜기야　It is a **g**rasshopper.

9. 벽에 도마뱀이 있어　There is a **l**izard on the wall.

10. 몇몇 전갈은 독이 있어　Some **s**corpions are poisonous.

11. 나는 똥을 좋아해　I like **p**oop.

12. 개미들은 부지런해　**A**nts are diligent.

13. 이 애벌레는 나비가 될 거야　This **c**aterpillar will be a butterfly.

C. 다음 우리말을 보고 알맞은 영어 단어의 철자를 써 보세요.

14. 파리/ 날다　f l y
15. 도마뱀　l i z a r d
16. 전갈　s c o r p i o n
17. 벌레　b u g
18. 거미　s p i d e r
19. 죽음　d e a t h
20. 힘이 센　s t r o n g

A. 다음 우리말 뜻에 맞는 단어를 괄호 안에서 고르세요.

1. 차량이 많이 있다　There are many (public transports / (vehicles)).
2. 나는 브레이크를 밟았다　I stepped on the ((brake) / seat belt).
3. 나는 중력이 없는 상태에 있다　I'm in zero ((gravity) / weight).
4. 나는 별들을 관찰한다　I (discover / (observe)) the stars.
5. 네게 펜을 빌려줄게　I'll (borrow / (lend)) you a pen.
6. 내게 신문을 가져다줄래?　Could you ((bring) / borrow) me the newspaper?
7. 고향이 어디세요?　Where is your (courthouse / (hometown))?
8. 우리는 묘지를 방문했다　We visited the (company / (cemetery)).
9. 우체국이 어디 있나요?　Where is the ((post office) / bank)?

B. 아래 영어 단어의 우리말 뜻을 쓰세요.

10. accident　사고
11. city　도시
12. moon　달
13. borrow　빌리다
14. bank　은행
15. ladybug　무당벌레
16. arrival　도착
17. astronaut　우주비행사
18. envelope　봉투
19. hospital　병원
20. office　사무실
21. make　만들다

C. 빈칸에 알맞은 단어를 찾아 줄로 연결하세요.

22. How much is the _____? 요금이 얼마입니까? — fare
23. A planet collides with the _____. 행성이 지구에 충돌한다. — Earth
24. I borrowed a _____. 나는 망원경을 빌렸어. — telescope
25. I need a _____. 나는 달력이 필요해. — calendar
26. There is a _____. 분수가 있다. — fountain
27. I don't like _____s. 나는 거미를 좋아하지 않아. — spider
28. It's a _____. 그것은 도마뱀이야. — lizard

D. 다음 우리말을 보고 알맞은 영어 단어를 써 보세요.

29. 위험한　**d**angerous
30. ~ 주위에　**a**round
31. 끝　**e**nd
32. 문구　**s**tationery
33. 우주　**s**pace
34. 힘이 센　**s**trong
35. 이륙하다　take off
36. 발견하다　discover
37. 묶다　bind
38. 시골　country
39. 마을　village
40. 파리, 날다　fly

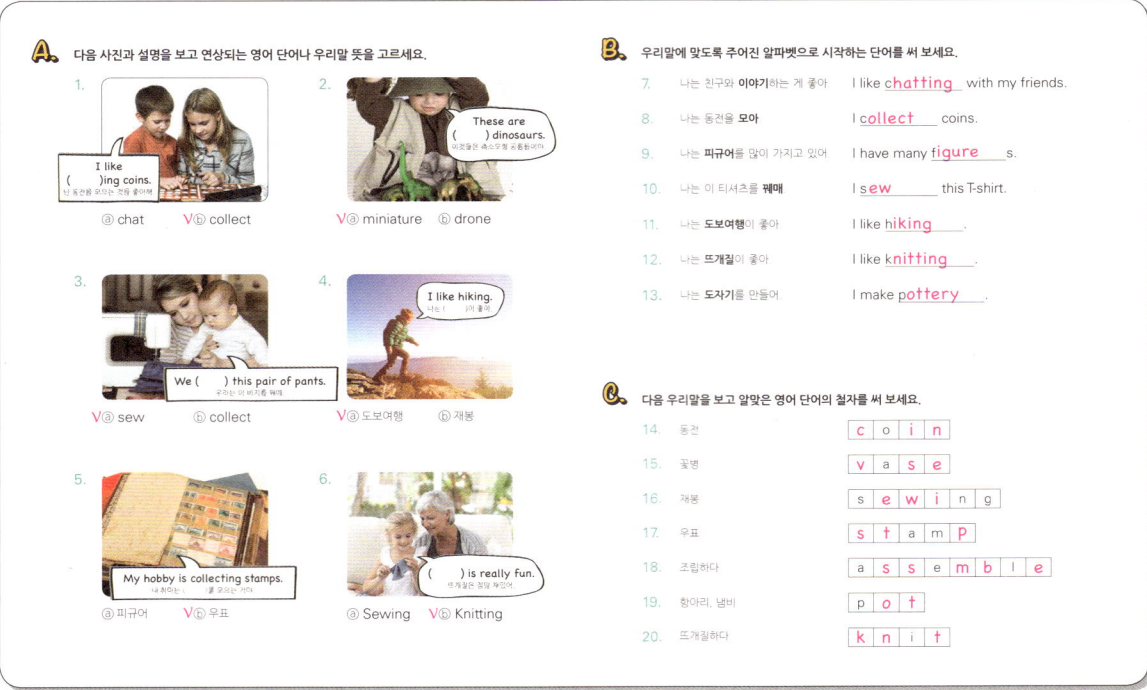

A. 다음 사진과 설명을 보고 연상되는 영어 단어나 우리말 뜻을 고르세요.

1. I like ( )ing coins.
   난 동전을 모으는 것을 좋아해
   ⓐ chat　✓ⓑ collect

2. These are ( ) dinosaurs.
   이것들은 축소모형 공룡들이야
   ✓ⓐ miniature　ⓑ drone

3. We ( ) this pair of pants.
   우리는 이 바지를 꿰매
   ✓ⓐ sew　ⓑ collect

4. I like hiking.
   나는 ( )이 좋아
   ✓ⓐ 도보여행　ⓑ 재봉

5. My hobby is collecting stamps.
   내 취미는 ( )를 모으는 거야
   ⓐ 피규어　✓ⓑ 우표

6. ( ) is really fun.
   뜨개질은 정말 재밌어
   ⓐ Sewing　✓ⓑ Knitting

B. 우리말에 맞도록 주어진 알파벳으로 시작하는 단어를 써 보세요.

7. 나는 친구와 **이야기**하는 게 좋아　I like **chatting** with my friends.
8. 나는 동전을 **모아**　I **collect** coins.
9. 나는 **피규어**를 많이 가지고 있어　I have many **figure**s.
10. 나는 이 티셔츠를 **꿰매**　I **sew** this T-shirt.
11. 나는 **도보여행**이 좋아　I like **hiking**.
12. 나는 **뜨개질**이 좋아　I like **knitting**.
13. 나는 **도자기**를 만들어　I make **pottery**.

C. 다음 우리말을 보고 알맞은 영어 단어의 철자를 써 보세요.

14. 동전　c o i n
15. 꽃병　v a s e
16. 재봉　s e w i n g
17. 우표　s t a m p
18. 조립하다　a s s e m b l e
19. 항아리, 냄비　p o t
20. 뜨개질하다　k n i t

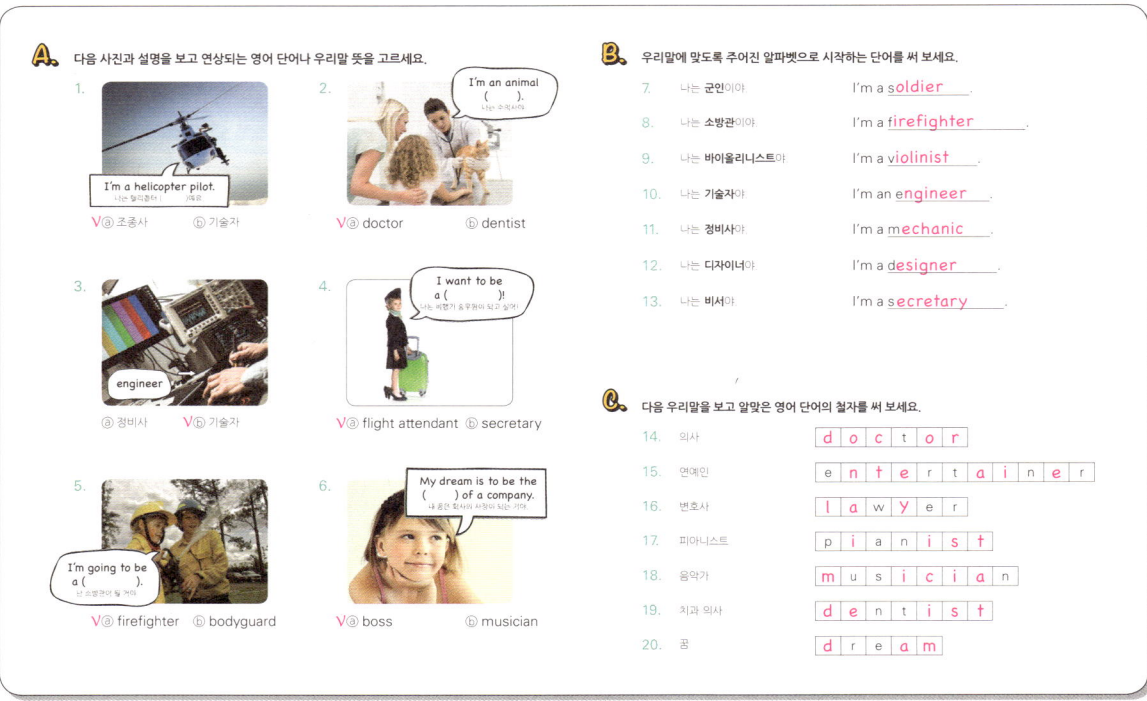

A. 다음 사진과 설명을 보고 연상되는 영어 단어나 우리말 뜻을 고르세요.

1. I'm a helicopter pilot.
   나는 헬리콥터기 조종사야
   ✓ⓐ 조종사　ⓑ 기술자

2. I'm an animal ( ).
   나는 수의사야
   ✓ⓐ doctor　ⓑ dentist

3. engineer
   ⓐ 정비사　✓ⓑ 기술자

4. I want to be a ( )!
   나는 비행기 승무원이 되고 싶어
   ✓ⓐ flight attendant　ⓑ secretary

5. I'm going to be a ( ).
   난 소방관이 될 거야
   ✓ⓐ firefighter　ⓑ bodyguard

6. My dream is to be the ( ) of a company.
   나 훗날 회사의 사장이 되는 거야
   ✓ⓐ boss　ⓑ musician

B. 우리말에 맞도록 주어진 알파벳으로 시작하는 단어를 써 보세요.

7. 나는 **군인**이야　I'm a **soldier**.
8. 나는 **소방관**이야　I'm a **firefighter**.
9. 나는 **바이올리니스트**야　I'm a **violinist**.
10. 나는 **기술자**야　I'm an **engineer**.
11. 나는 **정비사**야　I'm a **mechanic**.
12. 나는 **디자이너**야　I'm a **designer**.
13. 나는 **비서**야　I'm a **secretary**.

C. 다음 우리말을 보고 알맞은 영어 단어의 철자를 써 보세요.

14. 의사　d o c t o r
15. 연예인　e n t e r t a i n e r
16. 변호사　l a w y e r
17. 피아니스트　p i a n i s t
18. 음악가　m u s i c i a n
19. 치과 의사　d e n t i s t
20. 꿈　d r e a m

DAY 13 · I'll pay by check.

p. 82

A. 다음 사진과 설명을 보고 연상되는 영어 단어나 우리말 뜻을 고르세요.

1. A ( ) uses the cash register.
   계산원은 금전 등록기를 사용해.
   √ⓐ cashier   ⓑ seller

2. I'll pay by check.
   수표로 지불할게요.
   ⓐ 신용카드   √ⓑ 수표

3. 손님
   √ⓐ customer   ⓑ seller

4. We offer a 25 percent ( ).
   우리는 25퍼센트 할인을 제공합니다.
   √ⓐ discount   ⓑ on sale

5. coupon
   √ⓐ 쿠폰   ⓑ 상표

6. Korean ( ) cosmetics are great!
   한국 상표 화장품들은 좋아요!
   √ⓐ brand   ⓑ price tag

B. 우리말에 맞도록 주어진 알파벳으로 시작하는 단어를 써 보세요.

7. 그는 **계산원**으로 일한다   He works as a cashier.
8. **수표**로 지불할게요   I'll pay by check.
9. **손님**이 아주 많다   There are many customers.
10. 그녀는 **부유해**   She is rich.
11. 이 상품들은 **판매 중**입니다   These goods are for sale.
12. **포장**해 줄 수 있나요?   Can you wrap it up?
13. 너는 돈을 너무 많이 **쓴다**   You spend too much money.

C. 다음 우리말을 보고 알맞은 영어 단어의 철자를 써 보세요.

14. 바코드   b a r c o d e
15. 할인   d i s c o u n t
16. 저울   s c a l e
17. 쿠폰   c o u p o n
18. 부유한   r i c h
19. 상표   b r a n d
20. ~이 아니다   n o t

DAY 14 · We live in a suburb.

p. 88

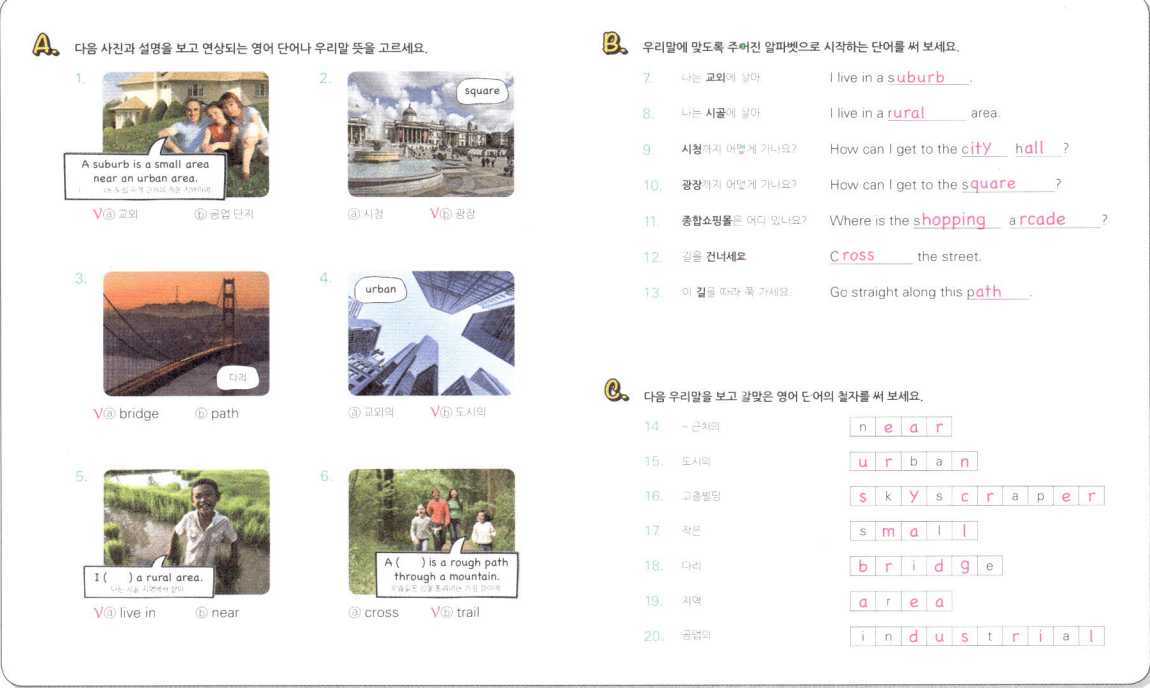

A. 다음 사진과 설명을 보고 연상되는 영어 단어나 우리말 뜻을 고르세요.

1. A suburb is a small area near an urban area.
   교외는 도시 지역 근처의 작은 지역이에요.
   √ⓐ 교외   ⓑ 공업 단지

2. square
   ⓐ 시청   √ⓑ 광장

3. 다리
   √ⓐ bridge   ⓑ path

4. urban
   ⓐ 교외의   √ⓑ 도시의

5. I ( ) a rural area.
   나는 시골 지역에서 살아.
   √ⓐ live in   ⓑ near

6. A ( ) is a rough path through a mountain.
   오솔길은 산을 통과하는 거친 길이에요.
   ⓐ cross   √ⓑ trail

B. 우리말에 맞도록 주어진 알파벳으로 시작하는 단어를 써 보세요.

7. 나는 **교외**에 살아   I live in a suburb.
8. 나는 **시골**에 살아   I live in a rural area.
9. **시청**까지 어떻게 가나요?   How can I get to the city hall?
10. **광장**까지 어떻게 가나요?   How can I get to the square?
11. **종합쇼핑몰**은 어디 있나요?   Where is the shopping arcade?
12. 길을 **건너세요**   Cross the street.
13. 이 **길**을 따라 쭉 가세요.   Go straight along this path.

C. 다음 우리말을 보고 알맞은 영어 단어의 철자를 써 보세요.

14. ~ 근처의   n e a r
15. 도시의   u r b a n
16. 고층빌딩   s k y s c r a p e r
17. 작은   s m a l l
18. 다리   b r i d g e
19. 지역   a r e a
20. 공업의   i n d u s t r i a l

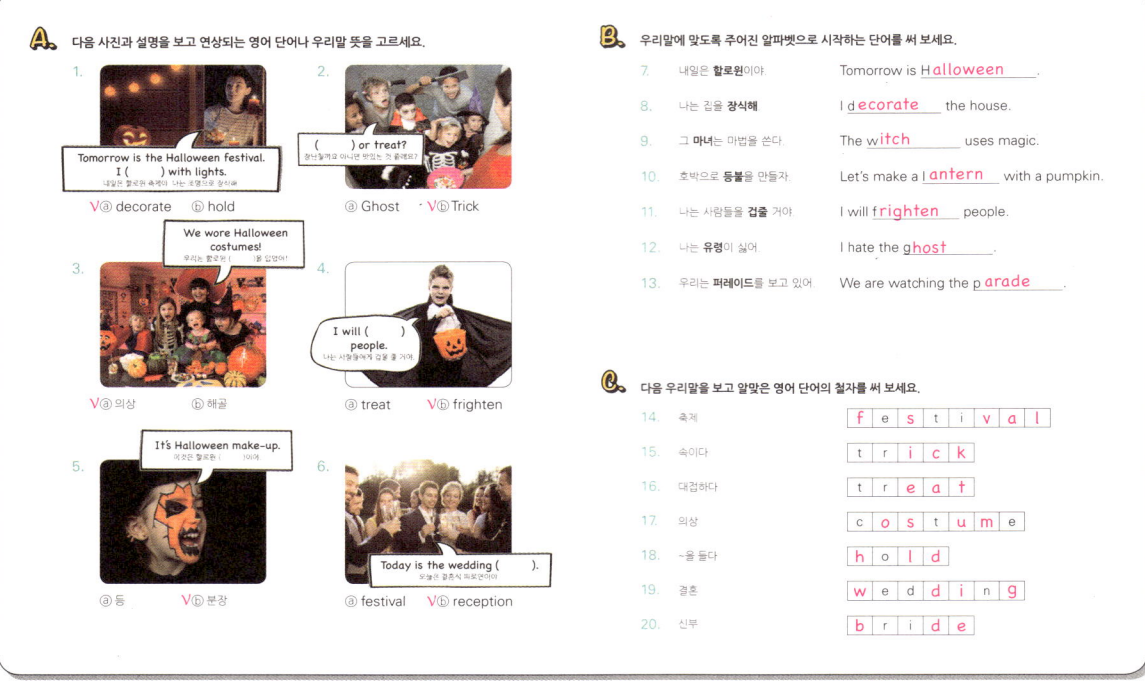

A. 다음 사진과 설명을 보고 연상되는 영어 단어나 우리말 뜻을 고르세요.

1. Tomorrow is the Halloween festival. I ( ) with lights.
   ✓ⓐ decorate ⓑ hold

2. ( ) or treat?
   ⓐ Ghost ✓ⓑ Trick

3. We wore Halloween costumes!
   ✓ⓐ 의상 ⓑ 해골

4. I will ( ) people.
   ⓐ treat ✓ⓑ frighten

5. It's Halloween make-up.
   ⓐ 등 ✓ⓑ 분장

6. Today is the wedding ( ).
   ⓐ festival ✓ⓑ reception

B. 우리말에 맞도록 주어진 알파벳으로 시작하는 단어를 써 보세요.

7. 내일은 **할로윈**이야. Tomorrow is **Halloween** .

8. 나는 집을 **장식해** I d**ecorate** the house.

9. 그 **마녀**는 마법을 쓴다. The w**itch** uses magic.

10. 호박으로 **등불**을 만들자. Let's make a l**antern** with a pumpkin.

11. 나는 사람들을 **겁줄** 거야. I will f**righten** people.

12. 나는 **유령**이 싫어. I hate the g**host** .

13. 우리는 **퍼레이드**를 보고 있어. We are watching the p**arade** .

C. 다음 우리말을 보고 알맞은 영어 단어의 철자를 써 보세요.

14. 축제 f e s t i v a l
15. 속이다 t r i c k
16. 대접하다 t r e a t
17. 의상 c o s t u m e
18. ~을 들다 h o l d
19. 결혼 w e d d i n g
20. 신부 b r i d e

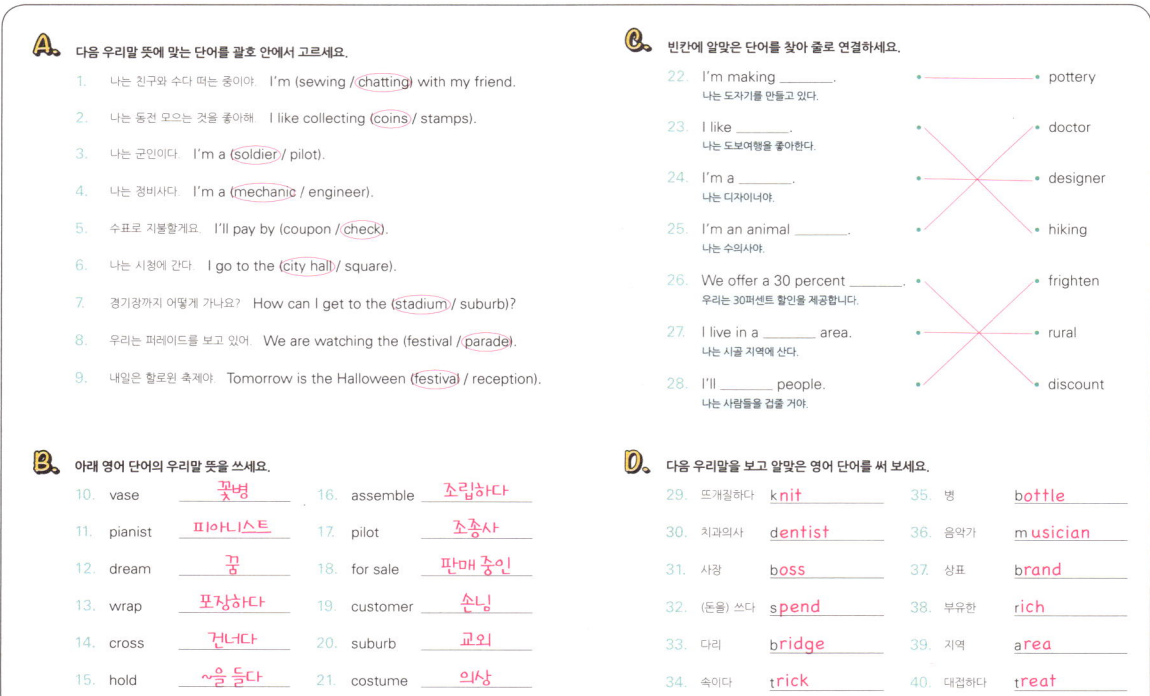

A. 다음 우리말 뜻에 맞는 단어를 괄호 안에서 고르세요.

1. 나는 친구와 수다 떠는 중이야. I'm (sewing / chatting) with my friend.
2. 나는 동전 모으는 것을 좋아해. I like collecting (coins / stamps).
3. 나는 군인이다. I'm a (soldier / pilot).
4. 나는 정비사다. I'm a (mechanic / engineer).
5. 수표로 지불할게요. I'll pay by (coupon / check).
6. 나는 시청에 간다 I go to the (city hall / square).
7. 경기장까지 어떻게 가나요? How can I get to the (stadium / suburb)?
8. 우리는 퍼레이드를 보고 있어. We are watching the (festival / parade).
9. 내일은 할로윈 축제야. Tomorrow is the Halloween (festival / reception).

B. 아래 영어 단어의 우리말 뜻을 쓰세요.

10. vase 꽃병
11. pianist 피아니스트
12. dream 꿈
13. wrap 포장하다
14. cross 건너다
15. hold ~을 들다
16. assemble 조립하다
17. pilot 조종사
18. for sale 판매 중인
19. customer 손님
20. suburb 교외
21. costume 의상

C. 빈칸에 알맞은 단어를 찾아 줄로 연결하세요.

22. I'm making _____. 나는 도자기를 만들고 있다. — pottery
23. I like _____. 나는 도보여행을 좋아한다. — hiking
24. I'm a _____. 나는 디자이너야. — designer
25. I'm an animal _____. 나는 수의사야. — doctor
26. We offer a 30 percent _____. 우리는 30퍼센트 할인을 제공합니다. — discount
27. I live in a _____ area. 나는 시골 지역에 산다. — rural
28. I'll _____ people. 나는 사람들을 겁줄 거야. — frighten

D. 다음 우리말을 보고 알맞은 영어 단어를 써 보세요.

29. 뜨개질하다 k**nit**
30. 치과의사 d**entist**
31. 사장 b**oss**
32. (돈을) 쓰다 s**pend**
33. 다리 b**ridge**
34. 속이다 t**rick**
35. 병 b**ottle**
36. 음악가 m**usician**
37. 상표 b**rand**
38. 부유한 r**ich**
39. 지역 a**rea**
40. 대접하다 t**reat**

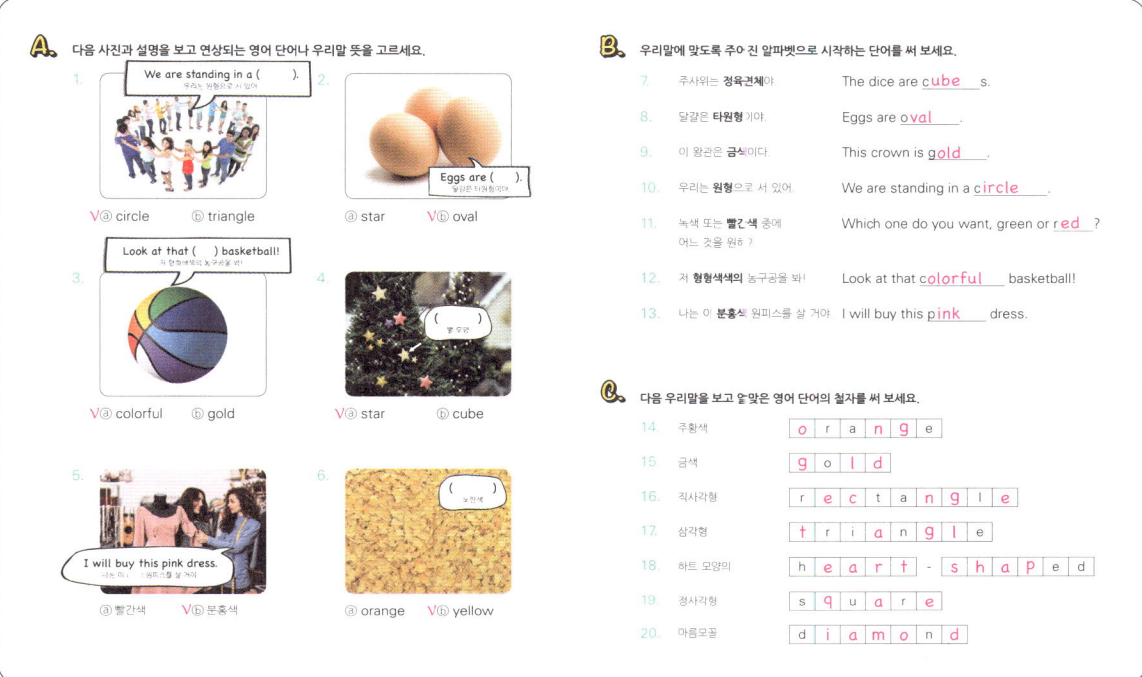

A. 다음 사진과 설명을 보고 연상되는 영어 단어나 우리말 뜻을 고르세요.

1. We are standing in a ( ).
   축구는, 동원으로 서 있어요.
   V ⓐ circle　ⓑ triangle

2. Eggs are ( ).
   달걀은 타원형이다
   ⓐ star　V ⓑ oval

3. Look at that ( ) basketball!
   저 천형색색의 농구공을 봐!
   V ⓐ colorful　ⓑ gold

4. 별 모양의
   V ⓐ star　ⓑ cube

5. I will buy this pink dress.
   나는 이 핑크드레스를 살 거야
   ⓐ 빨간색　V ⓑ 분홍색

6. 노란색
   ⓐ orange　V ⓑ yellow

B. 우리말에 맞도록 주어진 알파벳으로 시작하는 단어를 써 보세요.

7. 주사위는 **정육면체**야.　The dice are c u b e s.

8. 달걀은 **타원형**이야.　Eggs are o v a l.

9. 이 왕관은 **금**이다.　This crown is g o l d.

10. 우리는 **원형**으로 서 있어.　We are standing in a c i r c l e.

11. 녹색 또는 **빨간색** 중에 어느 것을 원해?　Which one do you want, green or r e d?

12. 저 **형형색색**의 농구공을 봐!　Look at that c o l o r f u l basketball!

13. 나는 이 **분홍색** 원피스를 살 거야.　I will buy this p i n k dress.

C. 다음 우리말을 보고 알맞은 영어 단어의 철자를 써 보세요.

14. 주황색　o r a n g e
15. 금색　g o l d
16. 직사각형　r e c t a n g l e
17. 삼각형　t r i a n g l e
18. 하트 모양의　h e a r t - s h a p e d
19. 정사각형　s q u a r e
20. 마름모꼴　d i a m o n d

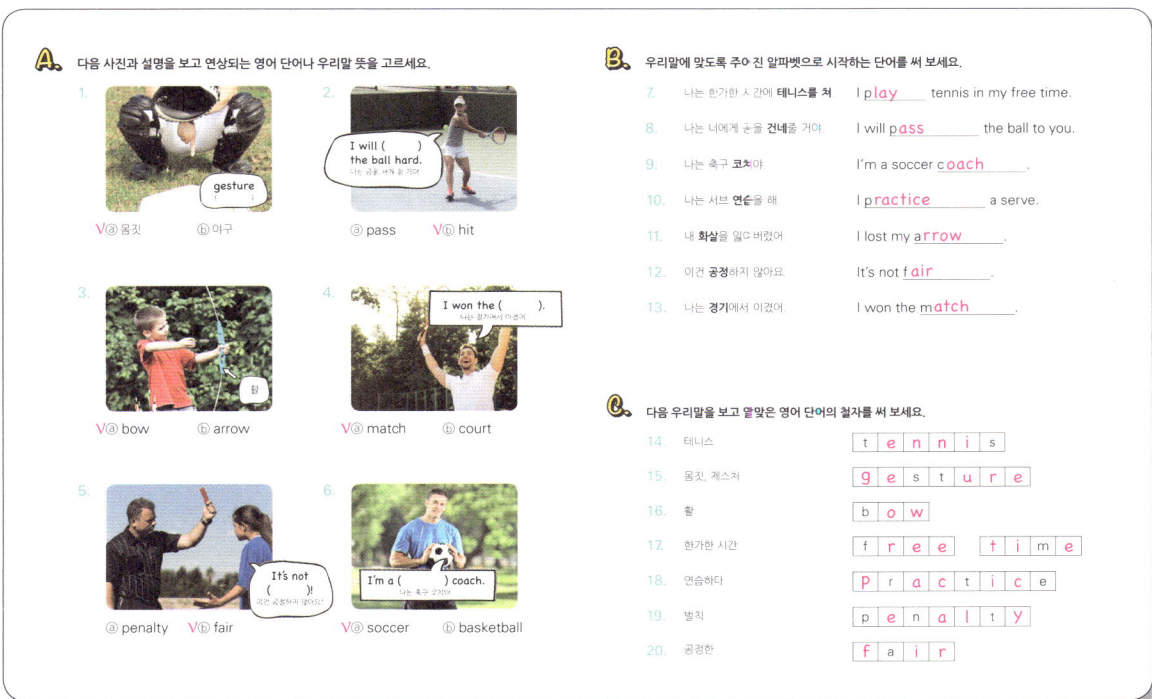

A. 다음 사진과 설명을 보고 연상되는 영어 단어나 우리말 뜻을 고르세요.

1. gesture
   V ⓐ 몸짓　ⓑ 야구

2. I will ( ) the ball hard.
   나는 공을 세게 칠 거야
   ⓐ pass　V ⓑ hit

3. V ⓐ bow　ⓑ arrow

4. I won the ( ).
   나는 경기에서 이겼어
   V ⓐ match　ⓑ court

5. It's not ( )!
   이건 공정하지 않잖아!
   ⓐ penalty　V ⓑ fair

6. I'm a ( ) coach.
   나는 축구 코치야
   V ⓐ soccer　ⓑ basketball

B. 우리말에 맞도록 주어진 알파벳으로 시작하는 단어를 써 보세요.

7. 나는 한가한 시간에 **테니스를 쳐**.　I p l a y tennis in my free time.

8. 나는 너에게 공을 **건네**줄 거야.　I will p a s s the ball to you.

9. 나는 축구 **코치**야.　I'm a soccer c o a c h.

10. 나는 서브 **연습**을 해.　I p r a c t i c e a serve.

11. 내 **화살**을 잃어버렸어.　I lost my a r r o w.

12. 이건 **공정**하지 않아요.　It's not f a i r.

13. 나는 **경기**에서 이겼어.　I won the m a t c h.

C. 다음 우리말을 보고 알맞은 영어 단어의 철자를 써 보세요.

14. 테니스　t e n n i s
15. 몸짓, 제스처　g e s t u r e
16. 활　b o w
17. 한가한 시간　f r e e　t i m e
18. 연습하다　p r a c t i c e
19. 벌칙　p e n a l t y
20. 공정한　f a i r

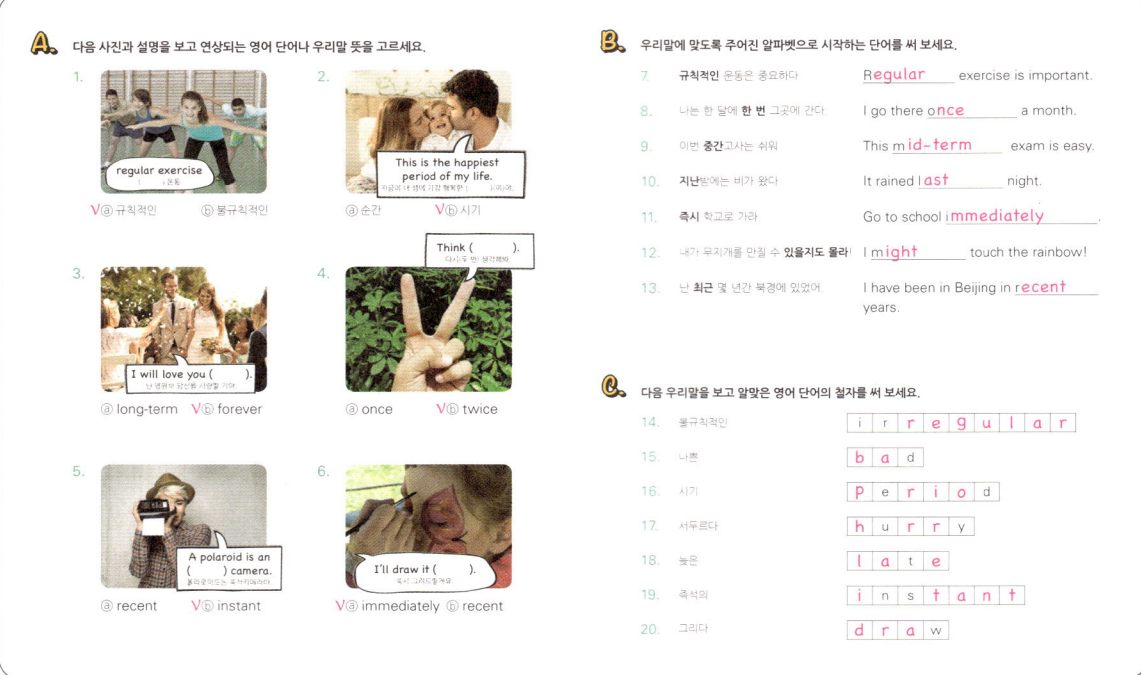

A. 다음 사진과 설명을 보고 연상되는 영어 단어나 우리말 뜻을 고르세요.

1. regular exercise | 운동
   V@ 규칙적인 ⓑ 불규칙적인

2. This is the happiest period of my life. 지금이 내 생애 가장 행복한 | 시기야.
   @ 순간 Vⓑ 시기

3. I will love you ( ). 난 영원히 당신을 사랑할 거야.
   @ long-term Vⓑ forever

4. Think ( ). 다시 한 번 생각해봐.
   @ once Vⓑ twice

5. A polaroid is an ( ) camera. 폴라로이드는 즉석카메라야.
   @ recent Vⓑ instant

6. I'll draw it ( ). 즉시 그려드릴게요.
   V@ immediately ⓑ recent

B. 우리말에 맞도록 주어진 알파벳으로 시작하는 단어를 써 보세요.

7. 규칙적인 운동은 중요하다 — _Regular_ exercise is important.

8. 나는 한 달에 한 번 그곳에 간다 — I go there _once_ a month.

9. 이번 중간고사는 쉬워 — This _mid-term_ exam is easy.

10. 지난밤에는 비가 왔다 — It rained l_ast_ night.

11. 즉시 학교로 가라 — Go to school _immediately_ .

12. 내가 무지개를 만질 수 있을지도 몰라! — I _might_ touch the rainbow!

13. 난 최근 몇 년간 북경에 있었어 — I have been in Beijing in _recent_ years.

C. 다음 우리말을 보고 알맞은 영어 단어의 철자를 써 보세요.

14. 불규칙적인 — i r r e g u l a r

15. 나쁜 — b a d

16. 시기 — P e r i o d

17. 서두르다 — h u r r y

18. 늦은 — l a t e

19. 즉석의 — i n s t a n t

20. 그리다 — d r a w

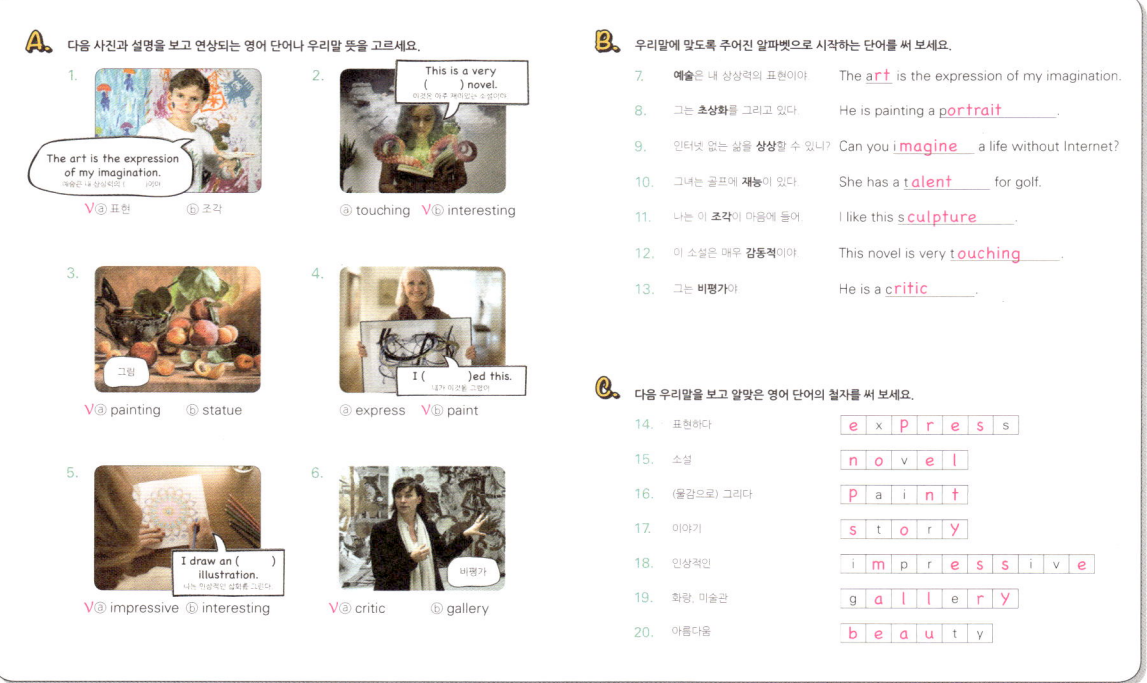

A. 다음 사진과 설명을 보고 연상되는 영어 단어나 우리말 뜻을 고르세요.

1. The art is the expression of my imagination. 예술은 내 상상력의 | 표현이야.
   V@ 표현 ⓑ 조각

2. This is a very ( ) novel. 이것은 아주 재미있는 소설이야.
   @ touching Vⓑ interesting

3. 그림
   V@ painting ⓑ statue

4. I ( )ed this. 내가 이것을 그렸어.
   @ express Vⓑ paint

5. I draw an ( ) illustration. 나는 인상적인 삽화를 그린다.
   V@ impressive ⓑ interesting

6. 비평가
   V@ critic ⓑ gallery

B. 우리말에 맞도록 주어진 알파벳으로 시작하는 단어를 써 보세요.

7. 예술은 내 상상력의 표현이야 — The _art_ is the expression of my imagination.

8. 그는 초상화를 그리고 있다 — He is painting a _portrait_ .

9. 인터넷 없는 삶을 상상할 수 있니? — Can you i_magine_ a life without Internet?

10. 그녀는 골프에 재능이 있다 — She has a t_alent_ for golf.

11. 나는 이 조각이 마음에 들어 — I like this s_culpture_ .

12. 이 소설은 매우 감동적이야 — This novel is very t_ouching_ .

13. 그는 비평가야 — He is a c_ritic_ .

C. 다음 우리말을 보고 알맞은 영어 단어의 철자를 써 보세요.

14. 표현하다 — e x p r e s s

15. 소설 — n o v e l

16. (물감으로) 그리다 — P a i n t

17. 이야기 — s t o r y

18. 인상적인 — i m p r e s s i v e

19. 화랑, 미술관 — g a l l e r y

20. 아름다움 — b e a u t y

DAY 20　He has various emotions.

p. 126

A. 다음 사진과 설명을 보고 연상되는 영어 단어나 우리말 뜻을 고르세요.

1.

He has various ( )s.
Ⓥⓐ emotion　ⓑ sorrow

2.

I'm depressed.
ⓐ 짜증나　Ⓥⓑ 우울해

3.

I'm ( ) of my brother.
ⓐ grateful　Ⓥⓑ jealous

4.

I'm joyful.
ⓐ 긍정적이야　Ⓥⓑ 즐거워

5.

I'm ( ) of my answer.
Ⓥⓐ ashamed　ⓑ confident

6.

He is ( ) on his father.
ⓐ greedy　Ⓥⓑ dependent

B. 우리말에 맞도록 주어진 알파벳으로 시작하는 단어를 써 보세요.

7. 그건 매우 놀라워　It's so a**mazing**
8. 나는 짜증이 났어　I'm a**nnoyed**
9. 나는 혼란스러워　I'm c**onfused**
10. 나는 그가 질투나　I'm j**ealous** of him.
11. 그녀는 욕심이 많아　She is g**reedy**
12. 나는 깊은 슬픔에 빠졌어　I'm in deep s**orrow**
13. 긍정적으로 생각해보자　Let's think p**ositive**

C. 다음 우리말을 보고 알맞은 영어 단어의 철자를 써 보세요.

14. 호의적인　| f | a | v | o | r | a | b | l | e |
15. 우울한　| d | e | p | r | e | s | s | e |d
16. 감정　| e | m | o | t | i | o | n |
17. 기분　| m | o | o | d |
18. 감사하는　| g | r | a | t | e | f | u | l |
19. 자신감 있는　| c | o | n | f | i | d | e | n | t |
20. 부정적인　| n | e | g | a | t | i | v | e |

DAY 16~20　OVERALL TEST

p. 128

A. 다음 우리말 뜻에 맞는 단어를 괄호 안에서 고르세요.

1. 달걀은 타원형이야　Eggs are (oval / circle).
2. 이 그릇은 빨간색이야　This bowl is (red / yellow).
3. 나는 공을 세게 칠 거야　I will (pass / hit) the ball hard.
4. 나는 서브 연습을 해　I (practice / win) a serve.
5. 우리는 장기적인 계획이 필요해　We need a (short-term / long-term) plan.
6. 나는 늦었어　I'm (fair / late).
7. 이 소설은 매우 재미있어　This novel is very (touching / interesting).
8. 그는 매우 의존적이다　He is very (dependent / depressed).
9. 두 번 생각해봐　Think (hard / twice).

B. 아래 영어 단어의 우리말 뜻을 쓰세요.

10. dice　주사위
11. triangle　삼각형
12. run　달리다
13. twice　두 번
14. draw　그리다
15. mood　기분
16. rectangle　직사각형
17. pink　분홍색
18. arrow　화살
19. last　지난
20. sculpture　조각
21. negative　부정적인

C. 빈칸에 알맞은 단어를 찾아 줄로 연결하세요.

22. I _____ tennis. 나는 테니스를 쳐　· play
23. He is good at _____. 그는 축구에 능해　· regular
24. _____ exercise is important. 규칙적인 운동은 중요하다　· soccer
25. This painting is very _____. 이 그림은 아주 인상적이야　· annoyed
26. She is very _____. 그녀는 매우 짜증이 났어　· sorrow
27. He is very _____. 그는 매우 자신감이 넘쳐　· impressive
28. I'm in deep _____. 나는 깊은 슬픔에 빠졌어　· confident

D. 다음 우리말을 보고 알맞은 영어 단어를 써 보세요.

29. 다이아몬드　diamond
30. 테니스　tennis
31. 공정한　fair
32. 즉시　immediately
33. 경기　match
34. 혼란스러운　confused
35. 원형, 동그라미　circle
36. 이기다　win
37. 최근의　recent
38. 표현　expression
39. 감정　emotion
40. 즐거운　joyful

6학년 정답　**57**

DAY 21 · I use a highlighter to emphasize.　　p. 134

A. 다음 사진과 설명을 보고 연상되는 영어 단어나 우리말 뜻을 고르세요.

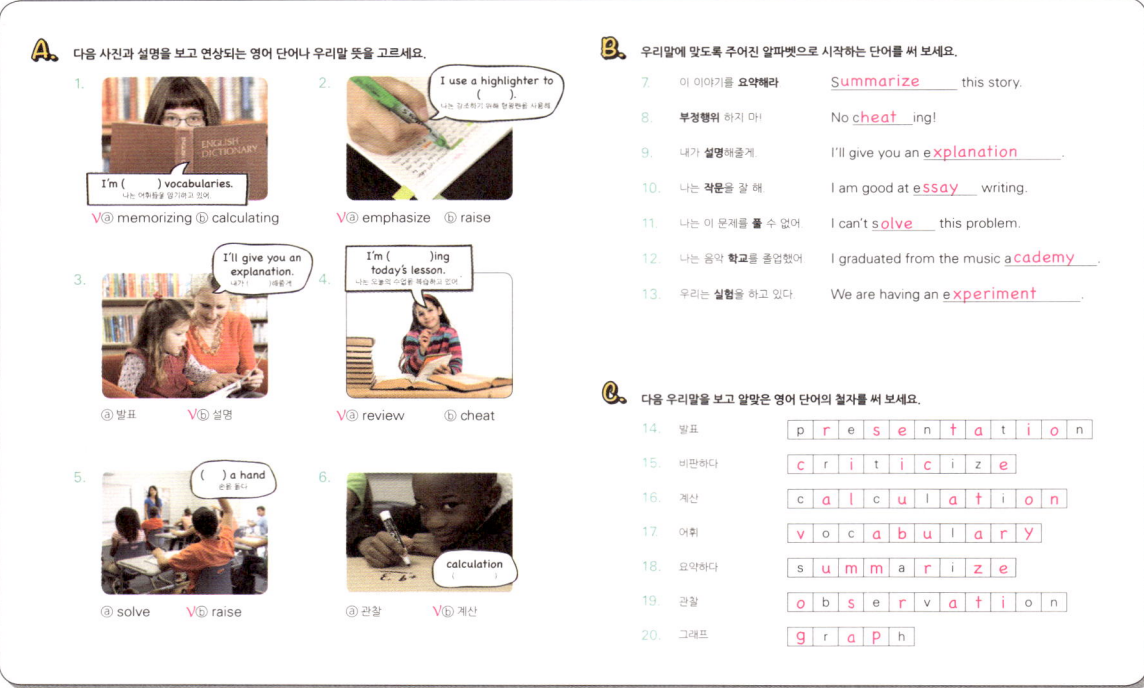

1. I'm ( ) vocabularies.
나는 어휘들을 암기하고 있어.
✓ⓐ memorizing　ⓑ calculating

2. I use a highlighter to ( ).
나는 강조하기 위해 형광펜을 사용해.
✓ⓐ emphasize　ⓑ raise

3. I'll give you an explanation.
내가 ( )해줄게.
ⓐ 발표　✓ⓑ 설명

4. I'm ( )ing today's lesson.
나는 오늘의 수업을 복습하고 있어.
✓ⓐ review　ⓑ cheat

5. ( ) a hand
손을 들다
ⓐ solve　✓ⓑ raise

6. calculation
ⓐ 관찰　✓ⓑ 계산

B. 우리말에 맞도록 주어진 알파벳으로 시작하는 단어를 써 보세요.

7. 이 이야기를 요약해라 __Summarize__ this story.
8. 부정행위 하지 마! No __cheat__ ing!
9. 내가 설명해줄게. I'll give you an e__xplanation__
10. 나는 작문을 잘 해 I am good at e__ssay__ writing.
11. 나는 이 문제를 풀 수 없어 I can't s__olve__ this problem.
12. 나는 음악 학교를 졸업했어 I graduated from the music a__cademy__.
13. 우리는 실험을 하고 있다 We are having an e__xperiment__.

C. 다음 우리말을 보고 알맞은 영어 단어의 철자를 써 보세요.

14. 발표 | p r e s e n t a t i o n
15. 비판하다 | c r i t i c i z e
16. 계산 | c a l c u l a t i o n
17. 어휘 | v o c a b u l a r y
18. 요약하다 | s u m m a r i z e
19. 관찰 | o b s e r v a t i o n
20. 그래프 | g r a p h

DAY 22 · I check the nutrition facts label.　　p. 140

A. 다음 사진과 설명을 보고 연상되는 영어 단어나 우리말 뜻을 고르세요.

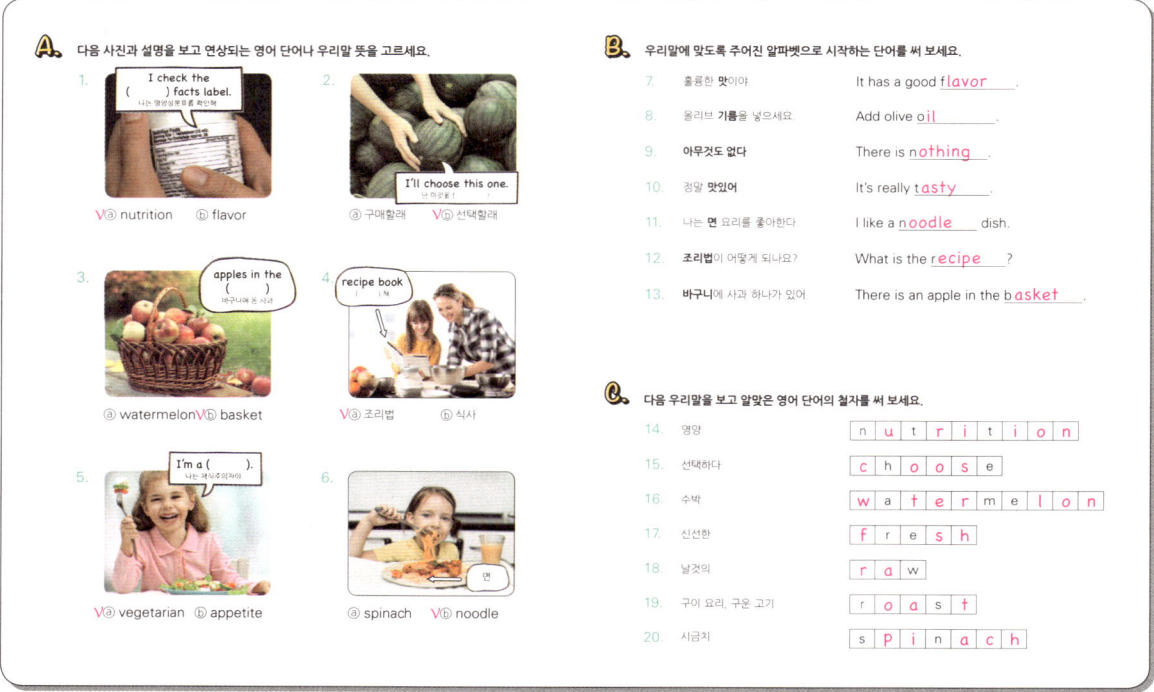

1. I check the ( ) facts label.
나는 영양성분표를 확인해.
✓ⓐ nutrition　ⓑ flavor

2. I'll choose this one.
난 이걸로 할래.
ⓐ 구매할래　✓ⓑ 선택할래

3. apples in the ( )
바구니에 든 사과
ⓐ watermelon　✓ⓑ basket

4. recipe book ( )책
✓ⓐ 조리법　ⓑ 식사

5. I'm a ( ).
나는 채식주의자야.
✓ⓐ vegetarian　ⓑ appetite

6. 면
ⓐ spinach　✓ⓑ noodle

B. 우리말에 맞도록 주어진 알파벳으로 시작하는 단어를 써 보세요.

7. 훌륭한 맛이야 It has a good f__lavor__.
8. 올리브 기름을 넣으세요. Add olive o__il__.
9. 아무것도 없다 There is n__othing__.
10. 정말 맛있어 It's really t__asty__.
11. 나는 면 요리를 좋아한다 I like a n__oodle__ dish.
12. 조리법이 어떻게 되나요? What is the r__ecipe__?
13. 바구니에 사과 하나가 있어 There is an apple in the b__asket__.

C. 다음 우리말을 보고 알맞은 영어 단어의 철자를 써 보세요.

14. 영양 | n u t r i t i o n
15. 선택하다 | c h o o s e
16. 수박 | w a t e r m e l o n
17. 신선한 | f r e s h
18. 날것의 | r a w
19. 구이 요리, 구운 고기 | r o a s t
20. 시금치 | s p i n a c h

DAY 23　This is very useful.　　p. 146

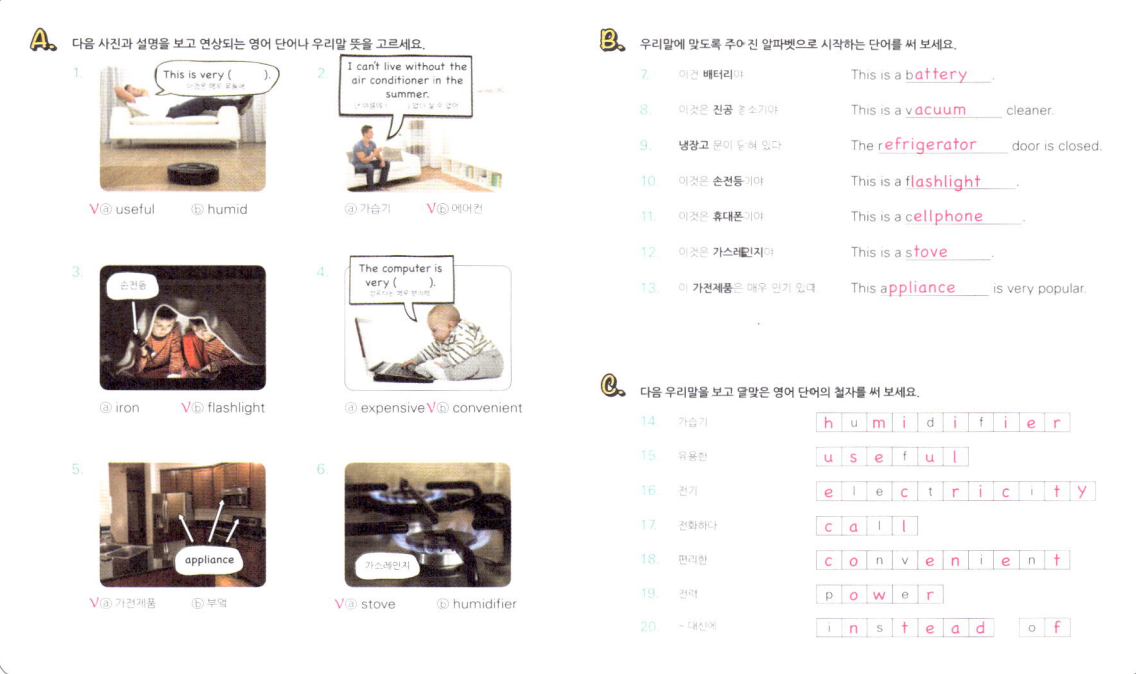

A. 다음 사진과 설명을 보고 연상되는 영어 단어나 우리말 뜻을 고르세요.

1. This is very ( ).
   V ⓐ useful　　ⓑ humid

2. I can't live without the air conditioner in the summer.
   ⓐ 가습기　　V ⓑ 에어컨

3. 손전등
   ⓐ iron　　V ⓑ flashlight

4. The computer is very ( ).
   ⓐ expensive　V ⓑ convenient

5. appliance
   V ⓐ 가전제품　　ⓑ 부엌

6. 가스레인지
   V ⓐ stove　　ⓑ humidifier

B. 우리말에 맞도록 주어진 알파벳으로 시작하는 단어를 써 보세요.

7. 이건 배터리야　This is a **battery**.
8. 이것은 진공 청소기야　This is a **vacuum** cleaner.
9. 냉장고 문이 닫혀 있다　The **refrigerator** door is closed.
10. 이것은 손전등이야　This is a **flashlight**.
11. 이것은 휴대폰이야　This is a **cellphone**.
12. 이것은 가스레인지야　This is a **stove**.
13. 이 가전제품은 매우 인기 있다　This **appliance** is very popular.

C. 다음 우리말을 보고 알맞은 영어 단어의 철자를 써 보세요.

14. 가습기　h u m i d i f i e r
15. 유용한　u s e f u l
16. 전기　e l e c t r i c i t y
17. 전화하다　c a l l
18. 편리한　c o n v e n i e n t
19. 전력　p o w e r
20. ~대신에　i n s t e a d　o f

DAY 24　My father is too strict.　　p. 152

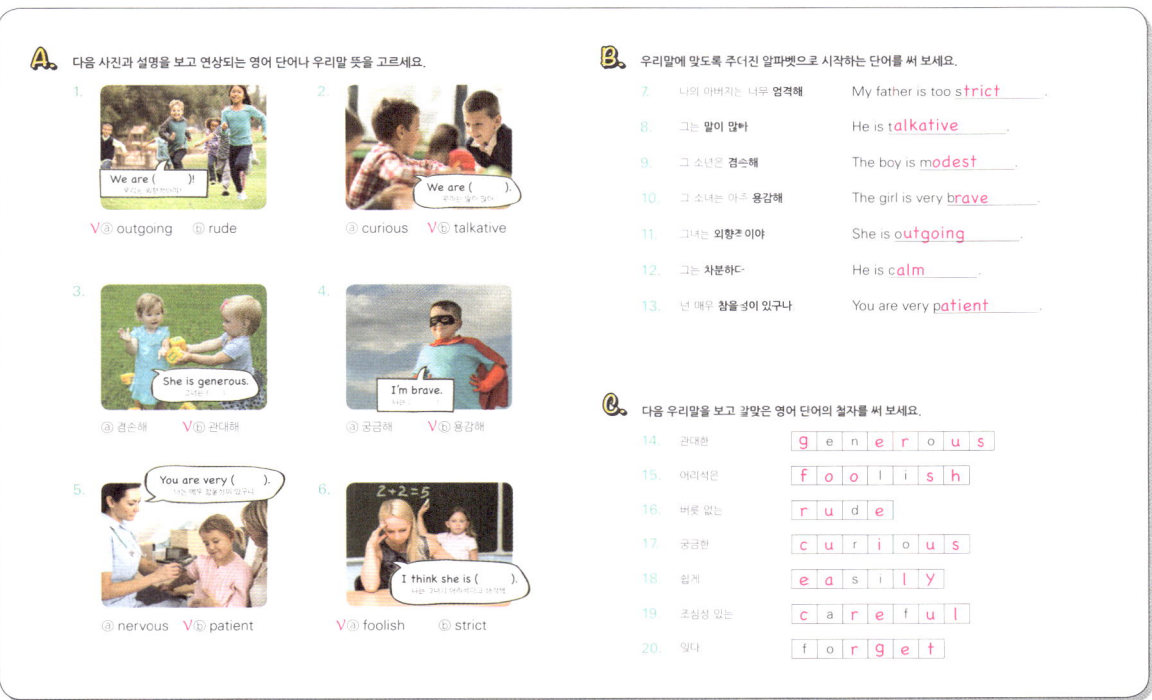

A. 다음 사진과 설명을 보고 연상되는 영어 단어나 우리말 뜻을 고르세요.

1. We are ( )!
   V ⓐ outgoing　　ⓑ rude

2. We are ( ).
   ⓐ curious　　V ⓑ talkative

3. She is generous.
   ⓐ 겸손해　　V ⓑ 관대해

4. I'm brave.
   ⓐ 궁금해　　V ⓑ 용감해

5. You are very ( ).
   ⓐ nervous　　V ⓑ patient

6. 2+2=5　I think she is ( ).
   V ⓐ foolish　　ⓑ strict

B. 우리말에 맞도록 주어진 알파벳으로 시작하는 단어를 써 보세요.

7. 나의 아버지는 너무 엄격해　My father is too **strict**.
8. 그는 말이 많아　He is **talkative**.
9. 그 소년은 겸손해　The boy is **modest**.
10. 그 소녀는 아주 용감해　The girl is very **brave**.
11. 그녀는 외향적이야　She is **outgoing**.
12. 그는 차분하다　He is **calm**.
13. 넌 매우 참을성이 있구나　You are very **patient**.

C. 다음 우리말을 보고 알맞은 영어 단어의 철자를 써 보세요.

14. 관대한　g e n e r o u s
15. 어리석은　f o o l i s h
16. 버릇 없는　r u d e
17. 궁금한　c u r i o u s
18. 쉽게　e a s i l y
19. 조심성 있는　c a r e f u l
20. 잊다　f o r g e t

DAY 25　Fasten your seat belt, please.　p. 158

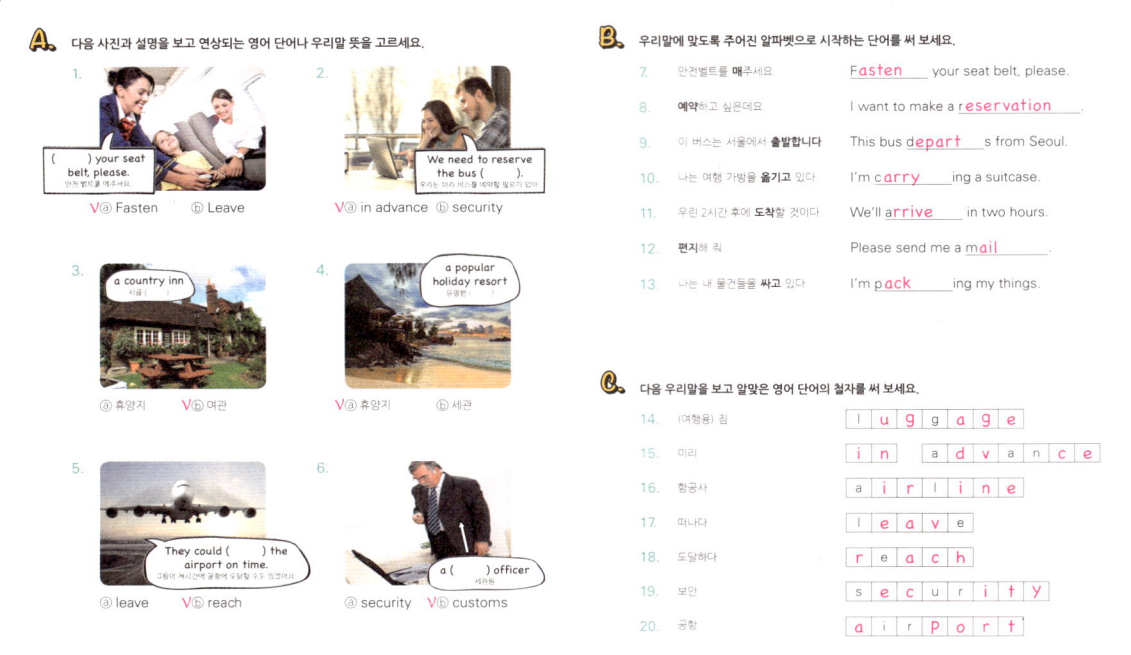

A. 다음 사진과 설명을 보고 연상되는 영어 단어나 우리말 뜻을 고르세요.

1. ( ) your seat belt, please.
   안전 벨트를 매주세요.
   ✓ⓐ Fasten　ⓑ Leave

2. We need to reserve the bus ( ).
   우리는 미리 버스를 예약할 필요가 있어.
   ✓ⓐ in advance　ⓑ security

3. a country inn 시골 ( )
   ⓐ 휴양지　✓ⓑ 여관

4. a popular holiday resort 유명한 ( )
   ✓ⓐ 휴양지　ⓑ 세관

5. They could ( ) the airport on time.
   그들이 제시간에 공항에 도착할 수 있을지도 몰라.
   ⓐ leave　✓ⓑ reach

6. a ( ) officer 세관원
   ⓐ security　✓ⓑ customs

B. 우리말에 맞도록 주어진 알파벳으로 시작하는 단어를 써 보세요.

7. 안전벨트를 매주세요　<u>Fasten</u> your seat belt, please.

8. 예약하고 싶은데요　I want to make a <u>reservation</u>

9. 이 버스는 서울에서 **출발합니다**　This bus d<u>epart</u>s from Seoul.

10. 나는 여행 가방을 옮기고 있다.　I'm c<u>arry</u>ing a suitcase.

11. 우린 2시간 후에 **도착할** 것이다.　We'll <u>arrive</u> in two hours.

12. **편지**해 줘　Please send me a m<u>ail</u>.

13. 나는 내 물건들을 **싸고** 있다.　I'm p<u>ack</u>ing my things.

C. 다음 우리말을 보고 알맞은 영어 단어의 철자를 써 보세요.

14. (여행용) 짐　l u g g a g e

15. 미리　i n　a d v a n c e

16. 항공사　a i r l i n e

17. 떠나다　l e a v e

18. 도달하다　r e a c h

19. 보안　s e c u r i t y

20. 공항　a i r p o r t

DAY 21~25　OVERALL TEST　p. 160

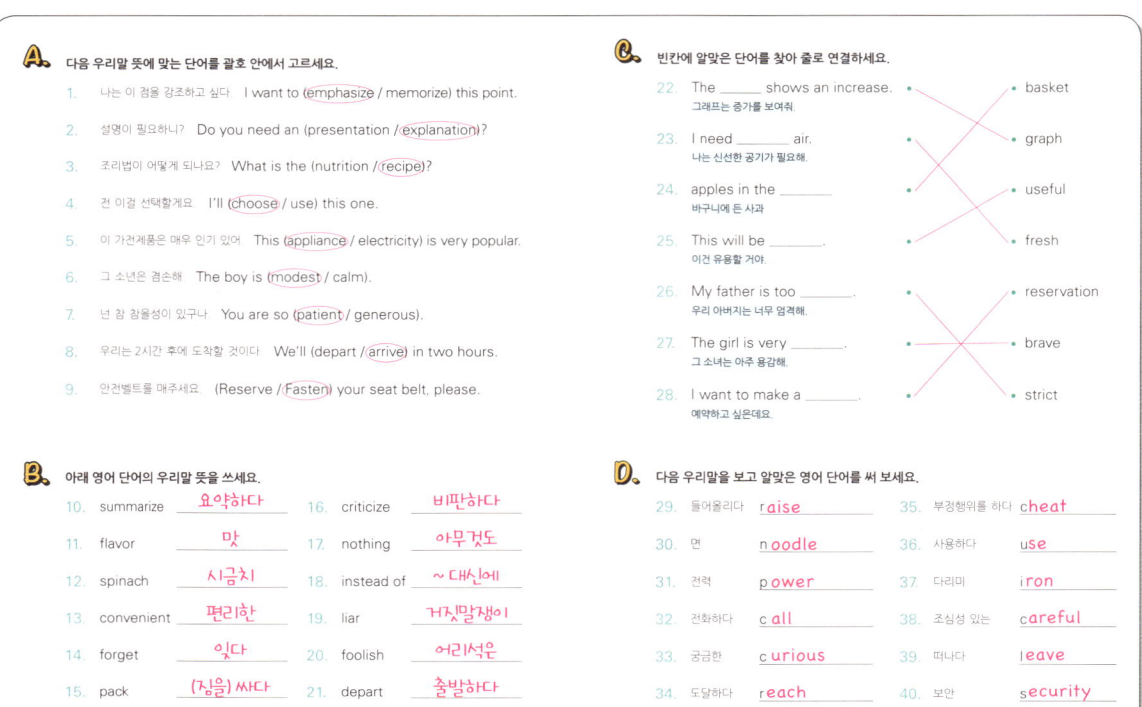

A. 다음 우리말 뜻에 맞는 단어를 괄호 안에서 고르세요.

1. 나는 이 점을 강조하고 싶다　I want to (emphasize / memorize) this point.

2. 설명이 필요하니?　Do you need an (presentation / explanation)?

3. 조리법이 어떻게 되나요?　What is the (nutrition / recipe)?

4. 전 이걸 선택할게요　I'll (choose / use) this one.

5. 이 가전제품은 매우 인기 있어　This (appliance / electricity) is very popular.

6. 그 소년은 겸손해　The boy is (modest / calm).

7. 넌 참 참을성이 있구나　You are so (patient / generous).

8. 우리는 2시간 후에 도착할 것이다　We'll (depart / arrive) in two hours.

9. 안전벨트를 매주세요　(Reserve / Fasten) your seat belt, please.

B. 아래 영어 단어의 우리말 뜻을 쓰세요.

10. summarize　요약하다
11. flavor　맛
12. spinach　시금치
13. convenient　편리한
14. forget　잊다
15. pack　(짐을) 싸다
16. criticize　비판하다
17. nothing　아무것도
18. instead of　~ 대신에
19. liar　거짓말쟁이
20. foolish　어리석은
21. depart　출발하다

C. 빈칸에 알맞은 단어를 찾아 줄로 연결하세요.

22. The _____ shows an increase.
    그래프는 증가를 보여줘.　· → graph
23. I need _____ air.
    나는 신선한 공기가 필요해.　· → fresh
24. apples in the _____
    바구니에 든 사과　· → basket
25. This will be _____.
    이건 유용할 거야.　· → useful
26. My father is too _____.
    우리 아버지는 너무 엄격해.　· → strict
27. The girl is very _____.
    그 소녀는 아주 용감해.　· → brave
28. I want to make a _____.
    예약하고 싶은데요　· → reservation

D. 다음 우리말을 보고 알맞은 영어 단어를 써 보세요.

29. 들어올리다　r<u>aise</u>
30. 면　n<u>oodle</u>
31. 전력　p<u>ower</u>
32. 전화하다　c<u>all</u>
33. 궁금한　c<u>urious</u>
34. 도달하다　r<u>each</u>
35. 부정행위를 하다　c<u>heat</u>
36. 사용하다　u<u>se</u>
37. 다리미　i<u>ron</u>
38. 조심성 있는　c<u>areful</u>
39. 떠나다　l<u>eave</u>
40. 보안　s<u>ecurity</u>

DAY 26 — This is my family.

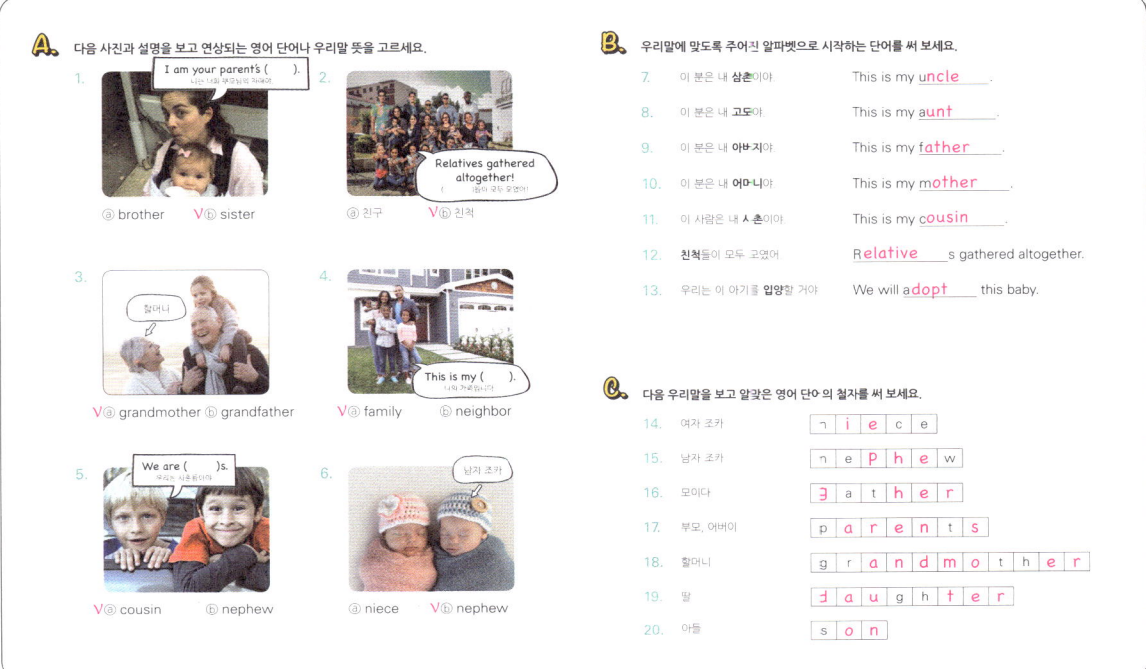

A. 다음 사진과 설명을 보고 연상되는 영어 단어나 우리말 뜻을 고르세요.

1. I am your parents ( ).
나의 너희 부모님이라 해야겠어
ⓐ brother ✓ⓑ sister

2. Relatives gathered altogether!
친척이 모두 모였어!
ⓐ 친구 ✓ⓑ 친척

3. 할머니
✓ⓐ grandmother ⓑ grandfather

4. This is my ( ).
나의 가족이랍니다
✓ⓐ family ⓑ neighbor

5. We are ( )s.
우리는 사촌이랍니다
✓ⓐ cousin ⓑ nephew

6. 남자 조카
ⓐ niece ✓ⓑ nephew

B. 우리말에 맞도록 주어진 알파벳으로 시작하는 단어를 써 보세요.

7. 이 분은 내 **삼촌**이야 — This is my <u>uncle</u>
8. 이 분은 내 **고모**야 — This is my <u>aunt</u>
9. 이 분은 내 **아버**지야 — This is my <u>father</u>
10. 이 분은 내 **어머**니야 — This is my <u>mother</u>
11. 이 사람은 내 **사촌**이야 — This is my <u>cousin</u>
12. **친척**들이 모두 모였어 — <u>Relative</u>s gathered altogether.
13. 우리는 이 아기를 **입양**할 거야 — We will a<u>dopt</u> this baby.

C. 다음 우리말을 보고 알맞은 영어 단어의 철자를 써 보세요.

14. 여자 조카 — ㄴ i e c e
15. 남자 조카 — n e P h e w
16. 모이다 — g a t h e r
17. 부모, 어버이 — p a r e n t s
18. 할머니 — g r a n d m o t h e r
19. 딸 — d a u g h t e r
20. 아들 — s o n

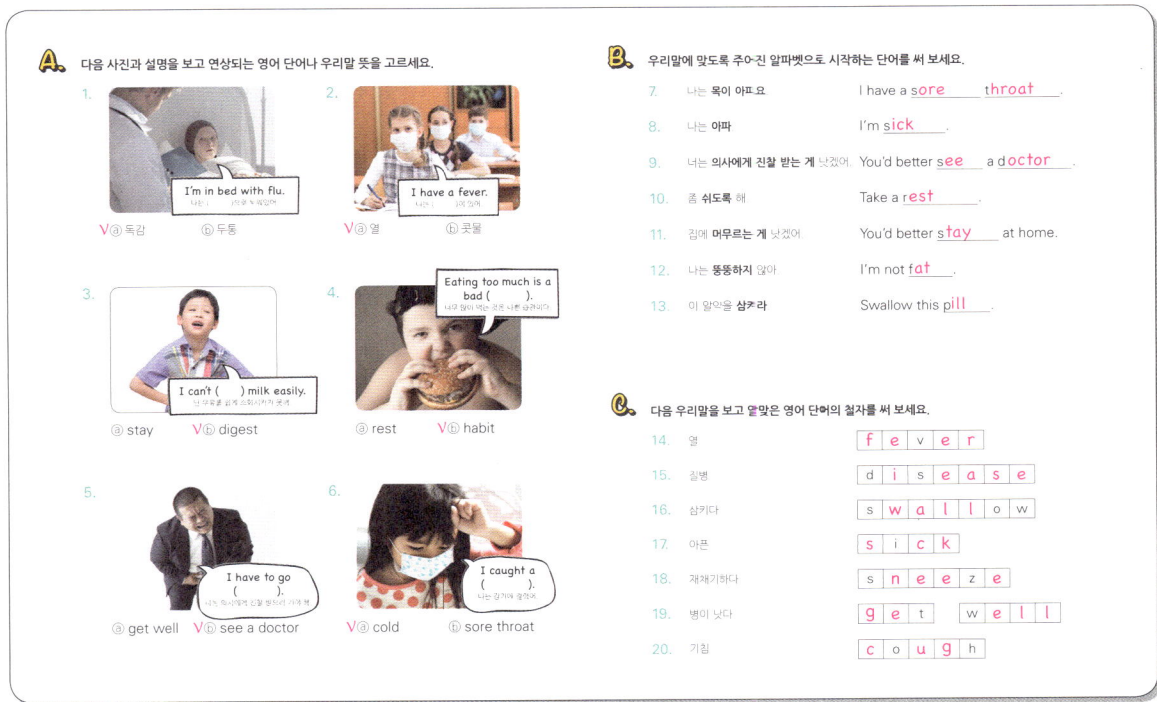

DAY 27 — You have to take a rest.

A. 다음 사진과 설명을 보고 연상되는 영어 단어나 우리말 뜻을 고르세요.

1. I'm in bed with flu.
나는 : 걸려서 누워있어
✓ⓐ 독감 ⓑ 두통

2. I have a fever.
나는 : 이 있어
✓ⓐ 열 ⓑ 콧물

3. I can't ( ) milk easily.
나우유를 쉽게 소화시키지 못해
ⓐ stay ✓ⓑ digest

4. Eating too much is a bad ( ).
너무 많이 먹는 것은 나쁜 습관이야
ⓐ rest ✓ⓑ habit

5. I have to go ( ).
나는 의사에게 진찰 받으러 가야 해
ⓐ get well ✓ⓑ see a doctor

6. I caught a ( ).
나는 감기에 걸렸어
✓ⓐ cold ⓑ sore throat

B. 우리말에 맞도록 주어진 알파벳으로 시작하는 단어를 써 보세요.

7. 나는 **목이 아파**요 — I have a s<u>ore</u> t<u>hroat</u>
8. 나는 **아파** — I'm s<u>ick</u>
9. 너는 **의사에게 진찰 받**는 게 낫겠어 — You'd better s<u>ee</u> a d<u>octor</u>
10. 좀 **쉬도록** 해 — Take a r<u>est</u>
11. 집에 **머무르**는 게 낫겠어 — You'd better s<u>tay</u> at home.
12. 나는 **뚱뚱하지 않**아 — I'm not f<u>at</u>
13. 이 알약을 **삼켜**라 — Swallow this p<u>ill</u>

C. 다음 우리말을 보고 알맞은 영어 단어의 철자를 써 보세요.

14. 열 — f e v e r
15. 질병 — d i s e a s e
16. 삼키다 — s w a l l o w
17. 아픈 — s i c k
18. 재채기하다 — s n e e z e
19. 병이 낫다 — g e t w e l l
20. 기침 — c o u g h

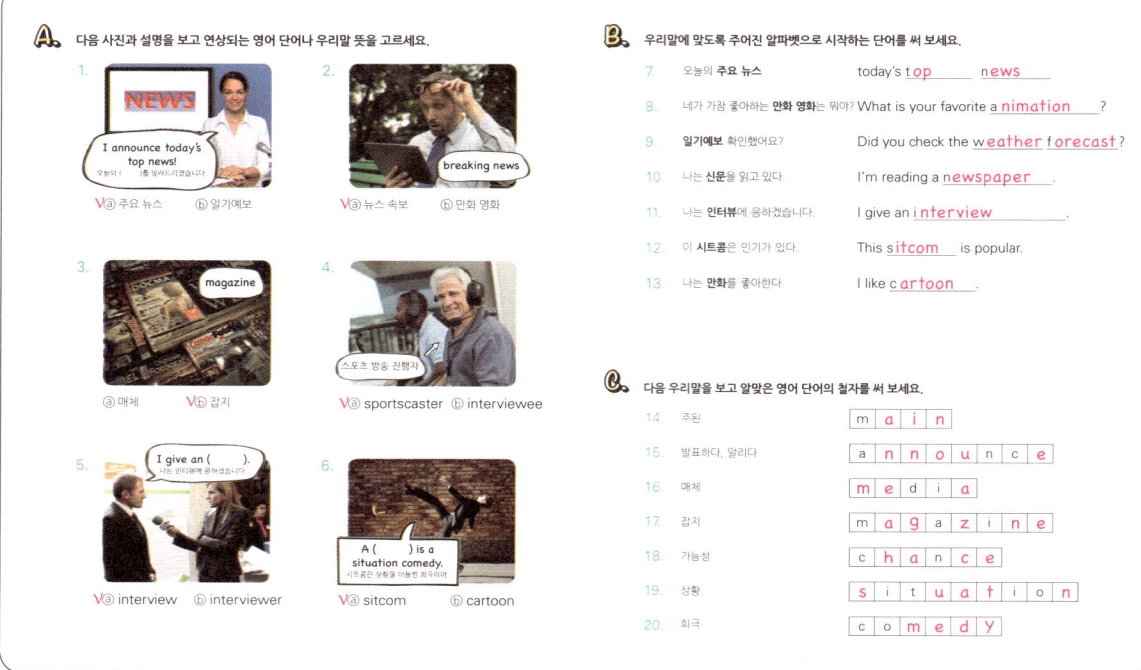

A. 다음 사진과 설명을 보고 연상되는 영어 단어나 우리말 뜻을 고르세요.

1. I announce today's top news! 오늘의 ~ 톱 뉴스라고 알립니다. ✓ⓐ 주요 뉴스　ⓑ 일기예보
2. breaking news　✓ⓐ 뉴스 속보　ⓑ 만화 영화
3. magazine　ⓐ 매체　✓ⓑ 잡지
4. 스포츠 방송 진행자　✓ⓐ sportscaster　ⓑ interviewee
5. I give an ( ). 나는 인터뷰에 응하겠습니다.　✓ⓐ interview　ⓑ interviewer
6. A ( ) is a situation comedy. 시트콤은 상황을 이용한 희극이다.　✓ⓐ sitcom　ⓑ cartoon

B. 우리말에 맞도록 주어진 알파벳으로 시작하는 단어를 써 보세요.

7. 오늘의 **주요 뉴스**　today's t op　news
8. 네가 가장 좋아하는 **만화 영화**는 뭐야? What is your favorite a nimation ?
9. **일기예보** 확인했어요?　Did you check the w eather f orecast ?
10. 나는 **신문**을 읽고 있다.　I'm reading a newspaper .
11. 나는 **인터뷰**에 응하겠습니다.　I give an i nterview .
12. 이 **시트콤**은 인기가 있다.　This s itcom is popular.
13. 나는 **만화**를 좋아한다.　I like c artoon .

C. 다음 우리말을 보고 알맞은 영어 단어의 철자를 써 보세요.

14. 주원　m a i n
15. 발표하다, 알리다　a n n o u n c e
16. 매체　m e d i a
17. 잡지　m a g a z i n e
18. 가능성　c h a n c e
19. 상황　s i t u a t i o n
20. 희극　c o m e d y

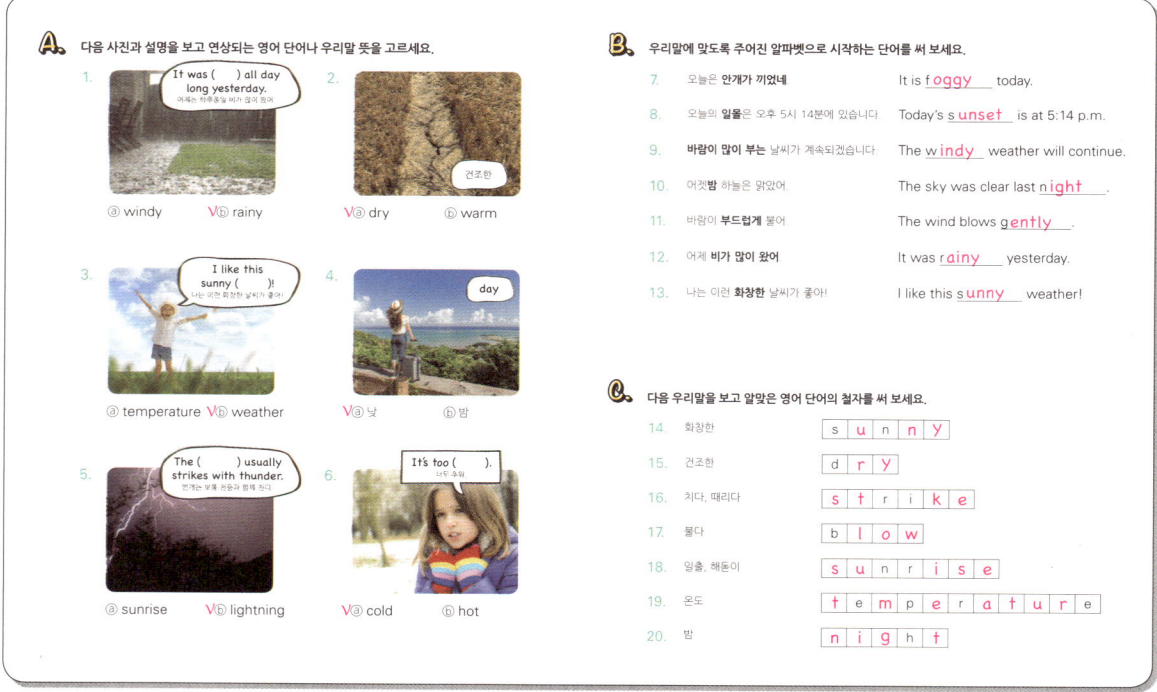

A. 다음 사진과 설명을 보고 연상되는 영어 단어나 우리말 뜻을 고르세요.

1. It was ( ) all day long yesterday. 어제는 하루종일 비가 많이 왔어　ⓐ windy　✓ⓑ rainy
2. 건조한　✓ⓐ dry　ⓑ warm
3. I like this sunny ( )! 나는 이런 화창한 날씨가 좋아!　ⓐ temperature　✓ⓑ weather
4. day　✓ⓐ 낮　ⓑ 밤
5. The ( ) usually strikes with thunder. 번개는 보통 천둥과 함께 치다　ⓐ sunrise　✓ⓑ lightning
6. It's too ( ). 너무 추워요　✓ⓐ cold　ⓑ hot

B. 우리말에 맞도록 주어진 알파벳으로 시작하는 단어를 써 보세요.

7. 오늘은 **안개가** 끼었네　It is f oggy today.
8. 오늘의 **일몰**은 오후 5시 14분에 있습니다. Today's s unset is at 5:14 p.m.
9. **바람이 많이 부는** 날씨가 계속되겠습니다. The w indy weather will continue.
10. 어젯**밤** 하늘은 맑았어.　The sky was clear last n ight .
11. 바람이 **부드럽게** 불어　The wind blows g ently .
12. 어제 **비가** 많이 왔어　It was r ainy yesterday.
13. 나는 이런 **화창한** 날씨가 좋아!　I like this s unny weather!

C. 다음 우리말을 보고 알맞은 영어 단어의 철자를 써 보세요.

14. 화창한　s u n n y
15. 건조한　d r y
16. 치다, 때리다　s t r i k e
17. 불다　b l o w
18. 일출, 해돋이　s u n r i s e
19. 온도　t e m p e r a t u r e
20. 밤　n i g h t

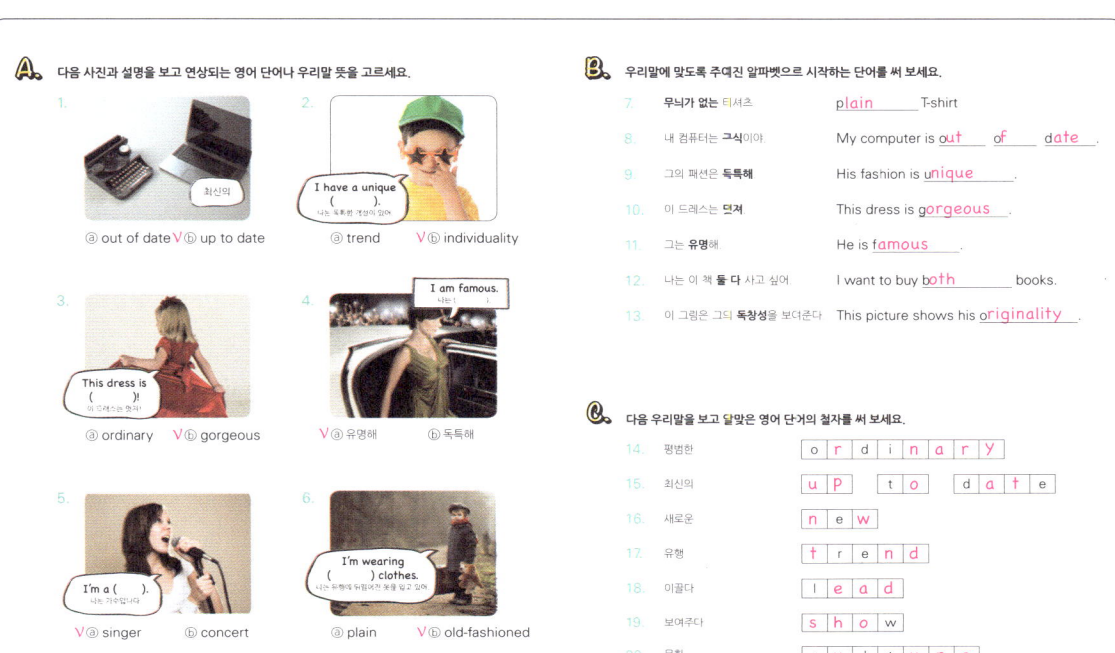

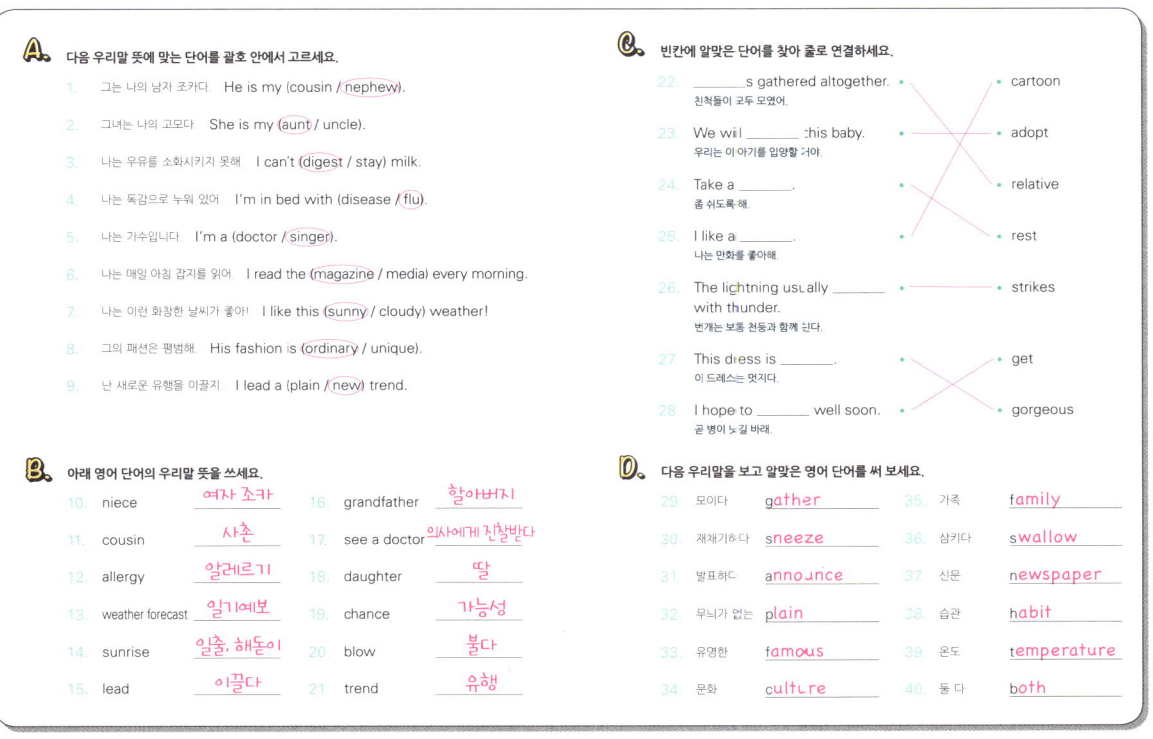

초등교과서 영단어 2400 6학년 받아쓰기 답안지

DAY 01
1. take notes 필기하다
2. chalk 분필
3. gym 체육관
4. vacation 방학
5. graduation 졸업
6. pass 통과하다
7. exam 시험
8. discuss 논의하다
9. agree 동의하다
10. note 메모
11. backpack 책가방
12. grade 학년
13. write 쓰다
14. homework 숙제
15. fail (시험에) 떨어지다
16. dictionary 사전
17. textbook 교과서
18. teacher 선생님
19. student 학생
20. study 공부하다

DAY 02
1. danger 위험
2. careful 조심하는
3. caution 주의
4. careless 부주의한
5. wet floor 젖은 바닥
6. entry 출입
7. keep right 우측통행
8. exit 출구
9. guideline 지침
10. no photo 사진 촬영 금지
11. sold out 매진됨
12. sell 팔다
13. no pet 애완동물 출입 금지
14. pet 애완동물
15. no entry 출입금지
16. Keep off the grass. 잔디밭에 들어가지 마시오
17. keep off ~에 가까이 오지 못하게 하다
18. sign 표지판
19. park 주차하다
20. no parking 주차 금지

DAY 03
1. lack 부족하다
2. purify 정화하다
3. pure 순수한
4. environment 환경
5. save 절약하다
6. smog 스모그
7. nuclear 원자력의
8. fuel 연료
9. resource 자원
10. natural 천연의
11. acid 산성의
12. overuse 남용
13. water 물
14. widespread 광범위한
15. gas 가스
16. greenhouse 온실
17. effect 효과
18. factory 공장
19. waste 폐기물, 쓰레기
20. die 죽다

DAY 04
1. cherry blossom 벚꽃
2. park 공원
3. bark 나무껍질
4. log 통나무
5. orchid 난초
6. leaf 나뭇잎
7. chestnut 밤
8. bean 콩
9. cactus 선인장
10. place 장소
11. plant 식물
12. grass 풀
13. morning glory 나팔꽃
14. tree 나무
15. forest 숲
16. my 나의
17. flower 꽃
18. walnut 호두
19. iris 붓꽃
20. dandelion 민들레

DAY 05
1. mouse 쥐
2. trap 덫
3. cage 우리
4. panda 판다곰
5. horse 말
6. prey 먹이
7. frog 개구리
8. swim 수영하다
9. squirrel 다람쥐
10. acorn 도토리
11. human 인간
12. monkey 원숭이
13. primate 영장류
14. food chain 먹이 사슬
15. predator 포식자
16. giraffe 기린
17. lion 사자
18. meat 고기
19. everything 모든 것
20. chick 병아리

DAY 06
1. one-way 일방통행의
2. seat belt 안전벨트
3. accident 사고
4. alright 괜찮은
5. motorcycle 오토바이
6. public transport 대중교통
7. arrival 도착
8. departure 출발
9. take off 이륙하다
10. brake 브레이크
11. terminal 터미널
12. fare 요금
13. railway 철로
14. dangerous 위험한
15. subway 지하철
16. walk 걷다
17. pedestrian 보행자
18. pavement 인도
19. rush hour 혼잡한 시간대
20. vehicle 차량

DAY 07
1. moon 달
2. end 끝
3. observe 관찰하다
4. telescope 망원경
5. rocket 로켓
6. astronaut 우주비행사
7. spacecraft 우주선
8. around ~주위에, 둘레에
9. Milky Way 은하수
10. sky 하늘
11. weight 무게
12. gravity 중력
13. star 별
14. discover 발견하다
15. Mars 화성
16. space 우주
17. Solar System 태양계
18. planet 행성
19. Sun 태양
20. Earth 지구

DAY 08
1. borrow 빌리다
2. binder (종이 등과 함께 묶는) 바인더
3. bind 묶다
4. stapler 스테이플러
5. notepad 메모장
6. fountain pen 만년필
7. stationery 문구
8. school supply 학용품
9. supply 물품
10. lend 빌려주다
11. compass 컴퍼스
12. folder 서류철
13. pencil sharpener 연필깎이
14. highlighter 형광펜
15. Post-it 포스트잇
16. bring 가져다 주다
17. envelope 봉투
18. clipboard 클립보드
19. ballpoint pen 볼펜
20. calendar 달력

DAY 09
1. construction 공사
2. cemetery 묘지
3. hospital (종합) 병원
4. bank 은행
5. post office 우체국
6. fountain 분수
7. village 마을
8. office 사무실
9. company 회사
10. business 사업
11. metropolis 대도시
12. center 중심(지)
13. tower 탑
14. courthouse 법원
15. shopping mall 상점가
16. hometown 고향
17. country 시골
18. central 중앙의
19. city 도시
20. public park 공원

DAY 10
1. spider 거미
2. honey 꿀
3. death 죽음
4. caterpillar 애벌레
5. butterfly 나비
6. poisonous 독이 있는
7. bee 벌
8. make 만들다
9. ant 개미
10. strong 힘이 센
11. water strider 소금쟁이
12. stride 성큼성큼 걷다
13. lizard 도마뱀
14. scorpion 전갈
15. poison 독
16. poop 똥
17. bug 벌레
18. ladybug 무당벌레
19. fly 파리/날다
20. grasshopper 메뚜기

DAY 11
1. assemble 조립하다
2. pottery 도자기
3. pot 항아리, 냄비
4. knitting 뜨개질
5. knit 뜨개질하다
6. sewing 재봉
7. hiking 도보여행
8. drone 드론(무인비행기)
9. stamp 우표
10. plastic model 프라모델
11. miniature 축소본/ 축소모형
12. figure 피규어
13. vase 꽃병
14. bottle 병
15. sew 꿰매다
16. chat 이야기하다
17. chatting 수다
18. collect 모으다
19. collection 수집
20. coin 동전

DAY 12
1. dream 꿈
2. boss 사장
3. bodyguard 경호원
4. entertainer 연예인
5. secretary 비서
6. flight attendant 비행기 승무원
7. mechanic 정비사
8. designer 디자이너
9. dentist 치과의사
10. firefighter 소방관
11. pianist 피아니스트
12. violinist 바이올리니스트
13. musician 음악가
14. movie director 영화 감독
15. engineer 기술자
16. helicopter 헬리콥터
17. pilot 조종사
18. soldier 군인
19. doctor 의사
20. lawyer 변호사

DAY 13
1. brand 상표
2. not ~이 아니다
3. rich 부유한
4. spend (돈을) 쓰다
5. food court 푸드코트
6. jewelry store 보석상
7. wrap 포장하다
8. for sale 판매 중인
9. scale 저울
10. coupon 쿠폰
11. customer 손님
12. seller 판매자
13. clothing store 옷 가게
14. discount 할인
15. sale 판매
16. cashier 계산원
17. cash register 금전 등록기
18. barcode 바코드
19. check 수표
20. price tag 가격표

DAY 14
1. residential 주택지의
2. industrial 공업의
3. complex 복합단지
4. path 길
5. trail 오솔길
6. square 광장
7. shopping arcade 종합쇼핑몰
8. stadium 경기장
9. bridge 다리
10. cross 건너다
11. urban 도시의
12. suburban 교외의
13. rural 시골의
14. skyscraper 고층빌딩
15. city hall 시청
16. suburb 교외
17. small 작은
18. area 지역
19. near ~ 근처의
20. live in ~에 살다

DAY 15
1. wedding 결혼
2. reception 피로연
3. honeymoon 신혼여행
4. groom 신랑
5. bride 신부
6. frighten ~을 겁주게 하다
7. hate 싫어하다
8. ghost 유령
9. make-up 분장
10. parade 퍼레이드
11. costume (무대나 파티에서 입는) 의상
12. witch 마녀
13. skeleton 해골
14. hold ~을 들다
15. lantern 등
16. Halloween 할로윈
17. festival 축제
18. decorate 장식하다
19. trick 속이다
20. treat 대접하다

DAY 16
1. green 녹색
2. orange 주황색
3. yellow 노란색
4. pink 분홍색
5. red 빨간색
6. rectangle 직사각형
7. heart-shaped 하트 모양의
8. colorful 형형색색의
9. gold 금색
10. silver 은색
11. cross ×기호, +기호
12. pyramid 피라미드
13. star 별 모양, 별
14. oval 타원형
15. square 정사각형
16. cube 정육면체
17. dice 주사위
18. circle 원, 동그라미
19. triangle 삼각형
20. diamond 마름모꼴

DAY 17
1. coach 코치
2. run 달리다
3. practice 연습하다
4. penalty 벌칙
5. fair 공정한
6. lose (게임에서) 지다
7. win 이기다
8. match 경기
9. pass 건네주다
10. soccer 축구
11. court (테니스 등을 하는) 코트
12. gesture 몸짓, 제스처
13. basketball 농구
14. bow 활
15. arrow 화살
16. play (운동·경기를) 하다
17. tennis 테니스
18. free time 한가한 시간
19. baseball 야구
20. hit 때리다, 치다

DAY 18
1. late 늦은
2. instant 즉석의
3. draw 그리다
4. immediately 즉시
5. recent 최근의
6. term 기간
7. forever 영원히
8. might ~일지도 모른다
9. last 지난, 마지막의
10. hurry 서두르다
11. bad 나쁜
12. period 시기
13. long-term 장기간의
14. mid-term 중간의
15. short-term 단기간의
16. once 한 번
17. twice 두 번
18. regular 규칙적인
19. irregular 불규칙적인
20. exercise 운동

DAY 19
1. illustration 삽화
2. impressive 인상적인
3. gallery 화랑, 미술관
4. critic 비평가
5. talent 재능
6. beauty 아름다움
7. statue 동상
8. sculpture 조각
9. touching 감동적인
10. portrait 초상화
11. interesting 재미있는
12. story 이야기
13. novel 소설
14. paint (물감으로) 그리다
15. painting (물감으로 그린) 그림
16. art 예술
17. express 표현하다
18. expression 표현
19. imagine 상상하다
20. imagination 상상력

DAY 20
1. positive 긍정적인
2. negative 부정적인
3. favorable 호의적인
4. dependent 의존하는
5. love 사랑
6. joyful 즐거운
7. sorrow 슬픔
8. grateful 감사하는
9. confident 자신감 있는
10. ashamed 부끄러운
11. confused 혼란스러운
12. jealous 질투하는
13. shocking 충격적인
14. greedy 욕심이 많은
15. mood 기분
16. amazing 놀라운
17. annoyed 짜증이 난
18. delightful 정말 기분이 좋은
19. depressed 우울한
20. emotion 감정

DAY 21
1. question 질문/질문하다
2. review 복습/복습하다
3. lesson 수업
4. essay 작문, 수필
5. cheat 부정행위를 하다
6. summarize 요약하다
7. graph 그래프
8. solve 풀다, 해결하다
9. formula 공식, 수식
10. raise 들어올리다
11. calculation 계산
12. memorize 암기하다
13. vocabulary 어휘
14. academy 학교, 학원
15. observation 관찰
16. presentation 발표
17. explanation 설명
18. experiment 실험
19. emphasize 강조하다
20. criticize 비판하다

DAY 22
1. fresh 신선한
2. spinach 시금치
3. tasty 맛있는
4. noodle 면
5. knife 칼
6. dining 식사
7. recipe 조리법
8. raw 날것의
9. vegetarian 채식주의자
10. roast 구이 요리, 구운 고기
11. appetite 식욕
12. just 그저, 단지
13. nothing 아무 것도
14. basket 바구니
15. flavor 맛
16. nutrition 영양
17. label 표, 상표
18. oil 기름
19. choose 선택하다
20. watermelon 수박

DAY 23
1. convenient 편리한
2. power 전력
3. instead of ~ 대신에
4. appliance 가전제품
5. stove 가스레인지
6. electricity 전기
7. refrigerator 냉장고
8. microwave 전자 레인지
9. cellphone 휴대폰
10. call 전화하다
11. iron 다리미
12. air conditioner 에어컨
13. humid 습한
14. humidifier 가습기
15. flashlight 손전등
16. use 사용하다
17. useful 유용한
18. vacuum cleaner 진공 청소기
19. battery 배터리, 건전지
20. dishwasher 식기세척기

DAY 24
1. forget 잊다
2. easily 쉽게
3. patient 참을성이 있는
4. foolish 어리석은
5. humble 겸손한, 공손한
6. rude 버릇 없는, 무례한
7. nervous 불안한
8. careful 조심성 있는
9. could can의 과거형
10. please 부탁할 때 덧붙이는 말
11. modest 겸손한
12. liar 거짓말쟁이
13. calm 차분한
14. curious 궁금한
15. brave 용감한
16. outgoing 외향적인
17. strict 엄격한
18. generous 관대한
19. talkative 말이 많은
20. shy 부끄러움을 많이 타는

DAY 25
1. landing 착륙
2. reach 도달하다
3. customs 세관
4. security 보안
5. airport 공항
6. leave 떠나다
7. pack (짐을) 싸다
8. mail 우편, 우편물
9. luggage (여행용) 짐
10. arrive 도착하다
11. depart 출발하다
12. carry 옮기다
13. inn 여관
14. airline 항공사
15. resort 휴양지
16. fasten 매다
17. flight attendant 비행기 승무원
18. reserve 예약하다
19. reservation 예약
20. in advance 미리

DAY 26
1. niece 여자 조카
2. nephew 남자 조카
3. relative 친척
4. gather 모이다
5. adopt 입양하다
6. friend 친구
7. neighbor 이웃
8. aunt 고모, 이모
9. uncle 삼촌
10. cousin 사촌
11. daughter 딸
12. brother 형, 오빠, 남동생
13. sister 언니, 누나, 여동생
14. grandfather 할아버지
15. grandmother 할머니
16. family 가족
17. father 아버지
18. mother 어머니
19. parents 부모, 어버이
20. son 아들

DAY 27
1. allergy 알레르기
2. cough 기침
3. swallow 삼키다
4. pill 알약
5. get well 병이 낫다
6. habit 버릇, 습관
7. rest 휴식
8. stay 머무르다
9. see a doctor 의사에게 진찰 받다
10. catch a cold 감기에 걸리다
11. milk 우유
12. digest 소화시키다
13. sore 아픈
14. throat 목
15. fat 살찐, 뚱뚱한
16. fever 열
17. sick 아픈
18. flu 독감
19. sneeze 재채기하다
20. disease 질병

DAY 28
1. situation 상황
2. comedy 희극
3. cartoon 만화
4. humorous 재미있는, 익살스러운
5. animation 만화 영화
6. chance 가능성
7. interview 인터뷰
8. interviewer 인터뷰 하는 사람
9. interviewee 인터뷰 받는 사람
10. sitcom 시트콤
11. media 매체(medium의 복수형)
12. magazine 잡지
13. breaking news 뉴스 속보
14. newspaper 신문
15. sportscaster 스포츠 방송 진행자
16. top news 주요 뉴스
17. main 주된
18. announce 발표하다, 알리다
19. anchor 앵커, 진행자
20. weather forecast 일기예보

DAY 29
1. wind 바람
2. blow 불다
3. gently 부드럽게
4. lightning 번개
5. strike 치다, 때리다
6. temperature 온도
7. sunrise 일출, 해돋이
8. sunset 일몰, 해질녘
9. day 낮
10. night 밤
11. rainy 비가 많이 오는
12. dry 건조한
13. foggy 안개가 낀
14. windy 바람이 많이 부는
15. cloudy 흐린
16. weather 날씨
17. sunny 화창한
18. warm 따뜻한
19. hot 더운
20. cold 추운

DAY 30
1. popular culture 대중 문화
2. both 둘다
3. old-fashioned 유행에 뒤떨어진
4. show 보여주다
5. originality 독창성
6. gorgeous 멋진
7. famous 유명한
8. singer 가수
9. concert 연주회, 콘서트
10. culture 문화
11. unique 독특한
12. individuality 개성
13. new 새로운
14. trend 유행
15. lead 이끌다
16. out of fashion 유행이 지난
17. plain 무늬가 없는
18. ordinary 평범한
19. out of date 구식인
20. up to date 최신의

초등교과서 영단어 2400 6학년 쪽지시험 답안지

DAY 01
1. 논의하다
2. 방학
3. 시험
4. 숙제
5. 쓰다
6. 통과하다
7. 교과서
8. 메모
9. 졸업
10. 동의하다
11. dictionary
12. grade
13. chalk
14. student
15. study
16. take notes
17. backpack
18. teacher
19. gym
20. fail

DAY 02
1. 잔디밭에 들어가지 마시오.
2. 주의
3. 애완동물
4. 출입 금지
5. 젖은 바닥
6. 지침
7. 위험
8. 부주의한
9. 사진 촬영 금지
10. 주차 금지
11. park
12. exit
13. sell
14. careful
15. sold out
16. entry
17. keep off
18. no pet
19. sign
20. keep right

DAY 03
1. 스모그
2. 폐기물, 쓰레기
3. 온실
4. 자원
5. 부족하다
6. 순수한
7. 공장
8. 광범위한
9. 연료
10. 산성의
11. save
12. effect
13. purify
14. environment
15. overuse
16. die
17. nuclear
18. natural
19. water
20. gas

DAY 04
1. 공원
2. 나팔꽃
3. 통나무
4. 콩
5. 난초
6. 나무
7. 숲
8. 꽃
9. 선인장
10. 풀
11. plant
12. walnut
13. leaf
14. chestnut
15. bark
16. my
17. dandelion
18. iris
19. place
20. cherry blossom

DAY 05
1. 병아리
2. 원숭이
3. 인간
4. 판다곰
5. 수영하다
6. 도토리
7. 포식자
8. 먹이 사슬
9. 먹이
10. 말
11. lion
12. primate
13. trap
14. everything
15. mouse
16. squirrel
17. giraffe
18. frog
19. cage
20. meat

DAY 06
1. 괜찮은
2. 인도
3. 차량
4. 이륙하다
5. 브레이크
6. 안전벨트
7. 위험한
8. 혼잡한 시간대
9. 대중교통
10. 철로
11. motorcycle
12. departure
13. terminal
14. accident
15. subway
16. pedestrian
17. one-way
18. fare
19. walk
20. arrival

DAY 07
1. 우주선
2. 끝
3. 별
4. 중력
5. 지구
6. 행성
7. 달
8. 로켓
9. 우주비행사
10. 태양
11. sky
12. Mars
13. around
14. discover
15. telescope
16. Milky Way
17. Solar System
18. weight
19. space
20. observe

DAY 08
1. 스테이플러
2. 봉투
3. 가져다 주다
4. 서류철
5. 묶다
6. 형광펜
7. 연필깎이
8. 볼펜
9. (종이 등과 함께 묶는) 바인더
10. 클립보드
11. fountain pen
12. notepad
13. school supply
14. lend
15. Post-it
16. borrow
17. calendar
18. stationery
19. supply
20. compass

DAY 09
1. 시골
2. 마을
3. 묘지
4. 대도시
5. 사무실
6. 사업
7. 고향
8. 은행
9. 회사
10. 중앙의
11. construction
12. tower
13. stadium
14. center
15. shopping mall
16. post office
17. hospital
18. public park
19. courthouse
20. city

DAY 10
1. 소금쟁이
2. 도마뱀
3. 벌
4. 나비
5. 독이 있는
6. 건달
7. 힘이 센
8. 죽음
9. 무당벌레
10. 꿀
11. bug
12. grasshopper
13. stride
14. spider
15. fly
16. poison
17. ant
18. caterpillar
19. poop
20. make

DAY 11
1. 꿰매다
2. 뜨개질
3. 항아리, 냄비
4. 병
5. 수집
6. 모으다
7. 드론(무인비행기)
8. 뜨개질하다
9. 도자기
10. 재봉
11. assemble
12. plastic model
13. miniature
14. vase
15. stamp
16. chatting
17. hiking
18. figure
19. chat
20. coin

DAY 12
1. 경호원
2. 조종사
3. 사장
4. 치과의사
5. 헬리콥터
6. 의사
7. 피아니스트
8. 바이올리니스트
9. 디자이너
10. 정비사
11. movie director
12. firefighter
13. entertainer
14. soldier
15. engineer
16. musician
17. lawyer
18. dream
19. secretary
20. flight attendant

DAY 13
1. 계산원
2. ~이 아니다
3. (돈을) 쓰다
4. 판매
5. 바코드
6. 수표
7. 상표
8. 손님
9. 포장하다
10. 판매자
11. discount
12. scale
13. coupon
14. jewelry store
15. cash register
16. for sale
17. price tag
18. clothing store
19. food court
20. rich

DAY 14
1. 시청
2. 도시의
3. ~근처의
4. 건너다
5. 고층빌딩
6. 길
7. 광장
8. 주택지의
9. ~에 살다
10. 교외의
11. suburb
12. rural
13. stadium
14. area
15. bridge
16. small
17. industrial
18. shopping arcade
19. trail
20. complex

DAY 15
1. 신부
2. 등
3. 속이다
4. 피로연
5. 분장
6. 퍼레이드
7. 장식하다
8. 유령
9. 할로윈
10. 축제
11. groom
12. treat
13. honeymoon
14. hate
15. hold
16. skeleton
17. witch
18. wedding
19. frighten
20. costume

DAY 16
1. 형형색색의
2. 원형, 동그라미
3. 타원형
4. 정사각형
5. 녹색
6. 주사위
7. 노란색
8. 파라미드
9. 정육면체
10. 빨간색
11. rectangle
12. orange
13. triangle
14. pink
15. gold
16. silver
17. heart-shaped
18. diamond
19. star
20. cross

DAY 17
1. 공정한
2. 화살
3. (테니스 등을 하는) 코트
4. 축구
5. 달리다
6. (운동 · 경기를) 하다
7. 코치
8. 때리다, 치다
9. 몸짓,제스처
10. 경기
11. pass
12. penalty
13. basketball
14. tennis
15. practice
16. free time
17. win
18. baseball
19. lose
20. bow

DAY 18
1. 운동
2. 나쁜
3. 즉시
4. 장기간의
5. 단기간의
6. 즉석의
7. ~일지도 모른다
8. 기간
9. 시기
10. 한 번
11. regular
12. mid-term
13. recent
14. last
15. hurry
16. irregular
17. twice
18. forever
19. draw
20. late

DAY 19
1. 상상하다
2. 비평가
3. 삽화
4. 표현하다
5. 상상력
6. 동상
7. 인상적인
8. 화랑, 미술관
9. (물감으로) 그리다
10. 초상화
11. interesting
12. sculpture
13. art
14. novel
15. touching
16. beauty
17. story
18. expression
19. painting
20. talent

DAY 20
1. 감사하는
2. 의존하는
3. 놀라운
4. 기분
5. 충격적인
6. 혼란스러운
7. 부끄러운
8. 긍정적인
9. 짜증이 난
10. 슬픔
11. delightful
12. favorable
13. greedy
14. confident
15. depressed
16. emotion
17. negative
18. love
19. jealous
20. joyful

DAY 21
1. 계산
2. 공식, 수식
3. 셈법
4. 요약하다
5. 주문, 수필
6. 결문을읽다
7. 옮기다
8. 풀다, 해결하다
9. 셈법
10. 독습/복습하다
11. emphasize
12. cheat
13. raise
14. lesson
15. academy
16. graph
17. observation
18. criticize
19. vocabulary
20. presentation

DAY 22
1. 채식주의자
2. 면
3. 콩
4. 선택하다
5. 바구니
6. 맛
7. 시금치
8. 수박
9. 그저, 단지
10. 소심한
11. roast
12. appetite
13. nutrition
14. label
15. nothing
16. tasty
17. raw
18. oil
19. dining
20. recipe

DAY 23
1. 진공 청소기
2. 냉장고
3. 손전등
4. 배터리, 건전지
5. 가습기
6. 가전제품
7. 전자 레인지
8. 전기
9. 가스레인지
10. 사용하다
11. call
12. iron
13. cellphone
14. humid
15. dishwasher
16. convenient
17. instead of
18. air conditioner
19. useful
20. power

DAY 24
1. 쉽게
2. 겸손한, 공손한
3. 엄격한
4. 용감한
5. 거짓말쟁이
6. 불안한
7. 말이 많은
8. 겸손한
9. 궁금한
10. 차분한
11. generous
12. could
13. careful
14. foolish
15. outgoing
16. rude
17. patient
18. forget
19. please
20. shy

DAY 25
1. (여행용) 짐
2. 예약
3. 휴양지
4. 떠나다
5. 비행기 승무원
6. 출발하다
7. 항공사
8. 착륙
9. 여관
10. 우편, 우편물
11. arrive
12. reserve
13. customs
14. in advance
15. reach
16. airport
17. pack
18. fasten
19. security
20. carry

DAY 26
1. 삼촌
2. 모이다
3. 사촌
4. 친척
5. 남자 조카
6. 이웃
7. 가족
8. 아버지
9. 고모, 이모
10. 부모, 어버이
11. niece
12. daughter
13. sister
14. grandmother
15. adopt
16. brother
17. mother
18. son
19. grandfather
20. friend

DAY 27
1. 병이 낫다
2. 의사에게 진찰 받다
3. 아픈
4. 열
5. 살찐, 뚱뚱한
6. 알레르기
7. 기침
8. 재채기하다
9. 알약
10. 휴식
11. milk
12. digest
13. disease
14. throat
15. habit
16. swallow
17. catch a cold
18. stay
19. flu
20. sore

DAY 28
1. 발표하다, 알리다
2. 인터뷰 하는 사람
3. 스포츠 방송 진행자
4. 뉴스 속보
5. 만화
6. 신문
7. 일기예보
8. 앵커, 진행자
9. 잡지
10. 시트콤
11. media
12. main
13. interviewee
14. animation
15. humorous
16. chance
17. interview
18. top news
19. comedy
20. situation

DAY 29
1. 번개
2. 바람
3. 화창한
4. 비가 많이 오는
5. 불다
6. 바람이 많이 부는
7. 더운
8. 일몰, 해질녘
9. 안개가 낀
10. 추운
11. weather
12. dry
13. temperature
14. night
15. strike
16. cloudy
17. day
18. warm
19. sunrise
20. gently

DAY 30
1. 문화
2. 독특한
3. 멋진
4. 유명한
5. 새로운
6. 개성
7. 유행이 지난
8. 유행에 뒤떨어진
9. 이끌다
10. 보여주다
11. popular culture
12. both
13. trend
14. concert
15. out of date
16. originality
17. plain
18. singer
19. up to date
20. ordinary

2025 마더텅 제5기
초등학교 성적 우수 장학생 모집

2025년 저희 교재로 열심히 공부해 주신 분들께 장학금을 드립니다!

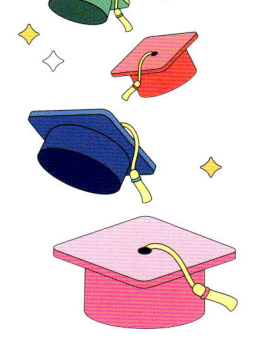

대상 **30**만 원 / 금상 **10**만 원 / 은상 **3**만 원

지원 자격 및 장학금

초1 ~ 초6
지원 과목 국어 / 영어 / 한자 중 1과목 이상 지원 가능 ※여러 과목 지원 시 가산점이 부여됩니다.

성적 기준
아래 2가지 항목 중 1개 이상의 조건에 해당하면 지원 가능
① 2024년 2학기 혹은 2025년 1학기 초등학교 생활통지표 등 학교에서 배부한 학업성취도를 확인할 수 있는 서류
② 2024년 7월~2025년 6월 시행 초등학생 대상 국어/영어/한자 해당 인증시험 성적표
책과함께 KBS한국어능력시험, J-ToKL, 전국영어학력경시대회, G-TELP Jr., TOEFL Jr., TOEIC Bridge, TOSEL,
한자능력검정시험(한국어문회, 대한검정회, 한자교육진흥회 주관)

위 조건에 해당한다면
마더텅 초등 교재로 공부하면서 **느낀 점**과 **공부 방법, 학업 성취, 성적 변화** 등에 관한 자신만의 수기를 작성해서 마더텅으로 보내 주세요. 우수한 글을 보내 주신 분들께 **수기 공모 장학금**을 드립니다!

응모 대상 마더텅 초등 교재들로 공부한 초1~초6

뿌리깊은 초등국어 독해력, 뿌리깊은 초등국어 독해력 어휘편, 뿌리깊은 초등국어 독해력 한국사, 뿌리깊은 초등국어 한자,
초등영문법 3800제, 초등영문법 777, 초등영어 받아쓰기·듣기 10회 모의고사, 초등교과서 영단어 2400,
중학영문법 3800제 스타터 및 기타 마더텅 초등 교재 중 1권 이상으로 신청 가능

응모 방법

① 마더텅 홈페이지 이벤트 게시판에 접속
② [2025 마더텅 초등학교 장학생 선발] 클릭 후 [2025 마더텅 초등학교 장학생 지원서 양식]을 다운
③ [2025 마더텅 초등학교 장학생 지원서 양식] 작성 후 메일(mothert.marketing@gmail.com)로 발송

접수 기한 2025년 7월 31일 수상자 발표일 2025년 8월 12일 장학금 수여일 2025년 9월 10일

※유의 사항 1. 마더텅 장학생 선발에 응모하며 제출한 자료(이름, 학교명, 성적 인증 자료, 후기 등)는 장학생 선발을 위해 사용되며, 마더텅 장학생에 선발될 경우 위의 자료가 출판사의 교재 개발 및 홍보에 사용될 수 있습니다. 마더텅 장학생으로 선발된 것을 승인하고 장학금을 수령한 경우 위의 사항에 동의한 것으로 간주합니다. 2. 위와 같이 개인 정보를 수집하고 이용하는 것에 대해 동의를 거부할 수 있으며, 동의를 거부할 경우 참여가 불가능합니다. 3. 만 14세 미만은 부모님께서 신청해 주셔야 합니다. 4. 제출한 자료는 반환되지 않으며, 제출한 자료의 내용과 관련하여 확인이 필요한 경우 관련 자료의 우편 제출을 요구할 수 있습니다. 5. 장학금 지급 방법은 선발된 분께 개별적으로 통지합니다. 6. 마더텅 장학생 선발 후에도 소정의 활동(심층 소비자 조사, 교재 후기 작성 등)이 있을 예정입니다. 7. 제출한 자료의 내용이 사실과 다를 경우 장학생 선발은 취소될 수 있으며, 장학금을 수령한 경우 반환하여야 합니다. 8. 10만원 이상의 장학금(수기 공모 당선금) 수령 시 관계법령에 따라 제세공과금(22%)은 당첨자 본인 부담이며, 제세공과금 처리 및 장학금 발송을 위해 장학금 수기 공모 당선자의 개인정보를 요청할 수 있습니다. 9. 위 상금은 제세공과금을 제외하고 수상자에게 실제 지급되는 금액입니다.

원어민 발음 듣기 파일 이용 방법

모바일로 이용하기

마더텅의 교재용 MP3는 모바일 스트리밍과 다운로드를 지원합니다.

본문 QR코드 이용하기

1단계	본문 각 제목 옆에 있는 QR코드를 스마트폰을 이용해 스캔합니다.
2단계	자동으로 재생되는 음원을 들으면서 학습합니다.

모바일 홈페이지에서 이용하기

1단계	방법 1) 스마트폰으로 교재 뒤표지에 있는 QR코드를 스캔합니다. 방법 2) 스마트폰 브라우저 주소창에 모바일 홈페이지 주소 　　　　(www.toptutor.co.kr)를 입력합니다. 방법 3) 포털 검색창에 '마더텅'을 검색합니다.
2단계	모바일 홈페이지에서 우측 상단의 ☰를 터치하여 메뉴 중 학습자료실 → MP3바로듣기로 들어갑니다.
3단계	학년 [초등·유아], 시리즈 [초등 영단어]를 선택한 다음 필요한 교재를 터치한 후 나오는 목록에서 필요한 챕터의 자료의 스트리밍, 다운로드 또는 바로재생을 선택하여 이용합니다.

홈페이지에서 다운로드

마더텅 홈페이지(www.toptutor.co.kr)에 접속하여 필요한 원어민 선생님 녹음 파일을 다운로드 받을 수 있습니다.

홈페이지에서 찾아가기

1단계	인터넷 브라우저 주소창에 마더텅 홈페이지 주소를 입력합니다.
2단계	상단 메뉴 중 학습자료실의 MP3를 선택합니다.
3단계	학년 [초등·유아], 시리즈 [초등 영단어]를 눌러 필요한 교재를 선택합니다.
4단계	원하는 자료를 선택한 후 첨부파일을 다운받아 학습에 활용합니다.

MOTHERTONGUE
마더텅출판사
since1999.4.1.

LEARNING SCHEDULE

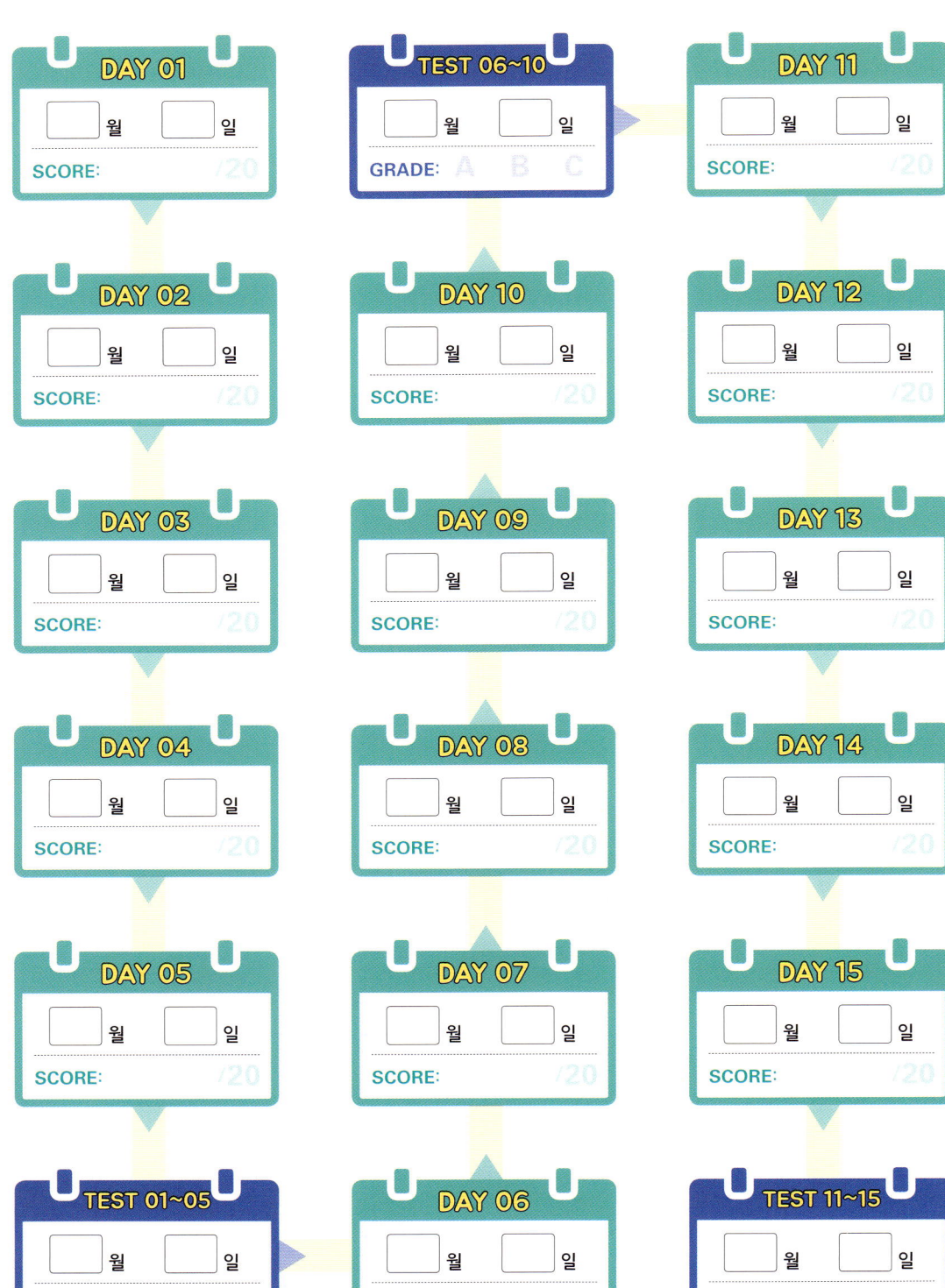

DAY 01

월 일

SCORE: /20

TEST 06~10

월 일

GRADE: A B C

DAY 11

월 일

SCORE: /20

DAY 02

월 일

SCORE: /20

DAY 10

월 일

SCORE: /20

DAY 12

월 일

SCORE: /20

DAY 03

월 일

SCORE: /20

DAY 09

월 일

SCORE: /20

DAY 13

월 일

SCORE: /20

DAY 04

월 일

SCORE: /20

DAY 08

월 일

SCORE: /20

DAY 14

월 일

SCORE: /20

DAY 05

월 일

SCORE: /20

DAY 07

월 일

SCORE: /20

DAY 15

월 일

SCORE: /20

TEST 01~05

월 일

GRADE: A B C

DAY 06

월 일

SCORE: /20

TEST 11~15

월 일

GRADE: A B C